나의 인생의 살아온 길

사랑과 기적이 꽃피는
여명근 권사의
기도 방 이야기 3

쿰란출판사

추천사

여명근 권사님을 처음 뵌 것은 35년 전이었습니다. 최신의 의술을 연구하고 진료하던 저에게, 권사님을 통해 역사하시는 하나님의 치유와 사랑을 경험하는 은혜의 기회는 하나님이 살아계심을 한 점의 의심 없이 확신하게 되는 계기가 되었습니다.

그 후로 이제까지 여명근 권사님께서는 하나님의 사람이 어떻게 진정으로 하나님을 사랑하고 이웃을 사랑하며 살아가시는지를 삶으로 한결같이 보여주셨습니다. 또한 이러한 특별한 헌신으로 자신을 하나님께 온전히 내어드릴 때, 영적인 권능과 놀라운 치유, 그리고 삶의 모든 분야에 걸친 놀라운 지혜의 통로가 되어 쓰임을 받으시는 것을 오랜 시간 가까이에서 경이로움으로 목격하여 왔습니다.

저의 마음 속에 새겨져 있던 여명근 권사님의 삶과 가르침이 이와 같이 책이 되어 나오게 된 것을 진심으로 기쁘게 생각합니다. 이 책을 통하여 많은 사람들이 하나님의 사람의 삶을 목도하며 우리의 인생과 신앙에 필요한 귀중한 영적 지혜를 얻는 기회가 될 것을 확신하고 기대합니다.

2025년 9월
최영민
(서울의대 명예교수)

추천사

삶은 길고도 짧은 여정입니다. 그 여정 속에서 무엇을 바라보며, 어떻게 걸어가야 할지를 묻는 이들에게 이 책은 하나의 등불이 되어줍니다.

이 책은 단순한 회고록이 아닙니다. 여명근 권사님의 믿음의 걸음, 눈물의 기도, 그리고 섬김의 손길이 고스란히 담긴 삶의 기록입니다. 고난 속에서도 흔들리지 않았던 신앙, 평범한 일상 속에서도 하나님을 향한 경외를 잃지 않았던 여 권사님의 삶은, 오늘을 살아가는 우리에게 깊은 울림을 줍니다.

특히 이 책은 "바르게 산다는 것"이 단지 윤리적 기준을 지키는 것이 아니라, 하나님 앞에서 정직하게 살아가는 것, 이웃을 사랑하며 자신을 낮추는 것임을 보여줍니다. 권사님의 삶은 그 자체로 하나의 설교이며, 한 편의 찬송입니다.

이 책을 읽는 모든 이들이, 여 권사님의 삶을 통해 믿음의 길을 다시금 되새기고, 자신의 삶을 돌아보며, 더 깊은 사랑과 섬김으로 나아가는 계기가 되기를 소망합니다.

삶의 길목에서 우리는 수없이 묻습니다. "어떻게 살아야 하는가?" 그 질문에 대한 답을, 여명근 권사님은 자신의 삶으로 써내려가셨습니다.

이 책은 단순한 회고가 아닙니다. 기도로 시작된 하루, 섬김으로 채워진 시간, 말씀으로 다져진 인생의 여정이 고스란히 담겨 있습니다. 여 권사님의 삶은 말보다 강한 증언이며, 신앙보다 깊은 사랑의 실천입니다.

《나의 인생의 살아온 길》은 우리에게 말합니다. 바르게 산다는 것은 곧 하나님 앞에서 정직하게 살아가는 것, 이웃을 품고, 자신을 낮추며, 끝까지 믿음을 지키는 것이라고.

이 책을 읽는 이마다, 여 권사님의 삶을 통해 자신의 인생을 돌아보고, 더 깊은 믿음과 더 따뜻한 사랑으로 삶의 방향을 다시 세우게 되기를 간절히 소망합니다.

이 책은 단지 한 권의 책이 아니라, 한 사람의 인생이 들려주는 복음의 울림입니다.

2025년 9월
윤은규
(음암성결교회 명예장로)

머리말

　교회 나간 지 6개월 만에 음암구세군교회 집회에 참석했다가 하나님의 특별한 체험을 했습니다. 기쁨이 넘치고 세상이 다 환하게 보이며 내면을 보는 눈을 갖게 됐습니다. 지금 와서 생각하니 모두 하나님께서 인도해 주신 것입니다.

　그 후로 하나님께서는 나를 불러내어 하나님 사역을 감당하게 하셨습니다. 교회에서 봉사하게 하시고 병든 사람을 찾아가 심방하게 하셨습니다. 그러다가 정신환자를 비롯해 온갖 병자들이 각처에서 몰려와 집에서 기도를 하게 됐습니다. 문전성시를 이루었습니다. 많은 사람들에게 밥을 다 해줄 수 없어 남편이 걸어준 가마솥 두 개에 잔치국수를 끓여 점심을 차렸습니다. 매일 백 명도 더 넘는 분들에게 대접했습니다.

　"작은 저수지에 그물을 던지면 얼마나 고기가 잡히느냐? 망망대해로 가서 그물을 던져라." 하나님께서 말씀하셔서 서울에서도 기도를 하게 되었습니다. 서울에서 서산복음회를 만들어 기도를 돕고 기도 방을 운영하여 기도하는 데 힘이 되어 하나님께 영광을 돌려드렸습니다.

　전국 각처를 다니며 집회를 하고 돌아올 때는 새벽에 도망치듯 떠나와 차비 하나 받지 않고 기도하여 하나님께 영광을 돌려드렸습니다. 세계 각처에서도 기도를 부탁하여 외국을 이웃집 다니듯 다녔습니다. 하나님께서 "내가 너에게 거저 주었으니 거저 해 주어라" 하셔서 돈을 받지 않았습니다.

　집에 물이 새서 새로 건축하려다가 교회를 짓는다고 하셔서 건축헌금으로 다 드렸습니다. 하나님께서 그 이듬해에 더 좋은 집을 짓게 해 주셨습니다.

우리 믿는 사람들은 항상 감사하며 봉사해야 합니다. 미워하지 말고 욕심을 부리지 말아야 합니다. 말 한마디에 복을 받기도 하고 복을 깎기도 합니다. 항상 정직하게 살아야 합니다. 남의 것을 탐내지 말아야 합니다. 남의 말을 하거나 불평하거나 교만하면 되는 일이 없습니다.

거짓말하면 앞길이 막힙니다. 부정적인 말은 하지 말고 긍정적인 말만 하십시오. 인생을 멋지고 즐겁게 사십시오. 상대방을 인정해 주고 상대방이 있건 없건 칭찬해 주십시오. 그러면 앞길이 열립니다.

50여 년이 넘도록 기도를 하여 몸담은 교회에 비전센터를 짓도록 인도하여 주시고 성물을 주신 하나님께 영광 돌리며 오랜 세월 동안 기도할 수 있게 도와준 남편과 가족들에게 깊은 감사의 마음을 전합니다.

2025년 9월
여명근
(음암성결교회 권사)

차 례

- 추천사_**최영민**(서울의대 명예교수) … 3
  윤은규(음암성결교회 명예장로) … 4
- 머리말 … 6

1. 하나님의 품성 … 11
2. 나의 사역 … 27
3. 우리 기도 방 … 40
4. 나라 … 95
5. 말 … 105
6. 사탄 … 116
7. 세상 … 132
8. 부부 … 139
9. 우리 가정 … 150
10. 장로님 … 158
11. 생각이 잘못된 사람들 … 161
12. 예술 … 164

13. 하나님과의 대화방 … 166

14. 나의 가르침 … 183

15. 나의 삶 … 255

16. 교회 … 328

17. 몸 … 339

18. 병 … 352

19. 노년 생활 … 360

20. 가정 … 370

21. 자손 … 382

22. 우리 부부 … 391

23. 사업 … 401

24. 돈 … 405

1. 하나님의 품성

축복 주시는 분은
하나님이시니
기도할 뿐이다
일 시작하기 전에
기도하면 잘 풀어 주셨다
나 쳐다봐도 소용없다
모든 것을 다 참았더니
후 끝은 하나님이
책임져 주시더라
하나님은 능치 못하심이 없다

희생하면 고생한 것을
하나님이 책임져 주시더라
하나님은 믿든지 안 믿든지
다 간섭하신다
"참아라"
'욕하라' 소리는 절대 안
하신다
"사람을 즐겁게 해줘라"
주님한테 받았으니
하는 것이다
"사랑해 줘라"
하나님께서는
내가 하던 봉사하는 일을
다른 사람에게 물려 주면
더 폭을 넓혀 더 높은 수준의
봉사를 하게 하셨다
그러면 하나님께서
축복을 주신다

우리가 철 나서
하나님 하라시는 대로 살면
부모가 산 대로 자손이 풀린다
다 하나님이 해 주신다
사람에게 잘 보이려 하지 말고
하나님께 기도하고 맡겨라
내 것 아니고 하나님 것이다

매일 간증 거리를 주신다
너무 감사하다

하나님께서
우리가 실망이 되니
희망과 소망을 주시려고
기적을 보여 주신다

하나님이 엄청
나를 챙기시는 것 같다
하나님은 요거 해라 저거 해라
하지 않으신다
나를 믿지 말아라
난 단지 길만 일러주는 것뿐
인도는 하나님이 하신다

하나님이 역사하시면
음식도 기가 막힌 작품이 된다
"한 번 하나님 사랑을 맛 봐!"
세상이 뒤집어지는
역사가 난다
뭐라고 표현할 수 없고
더 바랄 것 없다
역사는 하나님이 나타나시는
것이다

하나님은 수단 방법 아니시고
능력이시다

이것을 하나님이 원하시는
것이다
두 마음을 품지 말아야 한다

하나님 하시면
못 할 일 없더라
하나님은 깨끗한 걸
좋아하신다
하나님께 아무도 모르게
조금이라도 거짓이 있다면
축복권 없다

지혜로운 사람,
부지런한 사람,
게으른 사람도 다
한 몫이 있다
하나님이 다 먹여 살리신다
하나님은 질서의 하나님이시다
하나님은 당신 자손들이
다 예쁘고 잘 살고
편히 사는 것을 좋아하신다

믿음이 있어야 한다
하나님이 함께하시면
못 할 일 없는데

믿지 않으면 할 수 없다
모든 것은 다
하나님에게 달렸다
잘 사는 것도,
못 사는 것도
다 하나님 뜻이다

남을 이용하지도,
이용당하지도 말아야
하나님께 받을 복이
깎이지 않는다
높은 자를 낮추기도 하시고
낮은 자를 높이기도 하신다
하나님은 너무 무섭다

내게 주신 주님의 말씀은
부귀영화, 명예와
바꿀 수 없는 말씀이다
멋있고 외롭지 않다

눈을 더 높게 떠야 한다
믿는 사람마다 모두
양심 곱게 살아야
하나님이 복을 주신다
날 선 사람 되지 마라

하나님 속이면 안 된다
우리를 지켜보시는 하나님은
우리가 죄 지을까 봐
졸지도 않으시고
주무시지도 않으시며
우리를 살펴보신다

자기 자식 안 좋으면
가만히 죽어져서
불쌍히 여겨 달라고 엎드려
있으면
하나님께서
불쌍히 여겨 주실 수 있다

잘못된 마음 가지면
이 세상에 필요치 않은
사람이어서 하나님께서
없애 버릴 수 있다

할 수 없는 것을
하시는 분이 하나님이시다
하나님은 우리 잘못한 것
그냥 넘어가시진 않는다
깨닫게 하시면
바로 고쳐야 한다

1. 하나님의 품성

한 계단씩 올라가는 식으로
더 큰 것이 몰려와도
이길 수 있는 힘이 온다
하나님이 다 보고 계시다

모임에서도
정보 캐려는 사람들이 많은데
하나님이 보호해 주신다
하나님이 축복 주시면 잘 된다
하나님 축복은 잘 받아들여야
한다

아주 갈급할 때 하나씩 꺼내
주신다
하나님은 일하기 싫은 사람은
먹지도 말라 하셨다
주님께 맞춰드려야 한다
하나님은 공평하시고
심판도 하실 것이다

하나님이 우리 마음을
너무 잘 아셔서
코로나 통해 미모나 재산 등을
평준화시키셨다
"하나님!
어떻게 이렇게 대단하세요?"
없는 사람은 시기, 질투 없다
나부터 회개하자!

하나님은 중심을 보시기
때문에
"내가 뭔데 이렇게 받아야
합니까?"
나의 감사가 애들의
축복권이다
하나님의 뜻은
우리가 잘한 것
하나도 없지만
우리가 가정을 잘 지키는
것이다
부모가 잘못 살면
자손이 복을 받을 수 없다

미국에서 2만 원 갚으라고
하셨다
하나님은 계산이 무서우시다
하나님은 자기 자식
상처받는 것 못 보신다
요즘은 사람의 생각이
다 드러나게 하신다

하나님이 원하시는 것은
참을 수 없는 것을 참아라!
다 사랑해 줘라!
하나님의 계산은
옛날 것까지 다 하신다
잘못 살면 안 된다
내가 어떻게 앞으로 더
사람들한테 좋은 일 하고
살까?
하나님은 어디까지나
인격적이시다

"무섭더라고, 무서워
하나님은 하나도
짚고 넘어가지 않는 게 없으셔."
고통을 줘서 깨닫게 하고
고통의 뿌리가 빠지는
어려움을 대신해 주신다

하나님이 달래주고
어루만져 주셔서
참을 수 없는 것을
참을 수 있었다
우리도 힘들지만
하나님도 여기저기 쑤셔놓고
당신도 골치 아프시다

선이 악할 수 없고
악이 선 될 수 없다
진실과 거짓은 하나님이
가르신다
나를 바라보는 하나님은
눈도 깜빡거리지 않고
죄를 짓나 살펴보신다

하나님이 너무 무섭다
사람과 대화하는 것 너무
어렵다
하나님의 축복권이 펼쳐진다
베풀어야
하나님의 축복권이 펼쳐진다
축복을 주시나, 안 주시나
시험해 본다
하나님 역사는 감동시키려고
애쓸 것 없이 자동으로 난다

지혜와 총명, 정신력도
하나님이 주셔야 한다
하나님 앞에서는
잘난 척 하면 큰 일이다

내가 어떤 생각을 하면
생각만 해도
하나님이 해 주신다
아무거나 분별하지 않고
받아먹는 것은 싫어하신다
하나님은 강하고 의지가 된다
고통은 줄다리기 같다
끝까지 끈질기게 붙잡으면
결국은 하나님이 이기신다

하나님은
착하지 않은 사람도 고쳐
주신다
영적인 것은 끈만 안 놓치면
하나님이 이기신다
하나님 영광 가리면
치워 버릴 수도 있다

남을 위해 산다는 건 정말
행복하다
마음만 예쁘면 된다
그러면 하나님이
언젠가는 고쳐 주신다
속상하면 병 들지
생명은 다르다

목숨만은 하나님 것이다

하나님은
첫째, 교만을 싫어하신다
남 무시하는 것도 싫어하신다
하나님은 무서운
하나님이시지만
우리가 말만 하면
하나님이 알아서 해 주신다
하나님이 모든 것 만족하게
채워 주시니 행복하다

아프리카 여행을 다녀온
다음 날,
입신했다
하나님 세계를 알고 나면
모든 걸 이길 수 있고
참을 수 있다

외로운 사람 치료하는 게
하나님 뜻이에요
심판은 하나님이 하신다
밤새 아파서 혼자 몸부림치며
거의 다 죽었다가도
회복시켜 주신다

하나님이 다 보장해 주신다
뭐라 해도 잘 참아
속상해도 속상해 보이지
않았다
하나님께는 돈도 안 들고
몸만 내놓으면 됐다
하나님은 가식이 없다

지식 많은 사람들이 악인 된다
덕이 안 되면 빨리 데려 가신다
착각도 이용하실 때가 있다
마음으로 사랑하는데
첫째는 인간관계가 좋아야
한다

나눠 먹고,
고루 먹이는 부모 역할을
하나님이 제일 좋아하신다
"날 좀 무시하지 마!"
하나님은 고민하게도,
우울하게도, 좌절하게도
다 인도하시고
나중에는 감사로
이끌어 주신다
이걸 모르는 사람들이 너무
안됐다
전도해야 한다
하나님은 우리 마음을 꿰뚫어
보신다
무슨 일이든 하나님이 하신다

조금이라도 기뻐하시지 않는
것이 우리에게 있다면
어떤 생각을 하는지
우리 마음을 뽑아 보신다
너의 생각은 어떠하며
앞으로 너의 인생이
어떻게 펼쳐질까?

우린 몰라도
하나님은 테스트 하신다
하나님은 좋은 것만 아니라
고난도 주신다
체험하게 하신다
사자 굴을 막아주신다

하나님은 다 사랑스러우신데
사람들이 변해서 문제다
속에서 도사리고 있는
악령이 나갈 때,

우는 사자가 나가려면
영과 영이 대결하는데
하나님이 해결하신다

자기를 낮추시는 예수님이시다
난 나를 한없이 낮추고 싶다
사람과 사람 사이에는
하나님이 갚으신다

부모의 축복도 있지만
하나님의 축복도 있다
어려워도 좀 참으면 좋을 거다
시간만 가게 내버려 둬라
모든 일은 하나님이
주관하신다

감사합니다!
모든 영광은 주님께 올려
드립니다
하나님은
내가 가고 싶다고 가고
가기 싫다고 가지 않는 분
아니시다

그 자리에서 하나님께서
바로바로
역사하시는 사람은 없었다
체험 없으면 신앙생활 하다가
멈출 수도 있다
하나님은 못 하실 일 없다
그러려면 우선 마음을
가다듬어야 한다

머리 굴리면 안 된다
남의 집에 가서
갖고 싶다 생각만 해도
손목이 탁! 잘라질 것 같다
모든 축복은
하나님이 주셔야 한다
떳떳하지 못하면
하나님은 꼭 물으신다
교회 안 다녀도
착한 일 한 것 다 기록해
놓으셨다

내 삶에서 오늘 온 사람이나
오래된 사람이 똑같은 것은
하나님 마음이다
하나님이 복을 주면 막을
자가 없다

하나님이 무엇이든 다 하신다

우리는 우리 할 일만 하면 된다
하나님은 다 품어 주신다
죽어지는 것은
참기만 하면 된다
참는 것이 하나님의 훈련이다

역사는 하나님이 하시니
내가 하는 것 아니다
안 좋은 것은
빨리 끊어야 한다
사람에겐 칭찬 받을
생각 말아야 한다
축복은 하나님이 주신다

하나님이 원하시는 것은
"내 앞으로 오라"
자식 때문에 애통하는
마음을 갖고
일대일로 더 나오기 바라신다
교회가 복 받아야
우리도 복 받는다
복은 하나님이 주시니까

누가 나쁜 것 아니라
이겨나가야 하는 시련인데
'모든 면은
하나님이 아시는구나'
깨달았다
농담 한 번 안 했다
존대 주고 존대 받았다
인격적으로 살았다
하나님이 지켜 주셔서 그랬지
내가 뭐 별거냐?
하나님이 지켜 주시는 것도
대단하다

하나님은 알쏭달쏭한 걸
제일 싫어하신다
하나님은
공짜로 받는 것을 싫어하시고
꼭 갚게 하신다
하나님은 언제까지나
사랑이시라
그 사랑을 잊고 세상으로 가면
때려서 다시 사랑을 깨닫게
하시는데
회복하기 어렵다

1. 하나님의 품성

더 성장하면 더 보람 있다
한 사람이 희생하면,
콩 하나가 썩으면
콩 한 됫박이 나온다
열매 있다
힘들긴 하지만
하나님이 상급 주신다
자손들이 평탄하고
건강으로 보답해 주신다

하나님 세계에선
우물쭈물하면 싫어하신다
떳떳치 못하면 잡히게 돼 있다
사람이 주는 축복은
어느 정도지만
하나님 주시는 축복은
무궁무진하다

남편이 아무리 잘해도
예수님이 주시는 사랑과는
비교할 수 없다
우리 죄를 위해 돌아가셨는데
그 고통을 내게 맡기시고
같이 우신다

어린 것이 때가 안 묻어서
쓰시는데
너무 어려서 안타까우시다
하나님께 물어 봐라.
하나님과 대화하면
큰 것 이기면 더 큰 축복이
대기하고 있다는 걸 알게 된다

하나님은 나의 방파제!
모든 면에서 하나님이 차고
넘친다
뭐든 하나님께 여쭤보고 해야
질서가 잡힌다

기도는 보이지 않아도
하나님이 대신 채워 주신다
예쁘지 않은 사람을
참을 수 없으신가 봐
그때그때 필요한 것은
하나님이 주신다
그러려면 거짓과 시기,
질투가 없어야 한다
내세우지 말아야 한다

인생 사는 건

다 하나님이 인도하신다
사람의 모든 것을
하나님이 하셨다는 것을
체험하면 자신감 생겨 남에게
권할 수 있다

진실성 없으면 바로 치신다
하나님 축복은
불만하면 안 온다
감사해야 온다
주어진 데서
말로 감사해야 한다
시련 주시면서도
갈고 닦고, 갈고 닦고 하시면서
자기를 자꾸 찾게 하신다
하나님한테만
사랑 받으면 됐지.
하나님 하시는 일은
못 하실 일 없다

하나님 믿는 통로는
십계명이다
내가 어떻게 이렇게 됐는지
몰라
맡길 때 평안 주셨다

해같이 빛나는 날 왔다

교회에 성도들 많이
보내 주시는 것도 하나님 뜻,
아닌 것도 하나님 뜻이다.
사모님은 마음을 넓혀라!

"그 맛을 한 번 봐봐"
하나님 사랑은
이 세상 어떤 것도
이겨 나갈 수 있는 힘이다
진실은 하나님 앞에만 있다
하나님 세계는
참 편하게 하는 것이다

성경 한 줄만 읽어도
설교가 많이 나온다
하나님은 우리를 가둬 놓거나
묶어 놓지 않으신다
묶는 것은 마귀가 하고
푸는 것은 하나님이 하신다

하나님은
구하지 않은 것까지 주시더라
내 기도 다 들어 주셨다

하나님은 공짜로 받는 걸
기뻐하시지 않는 것 같다
얻어먹는 것 못하게 하셨다

있는 힘 다해 기도하며
쓰러지면서도 끈질기게
기도하면 하나님이 이기신다
하나님께서
나를 심히 부려 잡수시고
불쌍히 여기신다
재물은 잘 지켜 주고
공평하게 해 주셨다

우리를 더 크게,
성숙해지게 하시려고
어려움을 주신다

기도 받고
하나님께 감사해야
축복을 받는다
하나님께서 영광 받으실
수 있다
하나님이 공짜는 싫어하시는
것 같다
하나님께 합당한 기도를

해야 한다
하나님이 원하시는 것이
무엇인가?

애들이 바르게 살아
하나님 영광 가리지 않게
해 달라고,
나도 영광 가리지 않게
해 달라고 기도한다

욕심으로
저 집 사게 해 달라는 기도는
안 들어 주시고
아픈 애기 위해서
손으로 쓰다듬으며 기도하니
들어 주셨다
남을 위한 기도는 잘
들어 주신다

하나님은 인격적이어서
질서의 하나님,
어지럽지 않은 하나님이시다
하나님은 하려고만 하시면
못 할 것이 없으시다
하나님 없이 하면 모든 것이

안 된다
매일 겸손하게 의지해야 한다

인격적인 하나님이시니
혼돈을 안 받는다
하나님 마음대로지
어떤 사람에게나
다 참아야 한다
어려워도 참게 하는 것이
자꾸 키우시는 것이다
참을 수 있는 것도
기도 덕분이다
하나님이 다 진정시켜 놓으셨다
책임을 넘겨주신 것이다

하나님 세계는
무궁무진하게 나온다
닫으면 열 자가 없고
열면 닫을 자가 없다
뭐든 내가 하려면 안 된다
하나님께 맡겨야 한다

절대적으로 하나님이
심판하신다
진실은 지혜이고

행복은 예수님을
통해서만 온다
행복하다는 것도
예수 안에서 별일 없으면
행복한 것 아니여?

'하면 하나 보다'
한 번에 탁! 털어버리고
'나를 훈련시키는구나'
하나님이 내 마음을 챙겨
절제도 시키시고,
생각 안 나게도 하시고,
기도도 해 주셨다

마귀는 천박하고
품위 없게 만드는데
하나님은 품위 있게
나오기를 원하신다
사람이 일만 많이 한다고
축복 받는 것 아니고
하나님이 축복 주셔야 잘 산다
아무리 어려워도
문을 열어 주시면
잘 살게 된다

세상일 내가 잡으려 해도
하나님이 도와주시지 않으면
안 된다
사람이 하지 못하는 걸
하나님이 하셨다
남을 위해 기도해 주면
주님께서 힘 주신다
욕심 없고 겸손하며
사랑이 있어야 한다
고지식하면 때가 되면
복을 주신다

내 주변에서
가까이서 도와주는 이들에게
잘하는 것이 축복이다
축복은 우리가
원해서 주어지는 것 아니라
하나님이 주시는 것이다
요래라조래라 하시더니
진짜 상대도 안 하셨다

하나님께서 달래시면
들어야 해
하나님 안에서는 사랑도,
그 어떤 것도 다 있다

모든 것이 다 있다
뉴질랜드 남섬의
밀포드 사운드에서 통로에
물줄기가 내려오는 것을
보았다
하나님은 사람 눈에는
좀 아닌 것 같아도 사랑이시다
하늘에서 폭포수가 쏟아졌다

가는 데마다
역사 안 난 데가 없었다
하나님 편에 서서
깨끗하게 살면
딴 데서 다 채워 주신다
누구를 통해서도
먹고 살게 해 주신다
하나님에게는
불가능이 없다는 것을
명심해라

낮아지고 낮아지면
더 지혜를 주신다
하나님은
첫째, 정직하기를 원하신다
남에게 도움이 되어야 하고

베풀기를 바라신다
"너만 가져라"는 없다
사랑에선 이유 없다
미움은 고리, 고리로 이어진다

하나님 앞에서는
머리 쓰면 안 된다
손해가 많이 난다
하나님은 능치 못함이
없으시다
풍요 속의 빈곤도 있겠지만
사랑은 축복의 통로가 된다
누구든지 뭐든지 할 수 있다는
자신감을 가져야 한다

씨가 하나 떨어져
많은 열매 맺으니
사람 보지 말고
하나님 편에 서면 잘 풀린다
참고 인내하면,
하나님이 문을 열면
닫을 자가 없다
긍휼이 있다
하나님이 더 좋게 만들어서
주신다

나쁜 역할 하려다 더 좋게
해 주셨다

하나님께서는
골고루 다 주시지는 않는다
예수 없는 사업은 성공 같은
실패요
예수 모신 사업은 실패 같은
성공이다
힘들어도 독수리같이
힘 주신다
한 사람이 죽음으로 열매 맺고
완전히 죽은 할미꽃 씨에서만
싹이 난다

하나님이 날 지켜 주셨다
예비해 주신다
우리는 다 참고 살아야 하는데
자식이 좋아졌어도
하나님 자랑만 해라
내 입으로 애들 자랑 말고
사람에게 칭찬 받지 마라
하늘에서 받을 상이 없다

하나님을 두려워해야 한다

좋으신 하나님을
먼저 내세우면 안 된다
하나님 뜻대로 살지 않고
진실을 안 가지면
두려우신 하나님이다

있는 그대로 하지 않으면
가증스러운 기도가 되고
웃음도 진심 없으면 안 좋다
마음에 이중성격을 쓰면
하나님 축복이 없다
하나님 세계는 막을 수도 있고
해 줄 수도 있다

2. 나의 사역

모세와 같이
시련이 많을 것이다
내 기도가 가치 있는 것은
돈을 안 받기 때문이다
하나님 일은 보람 있다
신앙생활은 보람 있다
복은 따로 있다

환상은 다 무시한다
진짜 사과를 갖다 놔야 믿는다
응답도 무시해서
내가 안 믿는다
사탄을 무시하고 사니
병 안 온다
이기는 진리다
영권이 있어야 한다
그래야 확실하고
누구 말도 안 듣는다

여럿이 있을 때, 한꺼번에 손
안 대고
마귀 물리치는 기도 시켰다
옆에선 시기 질투가 나오지만
나는 자유 얻었다
주어진 일을
옆도 안 보고 최선을 다했더니
결과가 좋았다
난 사람 안 보고 생명만 보고
기도하며 살아왔다

주의 일은 불평불만 하면
안 된다
어떤 것도 이길 수 있다
이런 사역하며 그만큼도
힘 안 드나?
왜 이렇게 힘들지? 하면
마귀들이 확 달려든다

하나님 일 하면
인생은 행복한 길이다

우린 마음의 십자가를 진다
사명이니 어려운 일 있으면
'한 단계 또 올라가는구나'
생각된다
병은 만져야 낫는다.
난 알쏭달쏭했다
"어떻게 손을 대요?"
성냥개비 하나가 불 붙이면
숲을 다 태울 수 있다고
말씀해 주셨다
병 문안을 특히 잘했다
"건강하세요.
식사도 잘 하셔야 할 텐데…"

"당신은 몇십 년 전이나
지금이나 변함없다"
남편의 말이다
경로당 잔치에도 안 간다
다른 분들이 나 같은
사역하기 정말 어렵다
새벽 2, 3시에 들어와서
4시 반에 나갔다
사람들이 기다리고 있었다

예수 이름만 있으면 끝까지
붙들며
결국은 승리하게 된다
승리를 주신다
급하니까 일회용으로
사용하시는데
성령 체험, 방언 등
성령이 계시구나 깨닫게
하시고
절제시키셨다

'나 자유 얻었네'
'너 자유 얻었네'
용암산 기도원에서
쇠사슬이 끊어졌다
생각이 바뀌니 인생이
달라졌다
문제가 해결된 것을
하와이 가서 들었다
죽으려 할 때까지
즐겁게 최선을 다하려 한다

내 나름대로는
이게 하나님 편이다 싶어서
가물가물해도
끝까지 매달려 영적 싸움을

했다
정신 바짝 차리고 마귀를
물리쳤다
정히 죽겠으면 밤새 환자의
발이라도
붙들고 이겨냈다
하다 말면 안 되고 끝장을
봐야 한다
벌이 한 쪽이 목 잘라질
때까지
싸우는 것과 같다

텔레비전을 놓고
기도했는데 변화되었다
텔레비전을 보며
와이셔츠 속의 목을 만져
쉬어 목이 정상 됐다
모세와 같은 능력을
주셨다더니
엄청난 능력을 보여 주셨다

나이도 있는데 힘이 생겨
'계속해야지' 생각했다
나는 바라지도 않았는데
이런 능력을 주셨다

"하나님! 저를 통해서
어떻게 하면 좋아요?"
많이 울었다
요즘은 병이 나았다고 하면
가슴으로 파고 들어온다
옛날엔 그런가 보다 했다

가다듬어 주셔서 계속
기도하고 있다
열정이 식으면 하나님 일
할 수 없다
기도 받고 슬쩍 가면
세상 이길 힘이 안 나온다
나의 은사는 남을 살리는
역사다
내 일은 사람의 일하고는
다르다

어떤 목사님은
다스리는 설교를 하시는데
나는 가난하지 않게 사는 것을
알려 주는 설교를 한다
각자 본성, 성품이 다르다
각자 다른 본성과 성품을
다스리는 것을 가르친다

생각에서부터 시작된다

나 만난 사람은 다 축복받았다
축복받는 길이 보인다
말하는 걸 하나 보면
받나 못 받나 알 수 있다
겸손한 자세에서
잘 믿어야 축복받는다
죽어도 죽고 살아도 산다
남에게 신경 쓰기만 하나?

나는 남에게
생명을 나눠 주는 일을 했다
무대뽀로 물불 안 가리고
짐승 속에 뛰어 들어가는
역사였다
기도하다가 기운이 없어
쓰러졌다
쓰러져 가는 사람을
살리는 역할을 했다

"하나님! 내가 놀고 왔어요?"
밤늦게 기도해 주고 왔다가
남편에게 혼나기도 많이 했다
밤에 올 때 무서우면

'빛의 사자들이여' 찬양을
불렀다

70 평생 남에게
감사하다는 말을 하지
않았는데
나한테만은
감사하다고 하신 분도 있었다
딸에게 옷, 구두 사주며
무엇이 옳고 그른지 모르다가
좋은 본성을 찾게 해 주었다
나는 그 길을 열어주는
역할이다

큰 대문 꽉 찬 것이
빗장 지른 가운데 애 어른
다 모여
재미없게 얘기하고 있었다
내가 빗장을 양팔로 탕!
누르니
활짝 다 열려버렸다
잠겨졌다가 풀려졌다
그때부터 문이 활짝 열렸다
인제는 이 집이 문 열렸구나!

뉴욕에서 기도 받은 집은
7년 만에 닌텐도 가게 2개
열었다
"하나님! 제게 무엇을 원하세요?
이렇게 쓰러질 순 없잖아요?"
마음을 열어놔야 역사 난다
누구에게나 역사가 날 수 있다
하루 새에도 달라질 수 있다

죽어도 여한 없다
가장 가치 있는 일은
사람을 살리는 일이다
남을 건강하게, 잘 되게 한다면
거꾸러지더라도
대신 아픈 것 할 거다

책임이 얼마나 무거우냐?
정직과 진실이 무엇보다
중요하다
오늘 안 되면 내일,
내일 안 되면 모레,
끝까지 하나님 주신
사명이라고 생각하고 일했더니
오십 년이 넘었다

설교를 들어야 마음이 열리고
그래야 능력이 나온다
예전에 집회하러 가서
찬양 한 곡 하고 기도하고
손만 한 번 흔들면 역사가
났다

난 잘못된 것을
뜯어고치는 역할을 평생 했다
달려들어야 조금이라도
변화된다
머무르면 안 되고
발전해야 한다
첫째는 진실성이 있어야 한다

너무 힘들어서 상을 주신다
내가 뭘 안다고 만사형통을
시키나?
혼자 울고도 싶다
악한 영들과 만나고 오면
일어나지 못했다
사람과 부딪치면 또
회복시키셨다
고비를 넘겨야 한다

늙어가며 능력을 더 주신다
우리 사명은 살리는 역사다
후원금 받는 자나 주는 자가
다 잘못된 사람들이다
그런 사람 변화시키는 것이
우리 작업이다

인생 살다 오래 가면
마무리가 있다
그걸 하나님 편에서
회복하는 것이
우리의 은사다
움직일 수 있는 힘이 없었다
힘들지만 보람도 있다
난 책임감이 투철해
아침 6시에 만나자면
4시부터 일어난다

기도가 쉬운 일은 아니야
자기한테 증세가 오니까
감당 못한다
처음에는 캄캄해서
길이 하나도 없는 것 같으나
나중엔 큰 길이 나온다
하나님이 하시니 겁 없이
나갔다
일하다 보니 담대함이 생기고
지혜가 생겼다

정신 질환자 30명 데리고
살았다
시장통에 데리고 가면
공동 화장실도 못 가는 사람이
어떻게 저런 사람들을
돌보느냐고
동네 분들이 놀라워했다
2000원짜리 몸뻬를
수도 없이 샀다

아무 생각 없이 일만 했지
보람 있는지 없는지도 몰랐다
기도만 했지
기도 받은 애들을
다 잘 키워서
보람이란 걸 요즘 느낀다
계시를 받았다
팔십 넘어서 세상을 알게 됐다
마음이 행복해서
하나님 일 더 해야지.
내가 희생해야 다른 사람이

좋아지니
안 할 수 없다

기도하러 가려면
손발 다 못 움직이게 해
가방을 목에 메고 가
버스 타니
그때서야 마귀가 할 수 없이
놔줬다

말씀의 지식과 지혜의 말씀이
실크같이, 거미줄같이 나온다
말씀의 은사와 신유 은사는
각각인데
비밀의 은사다
나는 별 체험 다 했다
한 번은 성령으로 뒤집어져야
한다

지금도 엄청 역사가 잘 난다
환자 분의 나쁜 것이
내 손목에
날카로운 고통으로 온다
옛날에 집회 가면
"나를 봐요. 나를 봐요"
말했다
쳐다만 봐도 병이 나았다
하나님 일은 처음에는 좁다가
나중에는 넓은 길이 펼쳐진다
내 몸을 부스러뜨려야
남을 살리는 역사가 난다

내가 능력 받을 때,
"목사님은 의사가 되시고
전 간호사가 될게요"
'뒤처리는 제가 할 게요'라는
뜻이다
목사님 오토바이 옆으로
비스듬히 타고 심방 다녔다
기도가 쉬운 것 아니다
너무 실망스러울 때도
눈 가려주셔서 기도했다

요즘은 갈라놓는 영이 세다
변질된다면 그만둬야 한다
변질되면 지금까지 한 것
허사 된다
하루라도 쓰시면 쓰임 받지만
마귀가 노리고 있을 것이다
그만두겠다는 말 자주 한다

이 기도는 아무나 못 한다
정신병 기도해 주면
정신병이 이쪽으로 온다
교회 다닌다고 다 되는 것
아니다
마음이 중요하다
차라리 무식하면 괜찮은데
아는 게 많으면 겉넘을 수
있다
이단이 이래서 나온다
조심스럽다
마무리 잘하게 해 달라고
기도한다

변질되면 안 된다
영적으로 잘못된 아이는
이 집, 저 집 남의 집 다락에
숨어 다니며
훔쳐 먹고, 없어지고 했다
용암산 기도원에서
금식했는데
곁에서 기도해 주니
밥 먹다가 쓰러졌다
그 애 속의 마귀가
그 애에게서 빠져나와

내게 침투했던 것이다
데리고 잤는데
냄새가 심하게 나며
파리가 딱지딱지 붙었던 것이
아침에 보니 다 나았다
귀신이 다 나갔다고 했다

마지막에는
주기도문, 사도신경 하라고
일러 주었다
"전 아무것도 모르는데
이 가정에 문제가 있다면
하나님께서
해결해 주실 줄 믿습니다"
기도해 주었더니
쇠사슬 묶은 것이
탁! 탁! 풀어지며
금방 사업의 문이 열렸다
축복이 바로바로 왔다

"남편이 가지 말아야 할 곳은
가지 말게 해 주시고
부러지면 돈이 드니
인대 늘어나 가지 못하게
막아주세요

남편을 불쌍히 여겨 주세요"
기도하라고 일러 주었더니
양심에 찔려 회개했다

차 있는 목사님이 나를
데려가서
강대상에 올라가니
기도가 안 되고 말이 안
나왔다
초라한 옷 입고
작은 아주머니가 올라오니
외모를 본 것 같다
"사람은 외모를 보지 말고
중심을 보라" 회개시키니
말이 나오고 성경 펼치니
같은 구절이 나왔다
난 손만 흔들면 역사 나고
안수는 목사님이 하셨다

무장하고 있으면
탁구공 치듯 탁! 탁! 나간다
당당하고 영발이 세야 한다
고생도 하지만 보람도 있다
고생하고 어려워도
다시 태어나도

하나님 일을 택할 거다

나의 기도는 꼬아지고
비틀어진 것이
펴지는 역사이다
얌전한 사람이 어렵다.
마귀가 세다
당신 일 하니
하나님이 죽이진 않으신다
사람 세계를 뛰어넘어
영적 세계에선 강하다
영적으로 검은 색 창살을 봤다
큰 대문에 빗장을 밖에서
잠갔는데
내가 활짝 열어버렸다
자유가 생겼다
재난을 막은 것도 있다
나쁜 것을 빼내는 역할을 했다
도둑 맞을 것을 막는다

환자를 다루다 보니
나도 모르게 답답하다
"명근이 불쌍하다"
눈 오는 날
엉금엉금 기다시피 서울

오려면
그만두고 싶어 하니
하나님께서 힘을 주시나보다

대꼬챙이 가는 것이
온몸을 여기저기 쑤셔
갈기갈기 찔렀다
엄청난 고통을 혼자 조용히
티 없이 참아냈다
하루 종일 꼼짝 못 하고 누워
있었다.

사람이 다 덤벼드는 것이
영적인 공격이다
자식 통해서,
남편 통해서 기쁨 뺏어 가는
것이
짐승 공격이다

옛날엔 내 힘도 들어갔지만
지금은 내 힘이 안 들어간
능력이다
난 알고 보면 무서운 사람이다
열 개 손가락으로는
병 고치는 역사 하며

말로는 영적 치료를 한다
이유 따지면 걸려든다
기도하러 가려면
갑자기 발목을 시큰하게 하고
팔목을 아프게 해도
가방을 목에 걸고서라도
나서면
그 때선 마귀가 놓아 준다
사탄을 알면 잘난 척 할 수
없다
잘난 척 하면 걸려든다

가정에 원수 있어
가까운 사람이 괴롭혀도
우리가 이겨나가야 한다
"내가 주는 물은 영원히
목마르지 아니하리라"처럼
물을 안 마시고 기도했다
잘 받아들이면 안 마르고
안 받아들이면 목이 마르다

나는 존대를 하고
존대를 받았다
문병 가서 남자는
이불을 살짝 만졌다

손이 닿으면 손끝에는 좁게,
손바닥은 넓게 성령이
역사하셨다
사람 상대하는 게 제일 기가
빠진다
피 말린다
너무 꼼꼼하게 따지면 안 된다
나는 비전센터 세우고,
병 고치고,
기적 일으키고, 가르쳤다
많은 가지에선 저절로 불이
생긴다

진실과 감사가 중요하다
내가 진실성과 사랑 없으면
이 기도를 하겠나?
난 촌스러워서 먹을 줄도
몰랐다
"이름도, 주소도 몰류"
기도 받으면 좋아지는 게
뵈니까
잠을 안 자고 기도해 주었다
잠시 잘 수도, 쉴 수도 없었다

사람들 고칠 것을

말 안 하면 내가 머리가
아프다
고칠 것을 말해 주고 나면
아프던 머리가 안 아파진다
내가 말 안 하려고 하던 것도
성령님은 꺼내서 고쳐주신다

헌금도 감사하는 마음이
없으면 받아지질 않는다
영적 싸움도
젊어서보다 기가 빠진다
그럴 때, 짜증도 나고
뭔가 남에게 상처도 줄 수
있다
다 숨기는 것만이 능사 아니다
헌신적으로 하는 사람이 없다

길 잘못 들어 헤매니
너도 못 살고, 나도 못 살고
교회에 덕도 안 된다
잘못 간 것을 후회하고
방황하던 것에서 벗어나
바른 길 가게 만드는 역할을
했다
앞으로 무슨 생각을 하며

2. 나의 사역　37

살아야 하나?

사람들은 받는 것만 좋아하고
내놓을 줄 모른다
내 마음이 열리니
여러 사람이 한 사람 살리는
것은 쉽다고 느꼈다
알아주거나 말거나 좋아지니
보람 있고 하나하나 해결되니
보람되고 감사하다

"이대로 그만두기엔
좀 아깝네요, 하나님!"
내가 30대 하던 기도는
첫째, 말로 하는 기도,
둘째, 만져서 하는 기도,
셋째, 쳐다보고
빛이 들어가서 낫는 기도,
세 가지 기도가 있었다

그 사람이 가슴 아프고
안타까워서
죽으려는 사람 많이 살렸다
축복의 통로다
웃으면 입이 올라간다

정신적으로 안 좋은 애들이
웃고 활발하게 사니 보람 있다

나는 맨날 밤을 새고 일했다
난 영권이 세서
원체 흔들리지 않았다
잘못된 말을 안 한다
예수 찬양을 부르면
은혜가 도로 찾아온다
주시는 것이 다 다르다
호미와 칼이 다르듯 다르다
꼭 집어서 핍박하는 건 아니다
받은 게 다 다르다
난 야전 전사다
고생을 다 받아들이는
수밖에 없다
그 어려움이 십자가다

난 제자 훈련을 계속 해왔다
나 할 일만 하면 된다.
말만 안 하면 된다
사람 살리는 역사이다
"내가 뭘 잘못했어요?
왜 날 훈련시키셨어요?"

큰아들 통한 시련으로
가정, 나라, 세계,
하늘나라에 보탬이 됐다
옆도 뒤도 안 보고
발전적인 행보로 일로매진하여
점점 하나님의 사업이 커졌다
이제 알고 보니
나는 힘들었지만 보람도
있었다

기도한다는 것이
쉬운 일은 아니야

3. 우리 기도 방

뉴욕에서 온 분은 기도 받고
첫째, 일이 잘 풀리더라
둘째, 인간관계가 좋아지더라
간증하고 가셨다
세상 복잡해도 정신 바짝
차리고
속지 않는 생활 하며
일 열심히 하고 살고 있다
했다

자아가, 돈이 문제가 된다
내가 길을 일러줘서
어떤 아이는 갈 길이 환히
열렸다
"절 믿어 주세요
훌륭한 사람 될게요"
연단을 통해 키우시며
이길 수 있는 힘을 주신다
"너는 강해야 해"
사랑 못 받아도 사람

노릇하게 됐다

갈비를 찬합에 채우고
돈 30만 원을 주며 떠났다
그걸 보고 많이 울었다
주시는 분도 하나님,
걷어 가시는 분도
하나님이시라
의료 사업을 크게 벌였다가
다 말아 먹었다
말년이 좋아야 하는데
시작도 중요하지만
마무리를 잘해야 한다

습관적으로 기도 받으면
안 된다
내 맘을 내가 고쳐야지
기도만 받는다고 다 되는
것 아니다
예수 믿으면 얼굴이 좋아야

한다
기도하는 것이 가성비 좋은
것이다
"원장님 원하시는 데에
돈을 쓰시오" 하며 드려라
내 자식을 맡겼으면
이유를 묻지 말고 후원해야
한다
통만 크다 할까봐
어려운 말로 했다

서울의 미친 사람에게
전봇대, 안테나를 통해
서산에서 전화로
기도해 주어 정상 됐다

마디마디 철판 깔아
딱딱한 것이 풀어져
얼굴이 윤나고 바비 인형 같은
몸매를 만들어 주신다

건강할 때 재미있게 다녀라
우리 기도 방은
긍휼한 하나님의 사랑이
충만한

베데스다 연못과 같다

강권적으로 강력하게
시인하게 해야 낫는다
엄마가 절대적으로
고집 세면 안 낫는다
사탄은 애가 붙잡고 있지만
기도 받으니 키는 큰다
영적으로 귀를 뚫는
행동을 시켜야 한다
간단하다
욕하는 귀신은
예수 이름으로 물리쳐야 하고
눈으로 보이는 마귀는
손을 눈에 대고
예수 이름으로 물리쳐라
집안에 사탄이 살면 안 된다

우리 가정 건강하고
행복하게 살게 해 달라고
말 한 마디 하고
병 나은 사람도 있다
그렇게 안 되는 건
성질이 못돼서 그렇다
정신 차려야 한다

여행한다고 돈 쓰고
고생만 하고
괴롭히는 마귀의 샘플이다
여자가 집안을 잘 인도해야
하는데
죽지도 않으면서
평생 고생시킨다
내가 뭐를 고쳐야 하나?
아프면서 생각했다고 한다
말만 안 하고 참기만 하면
된다

사랑 없고 무자비하니
감사 눈물 많이 흘려야 한다
애들이 무사히 하루 보내면
감사 감사해야 한다
회개를 자꾸 해야 한다
회개하지 않으면
내 몸이 회복되지 않는다
다른 목사님들은 환자
기도할 때,
몸에 손대지 않는다
엄청 무서운 사자,
호랑이 같은 영적 싸움이다

씻지 않던 사람이
샤워 두 번, 치과 예약,
강아지 산책, 학교 과제 다
잘하니
내가 말할 수 없는 보람을
느낀다
한식 때, 큰 시누님이
과일 세 상자 보내셨다

짜증은 절대 나지 않는다
대신, "거짓 있으면 사탄이
이렇게 역사하는구나"
깨달았다
속임이 계속 꼬리 물고 탄다
비밀 없고 평등하다
"갈라놓느냐? 아직 멀었네
자아가 살아서 그래"
정신 바짝 차려야 치매 안
걸린다
부기가 밑으로 내려와 기도해
주었다

계획 세우면 반은 성공이다
기도해서 빨리 벗어나야 한다
일수놀이 하는 사람이

따지는 사람은 주고
안 따지는 사람은 줄 것도
안 줬다
나중에 정신 질환자 됐다
영이 이렇게 무섭다
안 들리는 데서 말해도
상처 받는다
하고 싶은 말 다 하면
축 가고 아파서 병 든다
기도 방이 웃음 치료 방이다
병 고치고 나면
생선 장사, 과일 장사
뭐든 해서 먹고 산다
여기 온 사람들은 잘 풀리더라

"너희들 맘대로 살아라
애들 말 다 들어줘
왜 나한테 물어 보니?
너희들은 다 즐겁게 살아라"
기도 받을 때, 아프면서
시원한 맛은
어디 가서도 맛볼 수 없다
날카롭게 맑은 것이다

기도한다는 것이 쉬운 일
아니다
일찍 와서 진을 뺀다
"네 몸 네가 가꿔서
예쁜 옷도 입고 멋지게
살아야지
살찌면 못 입잖니?
요샌 날씬해야지"

바위 깨뜨려 돌멩이, 다음엔
자갈돌,
가루로 만들어야 한다
방광염 잠자고 있는 걸
깨우는 것은 발가락으로
빠진다
원인을 찾아야 하기 때문에
말로 시작해서 말로 끝난다

있는 사람은 못 느낀다
말 붙이기 어려울 정도로
허점 하나 없었는데
기도 받고 온유하고
부드러워졌다
원망, 불평하고 섭섭하면
아들 통해서
도로 묶으려 한다

마비된 손이
나를 튕겨내서 철판 같아
기도 끝나면 내 손이
마비되었다
근데 통 큰 대로 축복을 많이
받더라

회개하니 바로
막혔던 문제가 해결됐다
쥐똥나무 팔리고,
할머니 눈 떠서 화장실 잘
가셨다
문제가 다 해결됐다
아흔 몇 살 할머니가
모 다 심고 손주 목사 안수
받은 후,
보름 있다 돌아가셨다

될수록 편하게 살아야 한다
남편이 좋아야 한다
불만 찬 얼굴이 빠졌다
"내가 하는 것 아니야
하나님이 다 하시는 거야"

너무 과하게 잘해주면

결과가 안 좋다
봉사는 몸이 안 따라 주면
못 한다
하나님 하시는 일이니
거짓말하면 역사 안 난다
남편이 날카로우니
잘해주라고 말해 줬다
어떤 사람에게 "마음 비워라"
했는데
지금은 나보다 더 비웠다

나는 눈으로 나쁜 것을
빼기도 했다
머리에 열 많으면 산만해진다
불안하면 말이 많아진다
여기 와서
복이 많이 들어오는 얼굴로
변했다
신경이 살면 얼굴이
여기저기 스멀스멀하다
머리가 굳었다가 풀어지기
때문이다
속 썩이는 사람 없고
돈 있으면 오래 산다

진실 아니면 언젠가는 꼭
드러난다
난 아주 정확한 걸 좋아한다
2000만 원 시부모님에게
드리고 나서
1000만 원만 드릴 걸 하고
후회하면
그만큼 복이 깎여 나간다

난 원인이 뭐냐고 물고 늘어져
결국 찾아내 해결책을 일러
준다
보물 없으면 도둑도 없다
난 한 사람도 그냥 보내지 않
았다
사람 속에 사니 깜짝깜짝
놀라는 적 많다

기도는 받아들이는 자세가
중요하다
안 좋아하면 차버리는 걸
느낀다
이 자리에서 책 보던 사람은
딴 생각해서인지 그냥 가더라
예배 중 밑을 쳐다보면
은혜가 안 된다

남을 이용하는 것이 제일
나쁘다
속 다르고 겉 다르다
얌체 방망이다
만남의 축복을 주셨는데
뭔들 아깝겠어?
지금 우리는
무섭게 변화시키는 곳에서,
사람 노릇 못할 사람들을
지금의 모습으로 만들어
주셨는데
알고 짓는 건가?
모르고 짓는 건가?
내 맘은 내가 알고 하나님이
아신다
어떤 게 진실인지 깊이
생각해라

솔직하지 못 하면
어린 애들 키울 때,
어떻게 하나 생각난다
진실성이 중요하다
가증스러우면 일이 안 풀린다

얄밉거나 어떻거나
역사는 하나님이 내시는 거고
나는 최선을 다하는 것
뿐이다

사람은 비교하고
내 욕심 부리면 안 된다
최선을 다하되
자기 욕심을 버려야 한다
동생과 잘 지내고
공부도, 돈에 대해서도
마음을 고쳐야 한다고
타일러라
"날 무시한다고
생각하게 하는 귀신아!
예수 이름으로 나가라!"
"사람 속에 욕심 귀신,
비교하는 귀신!
예수 이름으로 나가라!
우리는 하나님의 자녀들이다
우리는 예수 이름으로
승리했다!
하나님!
우리가 욕심 없게 해 주시고
비교하지 않게 해주실 것을

믿습니다
예수님 이름으로 기도합니다
아멘"

위암은 요즘 덜하다
세대가 발달되어
머리 아픈 것이 제일 어렵다
머리 좋아서 젊어 병 든다
하지정맥으로 수술하려던
사람이
기도 받고 수술 안 했다

난 좋은 일을 많이 했다
잘못된 생각 하는 사람들이
안타까워서 용감하게 말했다
헬스클럽, 에어로빅 등
쓰지도 않던 단어도 사용해
사람들을 깨우쳤다

생각이 잘못되면
손해나는 것 아니라 망가진다
그게 문제다
나는 애들 폭을 키우려고
돈도 준다

기도 받을 때,
많이 아프면 많이 좋아진다
2개, 4개, 7개 뚫어질 때,
아픈 정도가 다르다
기도 받은 후에는 휴식도
필요하다

머리 부딪쳐 가며
"정신 차려!" 쥐어 박았더니
가정이 바로 섰다
여기 와서 죽을 것
살게 된 사람 많다
많이 배우고 돈 많아도
공황장애 걸린 사람 많다

그림을 그려도
힘들고 고생스러운 것 말고
속이 시원한 걸 그려라
북한도 밥 달라고 구걸하는
것 말고
쌀가마니 쌓아 놓고
나눠 주는 걸 그려라
봉우리 진 꽃 말고
활짝 핀 꽃 그려
활발한 작품을 만들어라

폭 넓게, 너만 좋은 것 아니라
다른 사람에게 좋게 하고
제자 많이 키워라
너만 위해 살지 말고
다른 사람을 위해서도
살아야지
가르쳐서 널리 퍼뜨려야지
기술 있으면 다른 사람에게
발전성 있게 해야 한다

친정에서 무시하면
영이라 상처가 남는다
자주 만날 필요 없다
부부가 여행 가시니
마치 며느리가 아들 모시고
여행 간 것같이 흐뭇하다
인생 짧으니 여행도 가고
옷도 예쁘게 입고 즐겁게
살아라
내가 할 말은 이것밖에 없다

우리는 지금 기적을 보고 있다
돈만 갖고 야단하지 마라
즐겁게 살고 자기 몸 챙겨라
본인들이 건강해야 한다

하나님은 인생을
아름답게 지으셨는데
우리가 망가뜨려서
아름다움을 잃어버렸다
다시 하나님 안에서 회복할
수 있다
정말 인생은 아름다운 것인데
행복을 우리가 깨뜨린 것이다

우리가 올바르지 않게 살면
자손이 잘못되는 것을
기도 방에서 보지 않았냐?
경제적으로 크게 손해나고
후원금으로 뜯기고
애들도 묶여 있다가 풀렸다
여유 둘 것도 없이
한 방에 날려 보냈다

헌금을 미리 드린 댁을 위해
"하나님! 저는 아무것도
모르고
누구인지도 모르지만
그 가정에 문제가 있다면
해결해 주세요"
태권도로 팍! 팍! 반바지 입고

한 방에 날렸다

"권사님! 감사해요"
그분을 괴롭히는 사람들이
찾아와
"제가 죽을 죄를 지었어요
저를 사랑해 주세요"
회개를 하니
당장 대표 기도하는 장로가
되었다
"난 권사님 때문에
정신병원에 입원했었어요"
하고 대들어서
"나 때문에 입원까지 했다면
권사의 자격이 안 됐네" 하며
더 이상 대꾸를 안 했다
"권사님! 제가 잘못했어요
용서해 주세요" 무릎 꿇고
빌었다
너무 늦게 회개하니 타령하고
봉사할 기회도 없어지고
하나님 앞에서 축복 못 받고
계속 헤매고 산다
사탄이 틈타면 잡음 생기니
전화도 하지 말고

이걸로 끝내자며 영 분별했다

말 안 하는 정신 질환자
청년 입 주변을
이쑤시개로 살짝 누르니
"아야!" 소리 지르며 말문이
터졌다

기도 받는 것보다 말을 듣고
마음과 생각을 바꿔
변화되는 것이 중요하다

냉장고 윙윙 돌아가는 소리가
"너 이빨 빼라!" 하는 소리로
들려
생 이를 다 빼고
세 개 남은 사람도 있었다
기도해 줘서 정상이 됐다

느낌이 무섭다
인신매매하는 사람들은
한 사람이라도 더 붙들어 가야
돈이 생기니까 화장실도 못
가고
밥도 못 먹었다고 했다

큰 병 들어 기도 받으러
왔는데
울고 싶으면 기도원 가서
실컷 울면 나을 거라고 일러
주었다
깨끗한 돈, 더러운 돈,
하나님이 기뻐하시지 않는
돈이 있다고 느꼈다

산, 바다도 있고 강도 나오고
외롭고 험한 길이었다
하지만 내 곁에 오래 있는
사람들은 외로울 새 없었다
흐뭇하고 푸근한
사랑을 받았다고 했다
남을 어머니라 하며
지워지지도 않는 빨래를
계속해 줄 때,
세상에 없는 사랑을 느꼈다고
말한다
인생은 마무리를 잘해야 한다

얼굴이 고양이 됐다가,
개 얼굴 됐다가 하는 사람은
남 핍박하는 일만 하다

3. 우리 기도 방 49

병 속에서 일생을 마치고
남 말소리 듣기 싫어
귀마개 하고 살았다
한 번 잘못된 사상
들어가면 고쳐지지 않는다
30대에 하나님께서
일하지 못하게 주저앉혀
놓으셨다
진짜 마음을 예쁘게 가져야
한다

정치에 미친 애가 왔다
걷지 못하던 애가
한 번 기도 받고 걸어 들어왔다
그 아이가 말함으로써
깨달아서 우리가
변화된다

사회에 대한 불평불만을
쏟아냈다
눈동자가 멀리 보는 눈동자가
아니라
가까운 곳 보는 눈이다
엎어지든지 자빠지든지
너도 네 앞길을 위해

너 하나 바로 서야
네 가정이 바로 되고 네가
흔들리면
네 가정, 나라가 흔들린다
공부하고 교육 받아서
일을 경험해야 한다
경력을 쌓아야 경험 쌓아
사업도 한다 일을 할 수 있다
경영도 다져온 것 있어야
성공한다
사업만은 전문 경영인이 해야
한다

애가 변화되면
부모가 얼마나 좋겠나?
팔을 크게 뻗치고
"내 속에 정치 귀신!
예수 이름으로 물러가라!
난 부모님 말씀대로 순종한다
내 속에 잘못되는 귀신!
예수 이름으로 물러가라!"
겉넘은 것이니 물리치는
기도를 해야 한다

절약해서 다 부자 됐다

농사 지어서 다 나눠 주었다
"우리는 남는 것도 없어요"
성한 것 없다고
시어머니에게 남편이 일러
주었다
"우리는 성한 것 없어요
다 갖다줘. 내 것까지 다 줘"
어머니에게 남편이 말했다
물에 빠진 할아버지들
추워 떨면
우리 집에 들어오시라 해서
낡은 장로님 바지 등
속옷을 입혀 보내드렸다
남을 위해 살아야 한다
난 마귀에게도 인정을 받았다

가마솥 두 개 걸어 놓고
장로님이 감자 두 부대씩 사다
삶기도 하고 국수도 삶고
농사 지은 부추로 전 부쳐
기도 받으러 오신 분들을
백 명도 넘게 점심 대접했다
항상 잔칫집 같았다

똑똑한 것이 잘못 생각 때문에

진실성 없이
입에서만 뱅뱅 도는 것이다
내가 배운다
마음보를 고쳐야 한다
엄마가 겉넘었다
부모가 회개해야 한다
원인은 부모다
혼자 문제 내고 답하지 마라
기도 받고 애들이 가볍다고
느끼는 것은 아주 좋아진
것이다
사람의 수단 방법을 쓰면
안 된다
애가 잘못된 영이 씌면
부모가 교만을 꺾어야 한다

바르게만 살면 어떻게 쓰실지
모른다
뼈가 한 바퀴 돌아간 학생을
바르게 하고 처음으로 보람을
느꼈다
아픈 애들은 기분을 살려
주어야 밝게 돼 낫게 된다
자기 할 일 다하지 않고
예쁜 마음 안 갖고 오면

역사가 안 난다

기분 좋아야 잡생각 안 하고
몸이 좋아진다
애가 몸이 좋아지니까
엄마가 거짓말하며 미혹에
빠졌다
손으로 가슴을 기도해야
하는데 손이 안 간다
기도는 끝까지 승리해야
하는데 상처가 됐다

나는 내 책이 조금 이해가
되대
다 마귀가 들어앉아서
그런 거야
감사하기보다 독하게 입을
앙상 물고
기도 받는 것이
당당한 권리인 줄 안다
완전히 내 사람이라고
생각하는데
당신이 착각한 거야
그 나이에 누가 그렇게
생각하겠나?

병 기도는 방언을 많이 해야
한다
나를 아무리 아프게 해도
끝까지 이겨가며 기도해 주러
가니 마귀가 나갔다

좋다는 것 다 해줘서
산 사람 못 봤다
공동체적인 어려움은
몸 아픈 것보다 쉽다

혹시 누구에게 쫓기는 것 없냐?
속에 들은 정치 귀신을
이를 악물고 부모가 끝까지
물리쳐라
사상을 바꿔야 집안이 잘된다
어떻게 바꾸나?
네 공부가 제일 중요하다
선생님이지만
옳고 그른 것을 분별해서
권위를 인정하고
인사를 잘하는 것이 기본이다
안 바꾸면 집안이 가난해지고
축복권이 없다
좋은 생각 해라

어떤 생각, 어떤 행동을 해서
우리 부모를 편하게 해 드릴까
생각해야 한다

마음에 고집이 있어서
사람은 믿을 수 없다
사람은 정직하게 살아야 한다
자기 고생 자기가 만들어 한다
엄마가 생각을 잘못한다
영이 잘못되면 모든 것이
잘못된다
정직하게 살고 자기 노력으로
벌어
자식 교육 시켜야 좋은 열매
맺는다
하나님이 무섭다
하나님께 항복한 셈으로
수치가 크다
더 큰 일 저지를까 봐
주저앉혀 놓으셨다
사람이 잘못되면 영을 뺏긴다
오염시키다가도
기도하는 사람 많으면
도망간다
정이 별로 없거나

맘이 강하면 나을 텐데
고집 세면 자기가 어렵다

꼼꼼하고 예민한 것 많이
없어졌다
화낼 것 없애고 칭찬을
잘해 준다
듣는 사람이 못 듣게 하려고
말하는 내 목을 누르기도 한다
예수 믿는 사람에게
실망하는 경우가 많다
설 미친 사람도 많다

시기 질투 가득 차면
하나님이 들어갈 자리가 없다
이간질하고 다니는 사람에게
"회개혀!
나 좀 일러줘
잘못된 것 있으면 회개하게.
무릎 꿇어!
하나님께 여쭤 보자
하나님! 저는 저 집사님한테
잘못한 것 없는데
잘못했다면 알려 주세요"
방언 몇 마디 하니

저쪽으로 나가 떨어져 울었다
그러더니 "내가 잘못했어요"
빌었다
지금은 좋아졌다

우리 기도 방에서는
자기의 답답한 것을 의논하고
상담하는 것이 제일 중요하다
나는 사람 세계에서
뛰어넘었다
난 나 미운 건 봐줘도
여기 오는 사람
안 예쁜 건 못 봐 준다
기도 방에서 한 사람에게
얘기할 때
옆의 열 명이 낫는다
잡소리 나면 기도 안 됐다
톨게이트, 에어로빅, 인테리어,
헬스클럽, 벤처 등
한 번도 쓰지 않던 말들이
입에서 술술 나왔다

맘 여리고 고우면 사납지 않다
극성스러우면 치매 오기 쉽다
예쁜 사람은 예쁜 값을 한다

꺾기가 어려운 사람 있다
조잘거리는 것 같아도
내가 하는 말은
다 성령이 하신다는 말씀이여.
그래서 잡음 넣으면 방해
받는다

자기가 낸 봉투에서
다른 아이 먹는 반찬 샀다고
삐졌더니
중국에서 두 번 강도 당하고
돈도 많이 손해났다
열하루 동안 물도 못 먹은
사람이
찬송 한 장 부른 후
사도신경, 주기도문 드리고
내가 이 방, 저 방 다니며
신발장, 설합장 열어
다 버리는 시늉하고 들어와
보니 애기 업고 있었다

많이 부었던 분의 꿈에
내가 나타나서
가만히 서로 쳐다보고
있었는데

아침에 일어나 보니
부기가 싹 빠졌다 했다
지금도 신앙생활 잘하고 있다

할머니에게 집 사달라고
졸라라 해서
2억 받게 해 주었다
"우린 집도 없어요.
좀 도와주세요
아빠가 돈도 잘 못 벌어요"
조곤조곤 말씀드리라고 일러
주었다

우리는 품는 것이
하나님 자식인 증거다
젖 떨어진 고아가
여기 끈 붙잡고 사는데
떼어 놓는 게 말이 되나?
주고받는 것 없어도
정 많은 것이 중요하다
알아주거나 말거나 다 품어야
한다

"참아라! 참아!
그까짓 것도 못 참아?" 했더니
지금은 손주들도 잘 크고 있다
모함도 들어갔지만
내가 기도해 줘서 자유를
얻었다

핏대를 올리셔서 후두암이
왔다
기도 받고 말이 터졌다
남편의 생명을 건지게 해
주셨다
기도로 안 좋을 것,
물질 새나갈 것을 다 막았다
꿈속에서 할아버지 목을
비틀어서
영적으로 죽였다
그때 나가고 다시는
안 나타났다
고물이지만 그 사람한테는
보물일 수 있는 것을
집 앞에 갖다주게 했다
튕기는 작전을 알려 주어
미리 대비하고 준비시켜 놓고,
나간다고 할 때,
"그래, 나가라"고 튕길 수
있었다

3. 우리 기도 방

사람 경험을 통해
우리가 성숙해진다고
그 댁 딸에게 말해 줬다

왜 참아야 하는가?
참아야 되지 할 수 있어
축복은 그냥 오는 것 아니다
속상한 것 한 번 들어갈 때,
시루떡 한 켜가 쌓인다
내 것, 네 것 다 해서
가슴을 눌러야 잔다

속상한 것, 한 들어간 것이
가슴에서
화기가 뜨겁게 나오는 이유다
뜨거운 연기가
어깨로 나가는 것을 느낀다
등까지 굳어진 것이 땀으로
나온다
땀과 화가 같이 나간다

참고 사는 것의 결과 보니
왜 인내해야 하는지 이유가
나왔다
우리가 고쳐서 살아야 할

것이다
지금 좋다고 다 좋은 것
아니다
성경에 대라
참는 자가 복 있다
끝까지 참으니
나의 첫사랑이자
마지막 사랑이라고 고백한다
커튼 다 걷어치우고
뼈 속의 뼈고
살 속의 살이라는 말은
진실한 얘기다
귀하고 귀한 아내이다
내가 전화로 소리소리
질러가며
가라앉을 것을 막았다
남편에게 더 잘해야지,
죽으라고 참으라고 해
참았는데
열매가 어마어마하다.
돈을 달라고 안 했더니
진실성을 깨달아서 끝사랑이
되었다

장애 있어도 기도 받은 애들은

부모 말씀 잘 듣고 순종하며
얌전하게 만들어 주셨다
영적으로
큰 고양이가 된 사람이 있었다
영적 싸움이 무섭다
코로나가 큰 교훈이다
이것저것 사서 돌릴 때가
아니다
어떻게 살아야 되나 더
생각해야겠다
오장육부를 뒤집어놔도
참는 것이
신앙 가진 사람의 인내다
축복의 통로를 통해
복을 누르고 흔들어 넘치게
주셨다

코 높아진 아이들도 많았다
우리는 보석상에 들어앉은 것
같은 인생을 살았다
적을 안 만들고,
눈을 희미하게 뜨고,
허점 없이, 아는 척도 안 하며,
힘 나게 해 주고 성장하게
해 준다

소매치기도 안 당하고
헛된 돈 안 쓰니 그 사람에게
투자해도 손해 안 난다
사기당하면
배우자가 항상 불안해 한다
자기가 죄를 짓기 때문에
돈을 많이 줬다
받을 자격 있다
복을 더 받게 될 것이다

정신 질환자에게 이천 원짜리
몸빼를
수도 없이 사줬다
기도하는 것을
잘 쳐다보는 사람이 잘
치료된다
영이 빨려 들어가는 사람이다
"진짜 힘들었는데
고모 만나 좋아졌고
할아버지 집에 있으니
안정됐다
정말 여러 번 죽고 싶었는데
고모가 당장
홍콩 가지 못하게 해서
끌려 왔다"

고모가 영양가가 빠져나갔다
"걱정하지 마세요
홀로 설 수 있어요
고모는 나쁜 사람 아니에요
저 지켜봐 주세요"
할아버지한테 다 풀어라
하고 싶은 거 다 해
울지 말고 얘기해라
울면 마귀가 틈탄다
네가 눈물 흘리지 말고
당당해야 한다

맘이 예뻐서 말귀를 금방
알아듣는다
애들 겪어 본 사람만이 고칠
수 있다
구박받으면서도
단정하고 얌전한 애는 없다
"두 개는 싫어요. 하나면 돼요
옷을 안 사입어 봐서 몰라요"
직접 할아버지한테 다 말해야
고모가 벗어난다
고모가 허물 벗어야 부모가
산다
"엄마! 걱정하지 마세요

나한테 신경 쓰지 마세요"

"사랑하는 건 알지만
지나친 것 같아요"
고모 때문에 죽지 않고 살았다
할아버지 집에서 열심히
공부할 테니
졸업 때까지 건들지 말아
주세요
십자가 집안이다
천사들이 울 싸고 있다
활달하게 살아라!
부모가 너무 손 타면 안 된다
홀로 서는 애들이 성공한다
얼굴만 봐도 덕이 있다
못생긴 데가 하나도 없다
어쩌면 이렇게 독해여?
두 마디도 하지 말고
실실 웃지 말고 말해라
"나도 훌륭한 사람 될 거야
열심히 공부할 거다
날 건들지 마라
고모 미워하지 마라
나한테 잘해준 것밖에 없다
죽을 걸 고모가 막아줬다"

빛이 어둠을 물리쳤다
빛의 역할이 어둠을 물리친다
해결책은 당장이라도 만나는
것이다
혼돈되는 것은
자기가 잘했다고 생각하기
때문이다
자꾸 찾아오면 도망간다
잘한다고 했지만
옛날부터 상처가 됐다
여기저기서 미워해서
고모가 좀 불쌍했다
흔들리지 말고 지나고 나면
다 추억이다

건드리는 사람 없으니까
가족끼리 괴롭힌다
재창조하셔서 빛나는 빛으로
구석구석 다 손 보셨다
아주 예쁜지 손과 얼굴,
어깨를
만져주시는 것이 사랑이다
미운털이 박혀 있어서
전화로라도 웃으면 절대
안 된다

엄마가 애한테 열등감 있다
영이 연결돼야 하는데
애가 허점 없어서 엄마도
고생이다
"책 써라! 책을 여러 권 내라!"
어려운 것을 겪어봐서
그 해결책을 내놓을 수 있다
엄마가 쓰임 받아서 훈련받게
됐다
그런 애들 많다

의식하면 역사가 안 난다
"불안해서 집중이 안 된다
지켜봐 달라.
사랑한다. 나중에 잘하겠다."

이름이 크게 날 것이다
애같이 고난 당하는 애도 없고
잘 참는 애도 없다
너도 애같이 더 참을 수 있지?
왜 아빠한테 대드냐?
배운 것이 당당하게 살아와서
인간관계가 막힌다
"잘 되는 사람 짓밟는
세상인데

넌 끄는 인상이어서 살게 됐어"

교만하다가 자식이 속 썩이니
부모가 납작 낮아진다
순해야 하는데
순하지 않으면 나중에 어렵게
된다
어려움 통해서 재산도 찾게
됐다
겸손에는 당할 사람 없다
영적 전쟁인데
뒤에서 고모 부르지 마라
참긴 참았어도 열 받긴 받았네
사탄이 계속 거든다
고집 피면 안 된다
나도 왜 이렇게 와야 하는지
몰라.
되는 데까지 해 보자
투자한 것 보인다
잡초 뻗어나가듯이
이름을 세계에 알려라!
행복한 게 제일인 거여.
젊은 애들이 전시회 와보면
변화된다
당한 것을 바로 일러줘

답해주면 그대로 해야 한다
"어디냐? 밥 먹었니?"
네 것 가져왔으니 담대하게
가져.
앞길을 헤쳐 나가는 역할이
너의 사명이다
다음 세대를 위해
앞길이 환히 열리게
보화의 역할이다
고생 안 하면 안 된다
높은 산, 가시덩굴을 헤치고
길을 만들어 가는 역할이다
넓은 세상이 펼쳐진다
하나님께서 인도하신다
너는 인생에 큰 인물이 될
것이다
이런 애들 잘 키워내면
나라의 재산이다
애들 재능을 키워야 한다

좋다고 기도 받는 것 아니라
하나님의 순서대로 해야 한다
미련해서 뭐라 해도 몰라
사자가 양 되진 않아.

사자는 사자 되지.
씨가 중요하다

"비싸게 사는 게 내 거야
너같이 힘들게 산 사람들이
세계에 이름을 날리는 사람이
된다"
"너는 인생을 멋지게 살아라!
너는 이름이 날 거다"

가마니 쌀 먹을 때,
쌀 없어서 정신 돌아 정신병
됐다
교회 다니란 말,
하나님 믿으란 말도 안 하고
"쌀이 우리 집에 있으니
오실래요?"
집에 데려와 쌀 주니
좋아져서 정신병이 나았다
기운이 없어
많이 가져가지도 못 한다
내 주위엔 어려운 사람이
너무 많았으니까
우리 애들, 손주들에게는
돈 줄 줄 몰랐다

기도 방에 오지 못하게 막는
마귀와 줄다리기하다가
결국은 하나님 편에서 이겼다
회개하고 반 스타킹 3개 줘도
하나님이 갚아 주셨다
기억하셨다가 쥐똥나무도
팔아주셨다

누가 피부가 안 좋아도
마음이 아파.
눈에 자기 본색이 나와 야단
쳤다
아들 때문에 신경 쓰던 것이
가끔 나온다
절대로 공짜 없다
참기 어려운 시집살이 참고
견디니
자녀가 일찍 성공했다
몸은 정상이고 노후 대책이
잘 돼서 여유 있으니
얼굴이 반짝반짝 고와졌다

참고 있다가
한 마디 툭! 짧게 던져라
"여사님도 식사를 잘하셔야

3. 우리 기도 방

건강하죠"
사람들이 돌아오기까지는
오래 걸릴 것이다
열 사람 전도보다
한 사람 전도가 중요하다
잘 먹어 건강하고
활기차게 정신 차리고 살아라
모든 게 다 이루어졌다
죽을 것 살리는 건
보통 어려운 것 아니여,
자기 축복이다

'무거운 짐을 나 홀로 지고'
속이는 사람은 집안이
안 되더라
센 집안이라 한 건 잡으면
절대 놓치지 않으려는
마귀가 있다
마귀가 너 하나 꽉 잡았다
그림으로 울 싸게 해라
보물이니 몸으로 공격한다
네가 한 단계 높아졌으니
두려워 말고
사람에게 당당하게 대해라
단계단계 올라가며 쌓이니

뒤돌아서면 안 된다
신앙은 쉬운 것 아니라
귀에서 마음으로 깨달아
알게 된다
마귀도 안 덤비고 사탄도
안 덤빈다

배 아픈 사람 전화 받고
배가 몹시 아프다가
설사까지 했더니 그분이
나았다
"하거나 말거나 내버려 둬.
네가 알아서 해. 나도 힘든다
세상에 믿을 사람 하나 없다
같은 말을 계속해 줘야
알아들을까 말까 한다
너무 간섭 말고,
염려 말고 내버려 둬.
난 기도만 해 줄 뿐
혼자 스스로 알아서 하게
둬야 한다"

사랑이 아니라 독을 준다
안 만날수록 좋다
내 것만 찾아도 된다

만나고 죽어져서 오면
다시 살려 준다
사랑의 손으로
쓰다듬으면 그것이 기도다
다른 사람들은
기도해 준다 하지 말고
마사지 한다고 해야 한다

네가 이제는 넓은 데로
퍼져나가는구나!
돈이냐? 사람이냐?
둘 중 하나를 택한다면
사람을 택해야 한다
둘 다 가질 수는 없다
돈 많으면 바보 된다
집안이 묶여진 것이
너를 통해 다 풀어진다
전화만 와도 떨고 도망했는데
마귀가 한 길로 왔다가
일곱 길로 도망했다
가정이 활짝 핀다

내 몸을 희생해서 기도하면
환자들이 덜 아프다
하품이 우는 사자와 같아

이긴다
어떤 집도 이겼다

광을 다 뒤져
앞마당에 휙! 내다 버렸다
보름 누워 있던 할머니가
"할렐루야!" 춤췄다
큰딸이 바짝 대고
"십자가 몰라?" 대들다가
내가 "요것 봐라!
너 하고 싶은 말 있으면
다 하고 나가!" 하니
방언을 잘잘 했다
불쌍히 여겨 달라고
뜨거운 눈물로 기도했더니
5남매의 한 짝씩 감겼던
눈이 다 떠졌다

접근성이 열려 죽었다, 살았다
했다
침과 능력이 함께 일하는
것이다
기도 받고 깨우쳐
매미 허물 벗듯 벗겨져
완전히 변화됐다

마음고생 많이 해 빨리
변화됐다
고통 있어야 기도한다
자식에게 기대가 커서
어렵게 하셨는데
언젠가는 풀어주신다
부모를 낮추시고
가다듬으신다.
마음을 강하게 먹고 엄마로서
위치를 딱 잡고 살아야 한다.
병 나았다고 하면
불법 의료 행위 되지만
병 나았다는 말만 안 하면
침을 놓나, 약을 쓰나
성령님이 인도하시는 대로
손만 댔다
기도 후에는
"하나님! 제가 잘못한 것
있나요?"
되풀이해서 생각하며
"왜 내가 그 사람을
야단쳤나요?"
여쭤보면 깨우치게 해주셨다
옛날에는 꼭 응답하셨다
철없을 땐 기도 후 허무하기도

했다
어떤 사람들 기도할 땐,
숨을 못 쉬었다
습관적으로
자기 몸만 위해서 오면 안 된다

남에게 즐거움, 도움을
주는 것처럼 보람 있는 일은
없다
복음회에서 단체 여행 갔던
홍콩에서 가이드 선교사에게
만나자마자 100만 원을 주니
울었다
사람을 이용한다는 것은
있을 수 없다

감사 없는 마음이어서
감사하지 않는 사람들도
있더라
30년 기도 받고 습관으로
기도를 이용하는 것은
정말 나쁘다

교만 마귀 들어가
목사님 성지 순례 보내드리게

헌금하라 하니
"사탄아! 예수 이름으로
물러가라!"
고 한 사람도 있었다
애들 몸이 좋아지고 나니
능력 받았다고
내가 직접 기도하겠다며
발길을 끊었다
어떤 것도 이길 수 있는
넓은 마음 가져야 병 없다
환자의 맘이 감동 받아야
병도 낫는다
내가 조잘대야 병 낫는다
발에 손 대면 아픈 것은
머리에서부터 막힌 것을
끌어내려 오기 때문이다

"얘는 하나님이 사랑하시는
것이 사실이야"
교양이 철철 넘치는 부인은
남편 손에 땀 난다 해도
살짝 찍어 보고 만다

축복의 통로로
기도 방 식구들 다
축복받았다.
돈이 드는 건가?
기도 일이 너무 바빠서
간증할 시간도 없다.
인상은 자기가 만들어야지.
마음 잡을 말을 해 줄 사람
없다
"싫으면 아버지가
혼자 책임지고 하세요."
뜨거운 감자인데
봉사하려는 사람 없다
사명 아니면 아무나 못 한다
샤넬 로고같이 묶어진 것은
서로 돕는 사이를 의미한다
할아버지가
책임을 지지 않을 수 없었다

빨리 되면 누가
사는 것이 어렵다고 하겠나?
첫째, 애에게 힘을 주고
고모와 함께 작업한다면
좋아할 수 있다
네가 원한다면
얼마든지 뒷바라지 하겠다
할아버지에게 직접 말해라

3. 우리 기도 방

만나서 얘기할 사람 없다
변할까봐.
하나님 편에 서니까
마음 둘 곳을 찾았다
웃음도 말도 터졌다
전엔 목소리도 안 나왔다
자청한 왕따다
돈 있으니까 다행이다
즐기며 살아야 한다
연세 있으면 인정도 없어진다
연세 있으면
당치 않은 말도 많이 하셔서
울화통 터질 때 많을 것이다

평범해도 시기해
우애 사라진다
멋지게 인생 살아라
인생은 각각이다
제 몸 제가 관리한다
네 돈은, 네가 뿌리는 씨는
100프로 열매 맺고
조카에게 주는 돈은
얼마나 열매 맺을지 모른다
진리 안에서 알 사람은 알도다
인생이 너무 멋지니

즐기며, 행복을 느끼며 살아라
네 것 갖고 네 맘대로 쓰되
정직하고
도둑질, 사기 치지 않으면 된다
인품을 보면 안다
부모를 용서해야 한다
"내가 이렇다고 해도
흔들리지 않고 열심히
공부해서
신경 쓰시지 않게 해 드릴게요"

마음의 그림을 잘 그려야 한다
블랙 말고
빨강, 노랑으로 칠해야 한다
어두우면 안 된다
질이 안 좋으면 형제들이
안 풀린다
집 보여 주면
시기 질투해서 사이가
벌어진다
할머니 세대는 끊고
그 대신 인사 처리는 잘해야
한다

이런 사람, 저런 사람

다 있어서
와보니 어렵다
정신 차려야 한다
"나도 자유로 살겠다
죽을 걸 고모 덕분에 살았다"
당당하게 홀로서기 해서
만만치 않다
눈도 제대로 됐고 사치도 하고
어둠이 없어지고 밝아졌다
"주눅 들어 구부러지고
우울하고 죽고 싶었다"
"괜찮아!
사탄이 왔다 갔다 한다
다이아몬드도 갈고 닦고 해야
한다 말씀 순종이 최고다"
"네가 잘 되려니까 엄마를
통해서 마귀가 너를
쓰러뜨리려고 하는데
참기만 하면 돼.
활기차게 옷도 좋은 것 입고
당당하게 살아라. 독립하고
대들어라"
내가 일러줬다
"열심히 공부해서
할아버지 댁에서 살겠다

편안하게 해준 적 있어요?
춥고 떨려서 온도를
올려 주셨다
무섭게 살았지만
나는 나대로 살겠다
엄마가 원하는 만큼
잘 되게 노력하겠다"

어릴 때 받은 상처가
10개 들어갔으면
10개 다 빼야 상처가 낫는다
엄마한테 영이 눌려서
견디기 어렵다
흔들리지 말아야 한다
착해서 덤빈다
"열심히 할 거다
나 건드리지 말아라"
"엄마, 아빠! 나 혼내키지 말고
날 위해 기도해 줘.
열심히 공부해서
엄마가 바라는 것을
이루도록 할게."
"눈 똑바로 뜨고 무시해라!
얼굴 보고 말해라!
사탄의 역사다"

내가 말해줬다
잘못될 수도 있었다
"나 아니면 누가 돌봐줘?"
고모와 몰래 만났다
여기서는 부딪히고
저기서는 풀어지는 거다
넌 고통 받겠지만
힘 받아 이길 수 있다
"할아버지! 난 죽고 싶었는데
너무 행복해서 죽고 싶지
않아요"
할아버지에게 있던 얘기
다 해라

우리 기도 방에서는
성경보다 우리 현실 생활에서
말해야 알아듣는다
"내 사랑은 내가 간직해야 하니
내 가슴에 갖고 있어야 하지만
말은 어떻게 해야 하나?
돈은 주지만 사랑은 없었다
당신 사랑은 못 받았는데
여 권사님이 위로해 주셨다
내 인격을 세워 주셨다"

나를 부자 만들어 주는
권사님이라 했다
마음 예쁘지 않으면
자식 대에서 못 산다
뭐가 옳은지, 뭐가 그른지
분별해서 똑바로 살아라

기도는 침이어서
기도 받으면 시원함을 느낀다
사람 하나 놓고 연구하면
끝없다
사람은 연구 대상이다
안 좋은 것만 나오는
사람 있고
배울 것 있는 사람도 있다
순환을 시켜
놀란 신경을 풀어 줘야 한다
피가 돌다가 반은 잠자고
반은 돌다가
물이 들어가야 할 등이 딱
붙어 열이 차서 순환이 딱!
멈춘 것이다
찬물 나오면 물과 기름을
걷어 나오는 것이다
찬물이 손끝으로 나오면

혈색이 나온다
굳어진 것이 풀어진다
얼먹어서 옆구리가 쑤시고
아프다
기도 받으면 시원하게 아프면서
신경이 살아난다
장딴지에서 피 안 통해 막히면
무릎이 아프다

발가락 하나로
오장육부를 뒤집어 놓는다
내 손에 꼬챙이가 달렸다고
했다
지금 애들이 현명한데
엄마가 뭐라 해도 듣지 말고
네가 하나님께 직접 매달려서
머리 아프지 않게 해 달라고
기도해라
욕심 많고 심술 맞은
겉껍데기 신앙이 많다
정신 바짝 차려야 한다
엄마가 네 인생 살아 주지
않는다

혼자 뛰어다니며

먹고 싶은 것 잘 먹어라
커피도 마시고 친구도 만나고
돈도 좀 쓰게 해 줘야 한다
우린 머리에서 나올 게 없어
애들은 폭넓게 키워라
돈도 써봐야 쓸 줄 안다
먹고 실컷 놀아라
열심히 놀다 와라
정신 바짝 차려야 우울증
벗어난다

치주 암은 옮지 않고 다
없어진다
사람의 자아가 죽어야 하는데
아프면 안 아플 때까지
엄마는 열심히 기도해 줘야
한다
무너뜨리면 더 이상 살은
안 찐다
기도만 받는다고 다 되는 것
아니라 엄마가 사랑으로
노력해야 한다
개미가 고목나무 흔드는
것 같다
넌 절대 죽지 마라!

정신 바짝 차려 살아야 한다
당당하게 크게 말하고
순하면 안 된다

정신 안 좋을 때는
막 울면 단번에 낫기도 한다
울면 부러워하는 곳은
우리 기도 방밖에 없다
여기서 말하는 것은
성령 역사이다
숨어져서 하나님이
역사하셨다
은근히 마귀 역사하고
시기했다
드러내고 펼치니 적이 많았다

1년 된 초신자가 방언하니
울지 못하던 아기가
앙! 울어 살아났다
역사 나니 수군수군들 했다
82세 된 교장선생님 어머니는
장님이신데 눈을 뒤집어 보니
흰 창이 깨끗지 않고 흩어져
있었다
볼펜 심 같은 점 하나 보였는데

며느리 보고 회개시키는 방언
한 후 기도 받고 눈이 보여
혼자 걸어 화장실 갔다
풍선이 바람 빠졌다가
기도 한 번 받고 팽팽하게
되었다
보람 있다

혈액 순환 되게
계속 머리를 긁어주니
발전된다
무너져서 움푹 들어간 곳을
메워서 정상 된다

진실성과 거짓이 있는데
받을 그릇이 돼야 한다
마음이 깨끗하고 예쁘면
말 한 마디에
기쁨과 웃음, 편안함을 준다
이간질하거나
남에게 피해를 안 준다
기도 방에서는 서로 만나고
싶어 한다

중풍 병자가 "거짓말도

안 했습니다
도둑질도 안 했습니다
그러나 간음죄는 지었습니다"
하니 금방 풀어졌다
"사람은 밥 사줄 줄 알고
받을 줄도 알아야 한다"고
말해 주고 싶다
길 가다 있는 작은 교회
들러서 강대상 하나 해드리면
목사님이 설교 중에 탕! 칠 때,
손이 좀 구부러진 것이 다
나을 거다
처방해 주었다

병 고치고 시기 질투 나서
'재가 더 잘 되면 어떻게 하나?'
이런 생각하면 안 된다
'요새 내가 얼마나
좋은 일 많이 했나?'
이런 생각을 해야 한다
영의 눈 안 뜨면 책도 안
읽힌다
당당하게 싫으면 싫고
좋으면 좋다고 말해라
내가 아니라면

기면 기고 아니면 아니고
확실하게 해라

엄마가 두 마음 품으면
바로 자식이 잘못된다
큰 마귀에 눌려서
말귀를 못 알아듣게 만든다
교통사고 나도
"하나님! 감사합니다.
감사합니다" 기도만 해라
교통사고는 얼먹어서 힘
없으니
기도해 줬다
몸 전체가 엉망이니
내가 새끼손가락만 대도
깜짝깜짝 놀란다
기도하니 어질어질하다
고생 많이 했다
미국에서도 혀 치료는
없다고 했다
늘어진 혀가 말려 들어가
어둔한 대로 말할 수 있었다
말하려면
이와 혀, 아귀가 다 있어야
한다

아귀 없는 사람은
살을 집어 뜯었더니
처음에 국수, 고추, 게발을
차례로 먹었다
하나님이 묘하게 만드셔서
벙어리도 말했다

옛날 우울증 때 눈 뜨던 모습,
박혀 있던 눈 모습을
눈싸움으로 빼야 한다
그렇지 않으면 남이 끌리지
않는다
입을 조심해야 마음이 편하고
그래야 일이 잘 풀린다
마음을 넓혀라!
다 품어야 한다
사람은 겪어봐야 안다
사람을 다룬 게 다르다
사람 됨됨이를 봐라!
입에 울타리를 쳐라!
지금은 기초를 다지시는
때이다
지식적으로 많이 알아도
믿음과 진실성이 중요하다

폭을 넓힌다
아버지와 싸우지 말고
적어도 주고 읽어도 드려라
인생 멋지게 살아라
너희가 건강한 게 내 소원이다

깨닫지 못하면 그냥 먹먹하다
마귀 껴서 그렇다
신기한 것은 본성보다 내숭
떨고 교만이 철철 넘친다
우아한 것, 교양 있는 것은
하나님 주신 지혜와는 다르다
남편 덕분에 호강하는 것에
대해 항상 감사해야 한다
진짜 감사하고 눈물 흘려야
한다
남편에게 정이 저절로 가야
한다

우리 기도 방에선
열심히 일해서 다 부자 됐다
긍정적으로 사니 병이
안 생겼다
아브라함 같은
축복을 준다고 하셨는데

다 부자가 됐다
이런 여자가 어디 있어?
자랑 안 한 것이 자랑이야
나쁜 사람 아니여
교육을 잘못 받아 그런 거여
내가 다동다동해서 변화됐다
우리는 예수님 마음을
가져야 한다
내가 욕 먹더라도
여러 사람 다 좋게 해 준다

복음회 식구들에게
재산을 많이 찾아 주었다
재물 있는 곳에 마음 있다
병 낫게 해 주었는데
마음에 감동되는 것이
병 고쳤다는 증거다
머리에서 물이 찬 것을
밑으로 끌어내려 없애주며
인내심으로 이겼다
앞뒤 꼽추가 기도해 주니
업혀 왔다가 걸어 나갔다
키가 커졌다
일꾼들이 구경하느라 일을
못 해

"하나님! 우리 일도 손해 났네"
말씀드렸다

"예쁘네" 하며 얼굴에 묻은
연탄재를 슬쩍슬쩍 닦아
주었다
뱃속에서 올챙이가
왔다갔다 하니 힘들었는데
변을 보고 나니
기도 받은 아이가
좋아진 것을 알게 됐다
코로나 사태 전에 기도 방에서
그 마음 속에 뭐가 들었는지
모르는
사람이 여러 사람 있었다
기도 방에는 봉사하러 오는 것
아니라 배우러 왔다

내가 의사더라.
말해 주고 울퉁불퉁하던 것
없어지게 만들어 준다
혈관 막힌 것 뚫어주고
호스 구부러진 것 펴준다
흔들리지 않게 기도해 줘야
한다

활짝 펴야 하는데 오그라졌다
문화재 같은 데 문 안에서
온 식구들이 갇혀 앉아 있었다
안 좋은 사람 만나니
우울해진다
펄펄 뛰는 미친 애들이
기도해 줘서 다 나아
결혼해 잘 산다는 소식 들으면
보람 있다

나같이 아무것도 몰라도
안방으로 환자들이 들어오면
영을 흐리게 하므로
한 시간 걸려 기도 방 가고
들어가서도 30분 주리 틀어야
시작할 수 있었다
찬양은 두 번도 못 부르고
시작했다
하나님 믿고 기도 받으면
골병 든 몸을 깨우쳐 나간다
난 스트레칭을 잘 가르친다

화장 너무 공들인 게 표 난다
요새는 스무 살 나이 같지도
않아

여자가 살림을 잘해야 하는데
후원금에 빠져
쓸데없는 데 후원하라더니
망해 버렸다

마비된 것 기도하는 것은
풀뿌리 엉켜진 걸 풀어내는
것이다
가슴에 전지 집어넣은
꼼꼼한 성격 있다
'내가 의산가?
여기가 병원도 아닌데'
혀가 펴지니 침이 나오는데
사람에게 보이지 않게 뱉어야
한다
임종 전 의식불명일 때,
하고 싶은 말 하고
회개한 사람도 있었다
파킨슨병이 한 번 기도에
정상 되어 잘 걸었다
기분 나쁘면 세포 하나하나
움직이지 않아 파킨슨병 온다
신경 쓰지 말고
자꾸 주무르고 노력도 해야
한다

마음이 기뻐야 한다

앞뒤 꼽추가 기도 받고
뽀족한 것이 우지직하며
부서져
서산에서 구두닦이 했다
얼굴이 냄비뚜껑
뒤집어 놓은 것 같아
그걸 감추기 위해 퍼머를 했다
"하고 싶은 말 좀 다 해봐
속에 들은 것 다 털어내"
내가 쓰는 치료 방법이다

선하게 살면 죄라도
풀어지게 된다
뉴질랜드의 불법 체류자에게
우리나라는 백이란 게 있지만
여기는 법대로 하니
변호사를 사라고 일러 주었다
허물 벗고 당당하게 살게 되니
나중에 좋게 될 거라고
말해주었는데
정말 잘 해결되었다
유학 사기 당한 딸의 부모가
숨어 살던 것을

어둠 속의 빛이 되어
어려운 일들을 해결했다
당국에 솔직하게 보고하고
교회 통해 변호사를
구하라고 일러 주었고
잘 해결되어 불법을 벗어났다
딸은 졸업 후 그곳에서
결혼해 잘살고 있고
부모는 신앙생활 잘하고 있다

기도 받는 자세가 중요하다
마음 자세가 하나님과 맞아야
기도가 잘 된다
"네 인생은 네 마음에 달렸다"
"네가 마음 예쁘게 살면
잘살게 되고,
네 주장대로 살면
가난하게 살게 된다
가정도 없어지고
자식도 다 떠나고
가난하게 살게 된다"
비참하게 살지 말고
남에게 피해 주지 말아라
앞으로는 변화될 거니까
아이들이 훌륭해질 거라

생각해라
사탄 역사 심한 집안이니
알고는 있어야 한다
오염시키는 사람들 있다
진실성 없는 사람들인데
같이 영적 싸움해야 한다

보물 있는 데 도둑 있다
보물을 많이 갖고 있다는
증거로 공격을 당한다
알곡은 고개를 숙여야 한다
불쌍하다
"사탄아! 예수 이름으로 물러
가라"
속으로 물리치고 겉으로 잘
지내라
사탄에게 보물 가진 사람을
괴롭히게 하는
이용당하는
불쌍한 사람도 있다
하나님께서 "너 거기서 넘어
가니?" 하시는 것 같았다

오염을 시킨다
여기서 안 받으면
다른 사람에게 가서 두드린다
어떤 사람은 유방암으로
죽을 뻔 했는데 새 생명
얻었다

한 사람만 정신 차리면
가정이 새로워진다
기도 방에서 기도해 달라고
대들면
말 안 돼도 달래야 한다
기도하는 사람이 약하면
마귀들이 다 달려든다
짓눌리면 어렵다
사탄 세력이 그렇게 어렵다
속에 욕심이 들어가면
사탄이 틈 탄다
공돈 먹으려 하면 역사
안 난다

사람을 외모로 보지 말고
내면을 봐라
찬송 한 장 부르고
손을 사방으로 뻗치면
한 사람씩 만지지 않고
한꺼번에 자기들끼리 울며불며

역사 났다
여자가 고집 세면 집안이
안 된다
학교와 교회 중간에 집 얻으면
지혜롭지 못한 것이다
애한테 맞춰서 학교 옆으로
얻었어야 한다
나를 무서운 줄 모른다
흔들어 놓고 나간다
쥐새끼가 호랑이 건드린 것
같다
트집 잡을 것 없는데도 덤빈다
심술부리면 무시해야 한다
나는 내막을 잘 안다
내면을 보는 눈을 주셨다
이유를 묻지 않는 사람이다

마음이 순수하고 착하면
이겨나간다
미친 사람은 눈이
반짝반짝하고
얼굴이 번들거린다
사상이 잘못되면 사탄이 살아
생각이 비뚤어져
나쁜 방향으로 나가게 된다

나는 사람 다루는 방법이
기막히게 부드럽고
사랑으로 감싸줬다

몰라서 넘어간 줄 아냐?
야단맞을 일 많다
버릴 건 버려야지
시험이 왔다
그런 기도는 처음이었다
기운이 없을 때, 시험이 온다
기도 방에 이런 사람이 올
거라고
미리 예고해야
마음의 무장을 하게 된다
영적 전쟁이기 때문이다
이용당하지도,
이용하지도 말아야 하는데
무작정 데리고 오면
영적으로 크게 상처 받는다

누가 날 알아줄까?
하나님이나 알아주시지.
인생 사는 게 다 좋은 것
아니야
그 학생은 머리 좋은데 잘못

돌았다
자기 마음을 다스리지 못했다
빨리 낫느냐 아니냐는
하나님만 알 거다
하나님이 하시는 일이라
기도도 하고 가다듬어야 한다
멈출 수도 있다
기도가 안 될 때가 있다
기도 방은
하나님 역사를 설명하는
곳이다

말로 변화시킨다
십계명만 지키면 된다
어떤 공부 하느냐가 중요하다
발전성 있는 것을 골라라
착한 일을 해야 좋은 열매를
맺는다
씨가 자라면 안 되니
날 위해 하는 것 아니라
자기네를 위하여 어려운
말 한다
깨우쳐서 빨리 물리쳐라
엄마 마음이 넓게 퍼져야
애가 좋아진다

많이 배워서 아니꼬운 꼴 보니
열 받은 것이 얼굴에 나타난다

세상이 점점 힘들어지니
촌스러운 말이지만
기도 받으면 다 좋다고 한다
온몸이 다 후유증이 크다
"아! 그럼 나는 언제까지
이 기도를 한대요?"

성령을 거스르지 마라
여기는 솔직해야 한다
내 눈에도 한꺼번에
다 안 보이더라

실실 웃지 말 것,
먼저 인사하지 말 것,
교회 다니라고 말하지 말 것,
직장에서 중심을 잡으라고
믿음 좋은 장로님에게
일러주었다
이 자리, 기도 방에 온 것이
만족스럽고 흡족하다
곁눈질하며 잡생각하면
정신이 흐려진다

"볼 수 있지, 들을 수 있지,
걸을 수 있지, 움직일 수
있으면
뭐든 할 수 있고, 해야 한다
말만 들으면 뭐든지 한다.
너도 부모도 산다
사회 생활해서
나라에 보탬이 돼야 한다.
낮은 데서부터 시작해 봐.
돈이 중요한 것 아니라
마음이 중요하다
사람은 때가 있어. 일을
해야지."
비뚤어진 생각을 하는
고등학생에게 내가 해준
말이다

돈도 중요하지만
사람 살리는 것이 참 보람
있다.
바보 같아서 행복했다
감사하게도
우리 기도 방 식구들은
응급 치료와 가족들 기도는
해줄 수 있는 능력을 다
받았다
기도 방 못 오게 하는 마귀가
있다

정신 질환자들은 내가
쳐다만 봐도 꼼짝 못 했다
영권이 셌다
한 사람 정신병 고쳐 놓으면
옆에 있던 환자들이 같이 다
나았다
한 번 망가지면 구박하고
구박하면 더 아파진다
신경 많이 써서
뼈 따로 가죽은 가죽대로
붙지 않아
순환되는 선이 끊어진 사람은
딴 사람 몇 명 기도할 시간
든다
사랑과 돈은 같이 줘야 하는
종합선물 세트와 같다
기도 방 식구들이 꺼벙하면
너무 싫다
돈도 쓰고
반짝반짝하게 바르고 살자
반짝반짝하지 않으면

마귀가 무시한다
여기 오면 때깔 벗어
"신기해요? 안 신기해요?"

마음 아파도 병 든다
"살살 만져도 왜 이렇게 아픈
가요?"
이것이 기적이고 하나님
능력이다

순하지 않게 산 출판사
사장님은
살벌하게 구박받아 신경 쓴
몸이 머리부터 발끝까지
완전하게 철사로 똘똘
뭉치듯 했다
마음이 굳어진 것이 꼬부라진
것이다
마음이 활발하지 못하면
젊어도 탄력 없어진다
찌든 몸, 부인에게
사랑도 못 받은 몸이라
기도가 튕기고 얼마나 강한지
모른다
살이 썩은 것 같은 몸이다

한 덩어리 혈관이 켜켜로
숨어졌다
머리부터 발끝까지
가는 철사 많이 묶어
뭉쳐 있는 것 같아
머리에서 빼서 목을 거쳐
어깨, 팔, 팔꿈치,
손바닥, 손가락 사이,
손가락 마디마디로 빼준다

빚일랑 내지 말고 여행 다녀라
사업하는 젊은 분은
사장님 아니고 회장님이라고
했다
저 맘 때, 밖으로 가고 싶어도,
집에서 음악 틀어 놓고
삐딱하게 나가지 마라
인생 망쳐!
얘네들 키울 때,
중2가 제일 어려울 때다

집 수리는 이자 안 들이는
저축이라고 생각해라
먹고 사는 것 염려 마라
죽는다는 애들을 없는

가운데서도
용돈을 계속 주어 잘 되게
키웠다
기도 받고도 못 일어나는
사람 보고
"저분 발에서 구슬 달린
그물이 풀고 나가네" 하더니
그제야 묶였던
발이 풀려 걸어 나갔다
영이 그렇게 무섭다

눈이 안 보여서 대구에서
5시간 걸려 온 교수는
기도 받고 눈이 뵌다 했다
나쁜 영이 빠지면
펄펄 뛰던 힘이 빠져
기운이 없어졌다가
다시 새 힘을 부어 주신다
마귀에게 씌어서
돈에 관심 없었다는 것은
미련했다는 것이다
둘 다 미쳤으니
잘 했다는 것도 착각 속이다

"나 자유 얻었네"

하나님이 동그랗게 묶어
놓으셔서
힘을 못 쓰게 하시고
쇠사슬이 기도만 해도
우슬우슬 끊어졌다
기도 받으며 영적인 체험을
하니 깊이 들어가 재미있고
많은 것을 영적으로 풀어
내린다.
큰 산 속에서 계속 바위를
깨뜨린 것과 같은데
가만 놔두면 나중에 큰 병
될 뻔했다
차곡차곡 드러날 사람이었다

세상 보는 눈을 뜨니
잘 오던 사람이 명절을 피해
안 온다는 걸 알았다
우리 기도 방은 종교를 떠나
사람을 개조시키는 곳이라고
소문이 났다
친한 사람이 사기 친다
여기서 풀어야지
하늘나라에 가면 풀지 않아도
된다

서류를 보고, 외우고,
연구해서 착착 나오게 해야
한다
사람은 당당하게 보여야 한다
옆에서 보조 받으며
공부 열심히 해야 한다
더 벌려고 하지 말고
영수증 처리 잘하고
세금 파악 잘해라
인생 각각이니 거스르지
말아야 한다

좋은 것만 먹어야 한다
어떤 일이 있어도
기분 좋게 살아야 한다
성령으로 항상 기뻐하라

불안이 없어졌다
품위 없다는 건
큰 인물이 될 수 없다는
얘기다
짜증 나는 얼굴은
싫증 나는 마음이다
훈련 받으려면 내가 죽어야
한다

품위 없다는 게 문제다
마귀가 품위 없게 만든다
큰일을 할 수 없다
눈을 위로 뜨고 초롱초롱하게
메모도 하고 모르는 건
질문도 하며
당당한 모습을 보여야
안심된다
부모님에게 "100살 사시면
내가 잘 모실 테니 안심하세요"
말씀드리라고 일러줬다

처음 기도 받아도
잘 받아들이면
바로 변화된다
내가 살아났다
성경 똑똑히 읽으면 치매는
아니다
정신 질환자는 십자가를 보면
싫어서 죽으려 한다
하나님께서 마귀는
돼지 떼에게
들어가라고 하라고
가르쳐 주셨다
여기는 가족 같아서

서로 염려해 주고 신경 써 준다
잘 살고 못 사는 건 자기 복이다
지금 세상 고지식하게 사는 사람 어디 있나?
아빠가 막혀서
눈이 있어도 보지 못하고
귀가 있어도 듣지 못하는 것이다
사람이 이렇게 무섭다

부모의 정성으로
심한 당뇨병 아들이 빨리 나았다
"지금도 기쁨이 없니?"
내 책 보고 예수 이름으로 물리쳐
정신병 나은 사람들 있다
취직 면접시험에서
봉사하는 마음으로
최선을 다하겠다고 해서
합격했다

"신경 썼나 보지?"
"성질부터 고쳐야지"
"긍정적으로 살아야지"
사람들에게 일러 주고 있다
오늘 하루 행복하면
내가 왜 아파야 하나
불만하지 말고
기도 받는 것 자체도
감사해야 한다
병을 놓아야 한다
엄마를 보며
"나는 그러지 말아야지" 하고 끊어야 한다
엄마가 사랑해 주고 인정해 주니
기도 받는 것이 효과 있다
정신 안 좋으면
엄마와 같이 살아야 한다
점점 나아 완전히 정상 됐다
똑똑한 집안에 애가 이러니
내 죄인 것 같았다
종일 가슴이 답답하고
불안하고 우울했다
애가 말문이 터졌다
내 마음이 즐겁고
상처는 오지만 받아들이지

않았다
영이 흐리면 행동이 이상하다
어떤 이는 자기 정체를
드러내고 나가버렸다

다시 건강하면 폭 넓은, 베푸는
세상 한 번 살아 봐라
이런 장소에 오게 해 주셔서
정말 감사해야 한다
높이 보지 말고
낮게 보며 자신감 가져라
아들 하나 건강하게 하려면
부모가 병날 때까지
영적 싸움하며 밤새 기도해야
한다
여기는 자신감이 생기는
곳이다
슬슬 만지지 말고 꼭 눌러 풀며
"하나님! 감사합니다!"
기도하며
영적 싸움해야 한다

정신 질환자가 나으니
생활력 강해져 잘 산다
얼굴 자꾸 쓰다듬어 주는 것은

연탄재 닦아 주는 것 같아
얼굴이 예뻐진다
내 손이 얼굴 안 만지는 애도
있다
내 맘대로 안 되더라
인형 보고 깨달았다
성질 보고 깨달았다
성질 못되고 심술 맞았다
공 들이면 죽을 사람도
살아난다

붓지 않으면 고통 없다
짰다, 주물렀다, 비볐다 해야
굳은 것이 낫는다
기분 한 번 나쁠 때
한 켜씩 굳어져서
온몸이 딱딱해진 것이
기도 받을 때마다 다 벗겨진다
한 번 손으로 주무를 때,
한 번 좋아지고
두 번 주무를 때, 두 번
좋아진다
아침에 기분 좋다가
저녁에 나빠질 수 있다

내 마음을 다스리지 못하면
기도가 튕긴다
기도 받는 게 중요한 것 아니라
마음으로 받아들이는 것이
중요하다
마음을 넓게 가져라
네가 건강해야 돈도 빠지지
않고 집안이 잘된다
엄마가 변화돼야 한다
내 마음 안 좋은 것을
다스리는 것이 회개다
회개가 중요하다

머리가 팽팽 돌아가니까
바꿔야 한다
행동은 안 좋으면서
입만 나불거리면 안 된다
행동은 안 옮기면서
열정이 없으면 소용없다
너네 세대가 제일 어려울 텐데
열심히 좋은 생각 하고
노력해야 한다
미운 애 있으면
사랑으로 바꿔야 한다
기도할 것 없다 하자

엄마가 잘나서
치밀어 오르고, 아니꼽고
더럽다고 하니
오지 않아도 된다고 말했다
기도가 안 된다
속에서 얼마나 강하게
덤비는지
체력이 달린다
자신을 다스리지 못해
불안하니
말 같지 않은 얘기만 한다
언젠가 확! 풀고 나가야 한다
난 옆에서 깨닫는다

나는 말로 시인하게 하고
손으로는 기도하며
복합적인 역할을 한다
앞자리에 앉아
눈으로 나쁜 것을 빼다
"자존심이 참 몹쓸 거여."
생각을 바꿔라
행동으로 다 품었다
사람이 나쁜 것 아니여.
나빠봤자 뭘 봤겠어?

3. 우리 기도 방

마귀 역사는 평생 한다
"내 팔을 묶고 있는 마귀야!
예수 이름으로 나가라!"
팔을 쪼아가며
이를 득득 갈며 기도해라

수줍어서 기도 방에
못 들어간다
같이 들어가 줬으면 좋겠다
다른 사람 앞에서
말도 못하던 학생이
큰 목소리로 "감사합니다"
처음으로 말했다
"하나님은 인자하셔라
당신이 나 땜에 고생하네"
말씀 비춰 가며 수퍼도
그만두고
사랑한다면서 상처 주니
남편이 가물가물했다
"나를 괴롭히는 귀신!
예수 이름으로 물러가라!"
남편이 냉정하게 물리치니
언니한테, 아들에게
돌아가며 괴롭히다
다 무장해 안 받아 주니

갈 데 없어 다 나왔다
부인은 사랑하되
괴롭히는 마귀는
예수 이름으로 물리치라고
가르쳤다
본인이 하나님께 매달려
살려 달라고 기도하고
잘못한 것 회개해라

좋은 물건에 투자하고
아끼지 마라
사람 이용하는 나쁜 영이
들어갔다
마귀의 영으로
여러 사람의 영을 흐려 놓는다
사람을 무시하는 사람 있다
사탄이 주장하는,
오염시키는 사람이 있다
그런 사람에게 넘어가면
안 된다
사람을 잘 만나야 한다

유전병도 낫는 것은
성격을 바꿔 주기 때문이다
신경 쓰면 몸이 오그라드는데

기도하면 다림질 하듯 펴진다
머리부터 다 쪼아내려 간다
하나님이 내 손에다 침을
주셨다
기도 방에 왔다가 기도 받기도
전에
"나 다 나아서 그냥 가요" 하고
그냥 간 사람도 있었다

정직해야 있던 것도 뺏기지
않는다
어떤 할머니는 남의 손주를
자기 손주라고 데려와
내가 나눠 주는
이어폰을 더 받으려 하다가
있던 것도 없어졌다

우리 기도 방은 어디든
수술한 사람 한 사람도 없다
유방에 옥 도미 뼈같이
딱딱하던 것이
두 번 기도 받고 부드러워져
암덩이가 없어졌다

여기는 살림을 늘려 주는
곳이다
살림 늘리면서 주는 자가
복 있다고
퍼주다가 모자랐다
재정 상태 점검하자 말하면
'저 집 축복 받겠구나'
생각한다
'딴 주머니 차라'는 처방도
있었다
진실성은 있는데
마음이 여린 사람이 있다
축복의 통로 길이 열렸다
어렵다 해도 여기 오는
사람들은
다 행복한 사람들이다
빛이 사방으로 번져나간다
아름다운 광경이다
가족같이 좋아 만나고 있다
말 못 할 것 없다
다 넘어서면 된다
못 해낼 일 없다
악을 선으로 갚아야 한다
성질부터 죽여라
말 못할 게 무어냐?
미운 사람 용서해 주면 된다

3. 우리 기도 방

내가 억울하면 손해 보면 된다

첫째 거짓이 없어야 한다
가증스러우면 절대 안 된다
사람은 잊어버리니까
되풀이한다
한 번에 쌀 반 토막씩이라도
들을 사람도 있고
안 들을 사람도 있어 이제
끝난다.
"고맙다고 말했다면
못 들어서 내가 미안해"
내가 호랑이로 보여
정신병 나은 사람도 있다
우리 기도 방은
욕심이 없어서 사람이 모인다
예배 준비 모임과 같다

정신 안 좋던 사람이
정상 됐다
귀신 씌면 정신이 흐려진다
교통사고 났다고 하면
죽지 않았으면 다행이다
앞으로 좋은 일 있을 것이다
"그럴 수도 있지"

집에서 무슨 생각 하고 왔어?
얼마나 속상하겠나?
앞으론 더 험한 세상이 오니
영 분별하고
가정, 애들 다 변화돼야 한다

토사곽란 일어날 때,
응급처치 능력을 주셨다
우리에게도 가족은
응급처치 할 수 있는 능력을
주셨다
사춘기 때 상처는
인생을 쉽게 살지 못하게 한다

마음이 겉넘어 갔다
네가 바로 서면 집안이 바로
선다
젊어서 병들면 큰일이다
중간에 성령님이 뛰어들어
오신다
"대가를 해여."
남을 위해 희생하는 것을
배워야 한다

"내가 당신을 죽도록 사랑해"

시켰더니 부인에게 말했다
혀를 빼서 주무르니 말하게 된
뇌성마비 어머니에게
한 턱 내라고 했더니 안 왔다

공부만 파고들었지만 영이
달라져서
사람과의 관계에서도 달라졌다
부모 수준을 넘어섰다
진실성 있게 가르쳤더니
실력이 날로 늘었다
그동안 불쌍한 것 잘 몰랐다
"나 땜에 힘들어서 미안하고
엄마! 고마워요" 말해라
잠 안 오면 가슴 쓰다듬으면서
마음을 가다듬게 기도해라
"하나님! 내 마음을 내가
모르니
하나님이 지켜 주세요.
하나님 영광 가리지 않고
영광 돌리게 해 주세요.
잘못된 데 빠지지 않게 해
주세요"
기도하며 마음을 가다듬어라!

세계에 크게 이름을 내라!
그림도 마음으로 기도하며
한 줄 하고 숨어져 일을 해라
재료를 최고 좋고 값진
것으로 써라

마음 변하지 않고
끝까지 이겨나가는 것은
감사로 밀고 나갈 때 가능하다
어느 날 만나기 싫을 때도 있다
금 그릇 투자를 해라
세계적인 작품,
멋지게 가치 있는 작품을
할 수 있다
돈을 들여서라도
세계에 이름을 내게 된다

여기는 악한 길,
저기는 평범한 길이다
사람이 마음 잡고 산다는 것은
어려운 일이다. 고치기 어렵다
머리 아프고 골치 아프다
큰길, 작은길 중
어느 쪽을 선택하겠니?
좁은 길 시작하니 점점

넓어지더니
넓은 벌판이 나왔다
사람이 미련해도
미련한 대로 알게 해 주신다

키 크는 기도할 때,
한쪽이 약간 긴 채로
남겨두셔서
주님이 해 주신다는 걸 알게
하신다
자폐증은 굳어지고 꼬인 몸이
기도 받아 풀어지니까 나았다
기도로 빛이 들어가
어둠을 물리치니
몸이 젊어지고 얼굴이
밝아졌다

맘 편하게 살면
감사할 줄 알아야 한다
자기가 옳다고
고집 부리니 자존심만 세져
부부가 각자 살다가
잘못된 길을 벗어나니
신혼 되었다
마음이 예쁘지 않으면

자식이 안 된다
아들이 쇠사슬 묶인 것을
예수 이름으로 풀어주었다
내가 키운 애들도 많아
감사해서 울었다
기도해 주면 금방 손에 땀이
난다

믿음 없으면 이겨나가기
어렵다
어떤 사람은
유명해지고 싶었다고 했다
기도 받고 가벼워져서
나탈나탈 애기살 됐다
태어나서 처음으로
기분 좋게 산다고 했다
마귀가 나갈 때,
손을 털거나 춤도 추고,
욕도 하고, 하고 싶은 대로
하라고 했다
흔들기만 해도 나갔다
큰 마귀가 나가니
할 것 없었다
다같이 나가 버렸다
멋지게 살 사람이 저렇게 됐다

예쁘니 고난이 닥친다
아프게 해서 낮춰 주셨다
좋을수록 겸손해야 한다

말씀의 능력이 들어가
세포 하나하나가 살아난다
정신 안 좋은 딸 데려온
엄마는
이런 딸 두고도 기도도
안 하고
얌전히 앉아 있냐고
야단맞았다
부모와의 사이에 마귀가 끼면
병난다
옛날로 돌아가나 봐.
"아버지! 역사가 더 강하게
나네요"

머리가 너무 굳어져서
손이 안 들어간다
위암은 아무것도 아니더라
마음이 딱딱하게 닫혔다
나쁜 것을 공기 빼듯 뺐다
머리가 지혜로 차서
실수하지 않고 잘살고 있다

능력 받아라!

난데없이 돈을 어떻게 벌어야
하나?
낭비하는 기도도 있다
말과 기도 봐서 능력 주신다
일찍 와서 눈으로 능력 받아
간다
최고로 똑똑하다

집 짓느라 잠시 살던
아파트에서
이 목사님과 사모님,
장 집사님 있을 때
새벽 3시까지 역사가 나서
내 손이 한없이 뻗어
멀리멀리까지
선교금을 보낸다 하셨다
그때, 환상 중에
발가벗은 빨간 아기가
남편이 무섭다고 하며
뒤 창가에서 계단으로
내려갔다
너무 감사해서 눈물이 났다
기도 방에서는 말 길 나갈까 봐

비유로 돌려서 말해 왔다
냉정해서 직설적으로 말하면
상처 주어
주위 사람들이 따르지 않는다
영양가 없는 얘기는
무시하고 상대하지 않는다

기도 받으러 오는 애들에게
뭐라도 주고 싶었다
마귀가 빠지려니 와도 인사도
안 한다
호랑이가 오니 속으론 떨린다
오기 전에 신호가 와서
숨이 차고 눈이 위로 떠지며
잔 등에서 벌레 새끼가
우글우글해 비참하다
여기선 낭만을 찾을 수 없다

땀 안 나오던 사람은
굴속으로 깊이 들어가다가
상담하고 기도 받고
밝은 길로 나왔다
자기 마음의 중심을 잡고
물리쳤다

벙어리가 말 안 하면 누가
아느냐?
엉!엉! 하니까 안다
영이 그렇게 무섭다
목이 눌리니 말도 못 하고
눈도 못 뜨게 만든다
목 풀어 주고 눈 뜨게 해
주었다
사탄의 세력이 얼마나 센지!
다른 얘기 할 것 없고
그저 불쌍히 여겨 달라고
기도해야 한다
기도 받으며
속의 나쁜 것들이 다 나가느라
많이 아프기도 한다

기도 받고
등잔에 불꽃이 반짝 켜지듯
힘이 난다고 한 분도 있었다
우리는 여기 앉아 있는 것만
해도 복 받은 거야
행복하고 떳떳하다
속상한 것 받아들이지 않고
튕겨 나갔나 봐
머리가 딱딱해야 하는데

말랑거린다
하나님의 창조의 역사,
말씀의 은사가 기도 방에 넘쳐
보물이 들어오기도 하고
나가기도 한다

중풍병자가
"일어나 걸으라" 했을 때,
"네, 알았습니다" 했겠나?
구르기도 하고
소리를 지르기도 했을 것이다
기도해 주며 전도할 때,
안타깝기도 하고 불쌍하여
행여 다칠까 봐
손 밑에 베개를 받쳐 주었다

엄마가 중간 역할을 잘해야
한다
우리 기도 방 애들은 결이 곱다
아빠 좋은 점만 얘기하지
안 좋은 점은 다 가려주니
애들이 아빠를 다 좋아한다

정신 돌면 다시 돌려놓기
참 어렵다

"나중에 잘 될거야"
얘기해 줬더니
"잘 된다는 게 뭐냐?
상세히 설명해 달라" 따지고
들었다
안 들으면 들을 때까지
설득시켜야 한다
"80 넘어 이거 할 거여?"
"우리나라 잘될 것 같아요?"
물어도 아무도 대답 안 한다

어떤 사장님한테
"뭐가 좋은 건지,
나쁜 건지 말해줘 봐요"
그 사장님에게
술자리는 입원한다고 말하고
피하고 조심해라
정치는 절대 멀리하라고 말해
주었다
사장님 아니라 회장님이라고
불러주었다

아플 때 병문안 가서는
손을 꼭 잡아 주면 좋다
기도할 때,

안 좋은 데는 저절로 손이
가고 거기서 멈춰선다
딴 때와 달리 앞면에서 벌써
시원하다
신경 쓰면 속병, 화병 생긴다
기도 중에 땀이 나고
등까지 뚫고 나간다
이럴 때 살맛 난다

여기서는 신기한 일 많다
거짓말 못 시킨다
전이가 하나도 안 됐다
병이 소변이나 대변으로
나온다

4. 나라

우리나라가 혼란스러운 이유는
인사를 안 하는 데서 시작이다
자기 가족끼리 똘똘 뭉쳐야
하는데
쳐다보면서도
인사 안 하는 것이 좌파다
인사 없으면
같이 사는 것이 어렵다
사람 어떻게 보는 건가?

우리나라는 생각이 잘못되어
분노가 꽉 찼다
사람들이 곤두서서
나라가 이 모양이다
부러움이 아니라
시기 질투가 많아서 문제다

우리나라 젊은이들이
하나님 주신 지혜로
무엇이 옳은지 그른지

분별해서
우리나라 이름을
세계에 알리게 해주시라고
매일 기도한다

하나님께서는
우리의 거짓을 드러내게
하신다
거짓과 진실이 드러났다
거짓 없어야 하는데
아직 때가 아니다
우리가 깨달아야 마지막이
온다

세금을 많이 내야 나라도 살지
일생 살아가며
좋은 일 많이 해야 한다
우리 자식도 살리고
남의 자식도 살리며
세금도 많이 내는 것이

중요하다

나라 어려운 것은
미련한 사람들 눈 뜨게 하려고
하시는 것이다
우리나라가 발전한 것 보니
다 내 것 같아 밝아졌다
난 기분이 너무 좋아 파도친다
이렇게 좋은 걸 어떻게
합니까?

연두색 보리 싹이
넓은 밭에 하나씩 예쁘게
섰는데
우리나라 젊은이들이라 했다
40일 기도하고
막내딸 미리가
"우리 엄마를 괴롭히는
이놈의 마귀야!
예수 이름으로 나가라!"
기도해 줬다

우리나라의 제일 큰 특징은
인사 안 하고 감사 안 하는
것이다

나라 걱정도 너무 하지 말고
'하나님이 알아서 하시겠지'
생각하라

나라를 위해
젊은이들이
하나님 주시는 지혜로
나라를 걸머쥐고 살아야 한다
건강하고 잘 살아
세계로 뻗어나가야 한다
너도 살고 나도 산다
남은 인사를 하거나 말거나
나만 인사 잘하고
할 일 잘하면 된다

우리나라 속담에
개 팔자 상팔자라더니
지금 현재
개 팔자 상팔자 시대가 왔다
요즘은 개 안고 다니지 않으면
사람 대우 받지 못한다
쇠가 쇠 먹고,
살이 살 먹는 시대 왔다

한 알의 희생하는 씨가 있다

말 한마디 잘못하면 손해난다
가슴 아픈 것이 희생이다
영 분별 무섭게 한다

하나님의 지혜로
우리 젊은이들이
옳고 그른 것을 분별하여
나라 이름을 빛내게 해 주시고
다른 나라를 돕게 해 달라고,
또 인재를 보내 달라고
기도한다
나 같은 기도 하는 사람 없더라

인생 걱정 근심 없는 사람
없지만
너희가 바로 서야 한다
부모 말 안 들어서
나라가 어지러워진다

"나라 경제를 잘되게
인도해 주시고
젊은이들에게 뭐가 옳은 건지,
그른 건지 분별의 영을 주셔서
세계에 나라 이름을
날리게 해 주세요

새로운 시대가
펼쳐지게 해 주세요" 기도한다

"우리나라 국민을 불쌍히
여기소서"
자손이 나라에 보탬이 된다
정치인도 우리가 먼저
고쳐져야 한다
우리나라가 앞으로 발전성
있게
젊은 애들이 나갈 거야
남에게 피해 주면 안 된다
정치도 국민에게 피해 주는
정치가 있다

경우와 예의가 있다
우리 늙은 사람들은 가도
씨를 퍼뜨려 나라를 살린다
후손들이 그루터기로 남는다
중간에 변질되지 말고
미혹하는 영에 넘어가지 말고
끝까지 밀고 나가야 한다

사람들은 내가
사람이 할 수 없는 봉사로

힘껏 하나님께 봉사해서
우리 민족이
복 받을 거라고 말해 준다
여자가 뒷바라지 잘해야
사업이 잘 된다
기업이 잘 돼야 나라가 산다
가정이 흩어져 살면
기업, 나라가 잘못된다

우리가 어떤 일 당할지는
모르지만
밤새 꽁꽁 울다가
나중에 낫게 하신다
나라를 위해 애들을 키워라!
이름을 남겨라!

여기저기에 베푸는 게
세계에 이름을 날리는 것이다
우리나라 사람은
지식보다 지혜가 있다
많이 안 배운 사람도
엄청 부지런하고 깔끔하다
글자 하나도 몰라도
인정 있고 선한 성품을 갖고
있다

우리는 선하다
우리나라는
지혜가 있어서 잘 될 거다
사람은 진실성 있어야 잘 된다
우리나라 사람은
지혜가 깔끔해 땅에 안 앉는다
지혜가 깔끔을 부른다

우리나라 사람은
정 많고 깔끔하고 인격적이다
우리나라 사람들은
인정 많고, 지혜 있고,
기술 좋고, 인물 좋고, 깔끔하다
지혜도 있어
남이 안 하는 일 해서
복 받는다
잘 타고나서 때깔도 좋다
우리나라에 태어나서 감사하다

우리나라는
하나님이 지켜 주신다
잘못된 거짓 등 숨어진 것들이
다 나와서 없어져야 한다
나라가 잘될 것 같아
마음이 설레인다

가슴이 설레어서 참을 수
없다
우리 각자가 열심히 살아야
나라가 바로 산다

일을 잘 처리할 수 있도록
정신 차려 일해야 한다
우리나라는 기도만 하면 된다
때가 되면 하나님이 이루어
주신다
더 낮아지고, 더 고난 받으면
때가 된다
때가 있다

통일은 우리가
안 좋은 습관을 버리고
빨리 변화되면
하나님이 시켜 주신다
악과 선은 갈라지게 돼 있다
젊은이들은
어른이 먼저 변화되어야
변화된다
사회 구조가 바뀌어
늙은이, 젊은이 모두
자리 잡지 못하고 방황하고
있다
자기 주관이
뚜렷하고 빳빳해서 문제다

가정도, 개인도
사람을 이용해서
사탄에 끌려다녀 나라를
뒤흔든다
정신 바짝 차려 잘 지켜야 한다
돈 쓰고 나라에 이름을 내라

진실이라는 것이 없어진다
대우 없는 깡패 세상이고
어쨌든 짓밟고
빼앗아가는 세상이다
속지 말고 살아야 한다
있으나 마나 하면 도움되지
않는다
사랑, 예의 없어
강도 속에 사는 것이다

하나님이 우리를 바보같이
내버려 두지 않으신다
똑똑하게 만들어 주신다
기도 방은 자유 우파가 많다

4. 나라

대한민국은
대문을 활짝 열어났다
생긴 사람들은 다 데모한다
젊었던 사람과 늙은 사람 다
보니 악만 남는다

우리나라는 영적으로 외국과
다르다
정치에 미치면
자기 몸에 감당이 안 된다
좌파, 우파 다 떠나서
남이 잘되는 것 안 좋아한다
이런 것이 빠지려고
이렇게 나라가 복잡한가 봐.

심방 때가 좌파, 우파가
하나 되는 시간이다
그래야 남북도 하나 된다
하나님이
우리나라를 다스리고 계신다
그 사람의 영을 주장하셔서
나라를 위해 말도 하게 하고
일을 하게 하신다
우리는 마음의 무장을 해야
한다

세계적으로 부패해서
악이 드러나게 하신다
효율성 있는 젊은이는
말귀 잘 알아들어
금방금방 변화된다

'나라가 부자구나'
다 내 것 같다
보고 싶어서 눈도 감기 싫다
애국자라고들 말해 준다
일을 즐겁게 해야 병 안 걸린다
나라에 피해 안 주고 이기고
나간다

제 욕심만 차리고
나라를 생각하지 않으면
자기가 안 좋다
믿는 사람만은
역사를 잊으면 안 된다
할아버지, 할머니가 요동치지
말고
집을 안정되게 하면
나라에 도움이 된다

캄캄한 절벽 같은 세상이다

빨간 사람들이 사기꾼이다
머리 좋은 것 잘못 쓰면
나라 망하게 할 수 있다
요즘은 우리나라에
꼭 필요한 사람들만 기도하게
하신다
나라를 살리려고 해야지
아니면 평생 고생만 한다

세계적으로
우리나라처럼 좋은 나라
없더라
내가 63개국 다녀보니
그렇더라
기도를 많이 해서
나라가 잘 살아야 한다

"이 몸이 죽어서 나라가
산다면"
"환자가 산다면"
예수님 대행을 하는 것 같다

생각을 잘못 하는 것도 병이다
보수 우파는 평범해
마음 편히 살았다

좌파는 오래 전부터 노리고
있었다
한 번은 뒤집어져야 한다
나라는 속상하지만
하나님이 지켜 주시고
젊은 애들 쓰러지지 않는다
내 눈물 마르지도 않았다

언젠가는 누군가
당해야 하는 일이다
미리미리 준비했지만
그때 준비한 것과 지금
세대는 달라
절대 안 따라 간다
20대, 30대는 알면서도
말 안한다

"어려운 나라를 도와주게 해
주세요"
속임수 없이 마음이 깨끗하고
솔직해야 한다
그런 젊은이들을 통해서
나라 이름을 날리게 해야 한다
젊은 세대가 잘 되야 한다

착해도 피곤하게 하는 사람
있는데
나라가 손해 난다
최선을 다하고 정직하게 살면
하나님이 우리나라를
버리진 않으실 거야

정신 바짝 차리고
좋은 과일나무 심으면
좋은 열매 맺듯이
지금은 그런 때인데
우리나라는 반반이다

남의 것 탐내지 말고
정직하면 나라가 잘 된다
가정이 살아야
교회가 살고 나라도 산다
자식에게 돈 많이 주면 바보
된다
나라에 바치거나 봉사하면
자식은 저절로 잘 된다

나랏돈 손해 안 나게
일하는 사람들 위해
더 많이 기도해 줘야 한다

어려운 고비를 통해서
다듬어 가며 헤쳐가다 보면
좁은 길이
갑자기 넓은 길로 펼쳐지며
노란 꽃 속에 작은 여자가
두 손 꼭 잡고 기도에
성공했다
그땐 어려웠지만 지금은
성공이다

솔직하지 않으면
귀신에 사로잡힌다
나라, 가정, 개인도
말려들지 말아야 한다
세상 뒤집어지는 것도 괜찮다
사람들이 변화된다
환난도 당해야 하고
핍박도 당하는 것이 인생이다

나의 기도

"젊은이들이 정직하고 성실해
나라의 어두움을
물리쳐 나가게 해 주세요
젊은이들이 무엇이 옳은 건지

그른 건지 분별하게 해 주시고
사회에서는 덕을 이루고
가정에서는 기쁨이 되며
하나님의 지혜를 받아서
나라 이름을 세계에
알리게 해 주세요"

우리나라 젊은이들이
물이 흘러가 변화될 수 있다
인생이 바꿔질 수 있다
"하나님이 주시는 지혜로
우리나라의 이름을 세계에
날리게 해 주세요
노인들에게 건강을 주시고
우리나라가 잘 살게 해 주세요"

사탄은 계속 덤빈다
때가 되어 하나님이 손 보시면
안정된 세상 될 거다
행복을 뺏어가는 것이 정치다
처절한 해설자로 나서신
목사님이 계시다

나라, 교회, 단체,
정치, 어디나 다

부정부패와 혼돈이 있다
가정도 마찬가지다
가장부터 변화돼야 한다
정직하게 살아야 한다
욕심 있는 데서 사탄이 틈탄다

치받치는 선거다
대통령에게 하나님 지혜로
백성을
사랑하는 마음 달라고
기도한다
하나님이 택하셔서
가장 무시당하던 흑인들이
세계적으로 무시에서 벗어났다
지금은 종자 개량하는 시대다
사람도 마찬가지다
정보를 알아야 하는 세상이다

하나님이
내 기도하는 모습을
보여 주셨다
넓은 노란 잔디에서
물병 같은 사이즈의 내가 앉아
기도하더라
벌판의 넓은 땅에

맑은 초록색이 보이는데
우리나라 젊은이들이 하나하나
바로 선 것으로 보여 주셨다

어려울 때 일을 맡으셨지만
젊은이들 위해 애쓰셔야 한다
다 하나님이 해 주신다
담대하게 나가야
다 할 수 있다
마음으로 폼 잡는다
끝장을 보는 것은
신앙 아니면 할 수 없는 일이다
끝까지 이겨야 하는 까닭은
어려운 일을
행복하게 만드시려 하기
때문이다
하다 보면 끝이 있다

안방 색시만 있으면
나라가 발전 안 된다
다 드러나는 세상이다
거짓 시대는 없애버리시고
진실한 세상 오게 하신다

5. 말

권위 없어지는 말은
하지 말아야 한다
필요치 않은 말은
하지 말아야 한다

남의 말 하지 말라
덕이 안 된다
지금은 어렵지만
하나님께서 크게 쓰시려고
세우신다
조금도 상처 주는 말 하지 말고
다른 사람을 인정해 주고
도움 될 말만 해야지.
나빠도 덮어 주고
상처 주지 말아야 한다

부정적인 말,
깎아내리는 말은 하지 말아야
한다
신앙 있는 사람만이 할 수
있다
항상 남에게 힘을 주는 말,
칭찬, 용기 주는 말만 해야
한다
상처 주는 말은 안 된다

말로 가슴을 씻어 주었다
알아도, 있어도
고개 숙이고 겸손해야 한다
내가 할 말 있고
목사님이 할 말이 있다

집안이 질이 안 좋은 집안 있다
꼬인 말 하면 일이 안 풀리고
꼬인다
벗어나야 한다
하나님 믿게 돼서 마음이
행복하다
내 말이 음식이다

첫째, 말을 조심해야 한다
'징그럽다', '미치겠다',
'환장하겠다', '지겹다'

이런 말은 절대 하지 마라
그런 일이 자기에게 생긴다
'징그럽다' 말하면
징그러운 꼴만 보게 된다

할 말도 하지 말고
말하지 말고
자기가 할 일만 하면 된다
남 핍박하는 말은 들을 것도
없다
남 핍박하고 미워하는 것은
마음에서 빼내야 한다

말도 폭력이다
남의 말 하는 것보다
나를 한 대 때려 주는 것이
낫다
말로 기분 나쁘게 하려는
사람 많다
시기 질투 있는 사람들이
그렇다

그저 감사하며
남의 말만 안 하면 복 받는다

남의 사정 어떻게 아나?
좋은 얘기만 해라
우리는 감싸는 마음으로
항상 말조심해야 한다
상처 줄 말이라도 좋은 말로
풀어서
살아 생전
부정적인 말 하지 말아야 한다
은근히 떠보는 소리는
하지 말아야 한다

조금도 상처 주는 말 하지 말고
다른 사람을 인정해 주고
도움 될 말만 해야지.
나빠도 덮어 주고
상처 주지 말아야 한다

남에게 힘주는 말, 칭찬만 하고
상처를 안 줘야 한다
언어폭력은 자존심을 짓밟는다
깎아내리는 말 안 해야 한다
항상 용기 주는 말만 해야 한다

복 받는 비결은 할 말, 안 할
말을 가려서 하는 것이다
행복해지려면 말 잘하고
감사, 감사해야 한다
복을 받으려면
"감사합니다" 계속 말해야
한다
"안녕하세요?"
"많이 드세요"
인사가 중요하다
만남에서 정 간다
주어진 데서 말로 감사해야
한다

부모의 말은 자식의 저주가
된다
더 상처 받아야
사람에게서 독립하게 된다
애를 잘 기르려면
애가 이상한 말 해도
대꾸하지 말고
교회보다 집에서 기도해야
한다

말로 핍박하는 건 사탄이 준다

반말을 기분 나빠하면
병균 작은 것 하나가 들어간
것이다
'헐!' 이런 말 하면 품위 없다
꼬는 말, 핍박하는 말 하면
축복 없다

지혜 있으면 편히 산다
모임에 가서
가만 있으면 무식한 줄 모른다
묻는 말만 대답한다
"튀지 않아 좋구나"
말 한 마디 하면 망신이다

내가 약해져서
책임질 말은 안 한다
남의 말도 들을 건 들어야
한다
헛된 말이 아니고
앞으로 살아갈 길을
알려 주는 말은 들어야 한다
교회 가면서 시장 간다고 하는,
나라나 가정에
손해나지 않는 거짓말은
괜찮다

사람을 자꾸 찌르는 사람
있어도 말하거나 말거나
시험 들지 말아야 한다
'지가 뭔데' 말은 무시하되
사람은 무시하지 마라

감사하다고 말할 때마다
피가 맑아진다는 연구 결과가
있다
들을 말이 있고 안 들을 말이
있다
말로 사람을 죽이지 말아야
한다
넘어선다는 것은
참고 말 안 하는 것이다
말대꾸 안 한다
남의 말 하면 자식이 안 된다

말로 심령을 변화시켜야
고쳐진다
내가 하는 말 아닌 말을 하면
"사탄아!
예수 이름으로 나가라!" 해라

시기, 심술 들어오면 그것이
마귀여서
내 속에서 자란다
거짓말 안 하면 고리고리
안 걸린다
사람 만나면 하나님이 지켜
주신다
농담도 자꾸 하면 습관 되니
말 한 마디도 조심해서
절제해야 한다

시골은 말 많다
아무에게나 할아버지,
할머니, 어르신 같은 말
하지 마라
"제가 잘못했네요, 실수했네요"
말도 참 예쁘게 잘했다고
혼자 칭찬했다

안정된 심령 안 가지면
생각지 않은 말과 행동을
하게 된다
나는 애들한테 말을 참 조심
했다
남편에게도 하지 말아야 할
말은 하지 말아야 한다

사람 무시 당할 수 있다
참고 다 용서해 주고
사랑해 주면 된다
"그저 내가 다 잘못했어"

인생 사는 데에는
보약이 있는가 하면
부정적인 말 같은 독약도 있다
사람 맘을 모르니
모여도 속의 말 다 하지 말라
실수로 문제될 수 있다

말에는 파워가 있어야 한다
사람에 따라 쓰는 말이
달라야 한다
뻗어나가서 좋은 말이 있고
나쁜 말이 있다
감사의 말이 축복권이다
"감사합니다! 맛있게 드세요"
말 한 마디에
복이 오기도 하고 깎이기도
한다

약간 빗나가는 말은
하나님 앞에서는 안 된다

기분 좋은 말은 영을 살린다
집안에 분란 있어도
절대 말하지 말고 기도만 해라
남 말 다 듣지 말아야 한다
분별해야 한다
핍박하는 말들, 조롱하는 말에
동조하지 말아야 한다
못 들은 척해야 한다
필요치 않은 말 하지 말아야
한다
아니면 꼬리에 꼬리 물고
나간다

공산권에 살던 사람들의
특징은
"감사하다", "사랑한다",
"미안하다"는 말을
잘 안 하는 것이다
가난해지는 비결은
감사의 말을 안 하는 것이다

말로 능력이 나간다
말만 조심하고 필요한 말
줄여라
말 잘못하면 이단 된다

나보다 약한 이들에게
부드럽고 온유하게,
같은 말도 거부감 없이
순하게 해야 한다

한 말 자꾸 하지 않게
자아를 완전히 죽여야 한다
말이 기술인데
지혜가 돈이고 시간이 돈이다
말 한 마디로 다 풀어졌다
상처 준 사람에게 얼른 말하니
한 번에 받아 주어
눈물이 콱! 쏟아지며
막힌 것이 한 번에 풀어졌다
좋거나 나쁘거나
다 용서해 줘야 한다

말로 살인한다
상처받는 것을 안다면 다
안 할 거다
감정 있게 한 것 아니고
자연스럽게
좋은 것도 잘못 말하면
안타깝다
좋단 말도 안 좋게 할 수 있다

돈 내는 감사 아닌
말로 하는 감사가 중요하다
'감사합니다', '고맙습니다'라는
말은 기적을 낳는 말이다
입으로 말하면 기운이 나고
들으면 용기가 솟는다

'감사합니다'라고 말할 때,
'고맙습니다'라고 들을 때,
서로 깊은 곳에서
통할 수 있는 것이다

말 잘못하면 안 된다
첫째는 거짓말을 하지 말아야
한다
누가 뭐라 해도 옳고 그른 것
분별해
남의 말 다 믿지 말아야 한다

의논이 있어야 한다
영이 이렇게 무섭다
안 들리는 데서 말해도
상처를 받는다

안 들어야 할 말은 듣지

말아야 한다
사람이 산만하면 쓸데없는
말 한다
불안하면 말이 많아진다
불필요한 말, 남의 말 하지
말아라

하면 다 말이다
말이 무장이다
세상 사는 데 두려움 없다
할 말, 안 할 말
갈 곳, 안 갈 곳을
분별하는 것이
정신 바짝 차리고 사는 것이다
할아버지 말이 아들에게,
아들 말이
손주에게로 내려간다

기도 받는 것보다
말을 듣고 마음과 생각을 바꿔
변화되는 것이 중요하다

할 말, 안 할 말
잘 가려야 한다
가정의 흠을 드러내지

말아야 한다
하나님 역사는 입을 넓게 벌려
간증하라고 했다.
솔직해야 한다

누가 "환하네" 말해 주면
너무 좋다고 흥분하지 마라
상처 받을까 봐 말을
안 해 준다
어디 가서 아는 척하고
말하지 마라
나이가 있는데 점수 깎인다

기분 좋은 말은 영을 살린다
말조심해야 한다
절대로 거짓말하지 말아야
한다
마음이 닫혀 있는 사람에게는
말 많이 하지 말고,
엎어지지도 말고,
너무 야단치지도 말아라
말하는 걸 하나 보면
축복을 받나 못 받나 알 수
있다

슬픔이 천방지축으로
사는 사람들 보며
부정적인 말 나올 수 없다
옛날에 좋지 않은 일은
절대 말하지 마라
가시 뺀 데는 상처가 남기
때문이다

입에서 복이 나오니
말을 조심해야 한다
병원 사역에서는
말 한마디가 축복이고
능력이다
좋으려면 사탄이 갈라놓으려
하는데
먼저 말을 조심해야 한다
좋을 때 조심해야 한다
그 사람 말에 맞춰 줘라

좋은 일 있으면 아무 말
말아라
말씀 듣고도
실천하지 않으면 실패한다
아니다 하면 듣지도 말아라
모임에 가서도

나쁜 말은 듣지도 말아라
말로 치료한다

들을 줄 알아야 한다
이 사람이 누구를 위해
말하는지
풀이를 해봐야 한다
하얀 거짓말도 있지만
속임수 있으면 절대 성공 못
한다

말 물어내는 사람 있다
이것저것 말하지 말고
"주여! 주여!"만 하고 다녀라
요새는 말도 너무 느리게 하면
시대에 안 맞는다

진실하고 질투, 시기, 미움 없고
거짓말 말아야 축복 주신다
말로 치료해야 하는데
지식 있다는 사람이 더 어렵다
말 잘 들으면
망하기도 하고 흥하기도 한다

제대로 말하는 것이 낫지,

거짓말이 거짓말 낳고
가증스럽다
대우받는 사람 되려면
말하지 말고
묵묵히 있어야 한다

가정에서도 말이 굉장히
중요하다
한마디 말 들어도
내 것 삼아 분별해야 한다
부정적인 말 한다면
아직 멀었다
피해 주거나 괴롭히는
거짓말은 안 된다
살짝살짝 하는
거짓말도 절대 안 된다
집안이 안 된다

말의 실수 있으면 상처만 준다
말의 실수 없으면 상처 안
준다
땅에서 뛰어넘었다는 것은
보이지 않는 영적 세계만
바라보고 살겠다는 얘기다

또 누가 뭐라 해도
내가 참고 인정은 해 주되,
안 좋은 말은
한 귀로 듣고 한 귀로 흘리고
마음에 두지 않는다는 뜻이다

말 한마디에 죽기도 하고
살기도 한다
하나님은 무서운
하나님이시지만
우리가 말만 하면
하나님이 알아서 해 주신다

마음 잡을 말을 해 줄 사람
없다
알면서도 말 속에
심술 벗어나지 못 한다
돈이 손해나면 모르지만
말은 손해나지 않으니
죽어지는 것이 좋다

"애들이 바빠서 못 오는 게지"
해야지
"그것들이 기어 오기나 하나?"
말로 미워해도 안 된다

참고 후손을 잘 길러야지.
부정적인 말 하지 말고
나 혼자 나만 잘 챙겨도 좋다

"싫어!" 하면 되지
"내가 미쳤어?"
이런 말 하면 안 된다
남편에게 순하게 말해야 한다
말로 잘난 척하면
어설퍼 보이고 잡아 먹힌다
말 많이 하면 잡힌다

나는 말 많이 안 하고
그래서 실수 없다
인생 사는 게 쉬운 일 아니여
일하는 사람에게
"당신 일 못하니 나가 주세요"
말하지 말고 여기선 이렇게
일하면 안 된다고 말하면
듣기에 훨씬 부드럽고
원망이나 원한이 안 생긴다

좋은 얘기만 해라
지식은 끝이 있으나
지혜는 끝이 없다

지혜가 있으면
올바른 말이 줄줄 나온다
말에 실수 없어야 한다
믿음은 입에서 시작한다

머리 좋은 사람은
같은 말이라도 빗나간다
남의 말을 하지 말고
기도에 힘써야 한다
진실성과 거짓이 있는데
받을 그릇이 돼야 한다
마음이 깨끗하고 예쁘면
말 한 마디에
기쁨과 웃음, 편안함을 준다

말 잘 못하는 아이에게
껌 씹고 당당하게 말하라고
했다
당당하게 크게 말하고
순하면 안 된다
당당하게 싫으면 싫고
좋으면 좋다고 말해라
내가 아니라면
기면 기고 아니면 아니고
확실하게 해라

말 잘 들으면 잘 되고
안 들으면 잘 안 된다
같이 화내지 말고
순하게 말하면 들을 거다
말 많이 하지 마라!
필요치 않은 말 하면
치매로 치부한다

남에게 도움이 되는 말도
사랑으로 해줘야 한다
남의 말 하지 말아야 한다
각자 자기만 챙기면 된다
남 얘기 하면
자기가 잘 안 된다
사랑해 주면 원수를 갚는
것이다

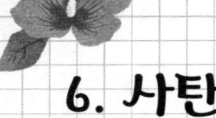

6. 사탄

가난 마귀는 대를 물린다
말 잘못하면 이단 된다
하품하면 믿는 사람 삼키려고
두루 다니는 사자가 떠나간다
떠나가면 이기고 승리한다
미련하니 하품으로 나간다
사탄의 세력은
어두운 데로 끌고 간다

자기가 센 것이 제일 문제다
자기가 깨지지 않는 것이
마귀가 자리 잡고 있다는
증거다
마귀는 망 보고 있다
평범하게 하나님 편에 서면
넘어가지 않는다
가정을 묶고 있는 마귀가
식구들을 꽁꽁 묶어
자기 가족만 알게 만들었다

자기 속에 자리 잡은 마귀를
예수 이름으로 내쫓아야 한다
꼼꼼한 성격도 자기가 직접
예수 이름으로 내쫓아야 한다
게으르고 눈이 안 보이게
하는 것은
사탄의 역사다

지금은 나눠 먹고 사는 세상
아니다
사람을 잘 만나야 한다
지금은 친한 사람이 더
어렵게 한다
하나님 아니면 살아갈 수 없다

없으면 도둑 되고 마귀는
없애서 가난하게 만든다
마귀가 우리를
괴롭히는 것을 깨달으면 얼른
깨달아

예수 이름으로 물리쳐라!
마귀는 우리 마음을 감동해
그럴듯하게 망하는 길로
인도한다
절하는 것도 과잉이면
마귀가 주는 것이다

앞으로 어떤 일이 있어도
절대로 화내지 말고
마귀 역사라 생각하고
얼른 예수 이름으로 물리쳐라!
마귀 역사는
정신이 초롱초롱한 나도
괴롭힌다
신앙생활이 쉽지 않다
신앙을 뺏어가는 마귀가 있다
단계가 높아질수록 공격이
심하다
영적인 것을 알게 되면
공격 받음으로서 보람이 있다
상처 한 번 지나가도
흔적은 남는다

믿음 있는 것은
빽이 엄청 좋은 것이다

숨겨진 비밀이다
달콤하게 날 알아주는 척하고
정보를 캐낸다
믿을 사람 아무도 없다
간교하게 미혹한다
아무리 속상한 얘기해도
"하나님 아시잖아요?"
그 대신 깨끗하게 살아야 한다
말만 안 하면 된다

말 한 마디 붙여 보다
한 길로 왔다가 자기도 모르게
일곱 길로 도망간다
정신 잃으면 미치고
팔짝 뛴다는 것이 사탄의
역사다
정신 바짝 차려
자기를 찾고 점검하자
영이 흩어지면 사탄이
침투한다

사탄의 세력이 얼마나 센지
기운을 확 빼간다
가장 쉽게 들어오는
인색 마귀가 자리 잡으면,

기쁨 없고 남의 말이 안
들린다
마음을 뺏긴다
들어오면 얼른 물리쳐라!

우리 가정이 어두우면
하나님 영광 가린다
사탄 세력은
부드럽게 해 주면 더
달라붙는다
냉정해야 떠나간다

밥을 못 먹게 하는 마귀도
있다
사탄은 사랑을 방해한다
마귀는 행복하고 건강한 것을
싫어한다
먼저 기분 나쁘게 만들어
건강을 해치게 만든다
기분 나쁘면 병 된다
악으로 하면 언젠가는 병 된다

대우받는 것을 좋아하는지
마귀가 시험한다
"저기요" 마귀가 말 걸었다

"여명근 씨, 사모님, 여 집사님,
여 여사님 중 뭐라 불러
드릴까요?"
"하나님이 지어 주신
여 집사라 불러라!"
"안 속네. 더는 못 쫓아가!
뜨거워서" 하며 우리 집 앞
양조장 앞에서 떠나갔다

마귀는 한 번 잡히면 다
내어준다
뱀을 죽이면
꾸물꾸물 느리게 움직이며
해코지하지 못 한다

천국 가는 날까지 욕심 빼고
계속 속에 있는 마귀를
강하게 쫓아야 한다
"나를 답답하게 하는 마귀!
예수 이름으로 물러가라!"
냉정하게 계속해라!
외모에 너무 치우쳐서
그 틈을 마귀가 파고 들어온
것이다

좋아지려면 마귀가 미혹하는데
넘어가지 말아야 한다
우리는 미혹 당하지 않게
내가 내 자신을 꼭 지켜야
한다

"내 마음을 내가
이기지 못하게 하는 귀신!
예수 이름으로 나가라!"
입에서 욕 나오면
"내 입에서 욕 나오게 하는 귀신아! 예수 이름으로 나가라!"
바로 예수 이름으로 물리쳐라!

귀신같이 안다고 자기끼리
안다
"상상 속에 빠졌구먼
내가 교회에 미친 사람인데
절에 가라 하겠나?"
귀신 하나가 다른 귀신을
불러들여 솔직하지 않으면
고칠 수 없다
뱀의 비늘을 하나하나 떼는
것을 본 권사도 있다
"정신 바짝 차려!"

병마는 돈을 빼간다
돈 빼가는 마귀가 따라 온다
영적으로 보면
마귀가 자기도 모르게 들어와
싸우고도 싶고 죽고도
싶어진다
귀엽게 크는 것이 어렵다

사람 볼 때
우습게 쳐다보면 안 된다
부티 나게, 빈티 나게
보이게 하는 마귀가 있다
마귀도 그 사람의 성격에 따라
침투한다
마귀는 행복하게 사는 걸
못 본다

어떤 이는 뱀이 돼서
발을 위로, 머리를 땅에 박고
사탄 역할을 했다
엄마를 벗어나야지.
"말 못하는 마귀!
예수 이름으로 물러가라!"

조용히 자기 생각을 해봐야

한다 내가 마귀에게 속았나?
내 생각이 잘못되면
그것을 마귀가 파고 들어와
자리 잡고 교통사고도 나게
한다

마귀는 실수로
내가 할 말을 자기가 다 해
버린다
영의 눈을 떠야 속지 않는다
순진한 사람에게 마귀가 더
덤빈다
한 번 걸려들면 끌려다니게
된다

마귀는 돈 있는 걸 못 본다
마귀는 우리를
공격하려고 노리고 있다
사람을 통해서 역사한다

영적인 것이 그렇게 무서운
거야
마귀가 휴지에 뱉은
침을 오도독 터뜨리는 것을
두고

뱀이 까지도 않은 내 새끼
다 터뜨려 죽인다고 했다
뱀이 창고로 가득 차서
침 뱉은 종이를 태웠는데
안 탔다

사탄이 공격할 때, 비웃지
말아라
말하지 마라.
받아 주지 말아야 한다
어떤 것도 참아야 한다
말은 무시하되
사람만은 무시하지 말아야
한다

나쁜 생각 빼는 기도는
몸부림치며 이를 득득 갈고
"예수 이름으로 나가라!"
강하게 물리쳐야 한다
후회하기 전에,
일 나기 전에 깨우쳐야 한다

사람 속에서 사람들과
쓸데없이 사귀는 귀신을
예수 이름으로 물리쳐라!

전화를 못하게 하는 귀신도
있다
남모르는 마귀를 쫓아낸다
신나게 된다
기도가 활기차게 된다

하나님 역사할 때는 사탄도
역사한다
귀신 들리면
풀 뜯는 시늉만 하는 사람도
있었다
분통 터지면 순간적으로
돌아버리기도 한다
사탄의 세력은 안 된다

악하고 게으르면
마귀 역할이다
일찍 안 일어나는 것이 사탄
이다
마귀는 교회만 왔다 갔다 하는
교인은 공격 안 하고
참 신앙 가진 신자만 공격한다

황당한 일로 괴롭힐 때,
주관이 뚜렷해서

바른 걸음만 뚜벅뚜벅
걸어가면 된다.
"모르겠네요"가 제일 좋다
"상상 속에 빠졌구면"도
영권이 있어야 말해도 당하지
않는다

영적 무기는 보이지 않아도
하나님과 나만 알고
기도만 하면 된다.
악령 들면 이상한 일을 한다
끝까지 마음 깨끗이 살아야
한다
사탄 역사하니
"하나님! 도와주세요"
뭐든 꼭 기도하고 시작해라

마귀가 그걸 어떻게 알지?
피하기도 잘하고 어디서
걸리든지
귀신같이 걸고 넘어진다.
예수 이름으로 무장해야
덤비는 악한 영을
물리치는 힘이 생긴다

정신 질환자들 먹이고,
입히고, 간식 사 먹이느라
수도 없이 우유를 사다 주었다
좋은 일 하려면
흠잡고 괴롭히려는 사람이
많아진다
영적 도전이다
영적 도전 오면
초등학교 다니면 초등 마귀,
중등학교는 중등 마귀니
눈을 보며 속으로
"사탄아! 예수 이름으로
나가라!"
침투하면 '나를 키우는구나!'
생각하면서 화내지 않고
감사한다

이상한 말 하면 불쾌해 하지
않고 듣기만 하다가
'다 성격 탓이지' 하고,
그 사람 보면서
'지혜가 없어서 그런가 보다
나는 저러지 말아야지' 배운다

"산만한 귀신!
예수 이름으로 나가라!"
침착하고 차분해서 흥분하지
마라
"제가 잘못했어요"

"나를 괴롭히는 마귀!
예수 이름으로 물러가라!"
사탄의 세력에 휘둘리면
감당할 수 없다
귀신은 남은 모르게
당사자만 고통이 심하다
싸움도 상대가 돼야 하지
큰 사람은 마귀가 크게
괴롭힌다

'내가 너네들 속을 너무 잘
알아'
사탄이 사람들에게 깊이
들어가서 빠지려면 시간이
많이 걸리겠다
한 발짝은 하나님 것,
한 발짝은 마귀의 것이다

하나님 뜻보다 잘나서
위험한 곳을 골라서

다니게 하는 것은 마귀 역사다
마귀는 지혜를 뺏어간다
환하면 마귀가 숨을 데가
없어서 한 길로 왔다가
일곱 길로 도망간다
살아가며 자꾸 침투하는데
내 마음을 내가 다스려야 한다

기도하러 가기 싫을 때는
꼭 가야 할 필요가 있지 싶다
마귀가 손발 붙잡다가도
차 타면 놓아준다
하나님 세계가 이런 거야.
신앙 있어도 사탄이 역사하면
가정이 흔들리고 자손이 안
좋아진다
중심이 중요하다
부모가 기도 쌓아 놓으면
자손이 좋아진다
마귀가 역사해 좋아지는 것을
막는다

짓눌리게 하는데 기도로
막아야 한다
내숭 떠는 사람은

다동다동해 줘야 한다
속으로는 "사탄아! 물러가라!"
기도해야 한다
사탄의 역사로 사람을
이용한다
깔보고 괴롭힌다
"고마워요" 하고는 사탄을
물리친다
겉으로는 인정해 주고
속으로 내쫓는다

교회는 차 사주어 빛이
들어갔지만
가정에서는 마귀가 역사해
장로님을 힘드시게 했다

없으면 생각이 잘못 된다
좋은 일 있을 때
마귀가 호시탐탐 노리고 있다
항상 그럴 때, 그때 더
극도로 조심해야 한다
넘어질 뻔했다
영이란 게 있어

"하나님! 도와주세요"

6. 사탄

마귀는 우리가 죽을 때까지
달려드니
그래서 기도해야 한다
제일 가까운 사람을 통해서
손해나게 한다
연탄재를 슬쩍 뿌리는 것처럼
그 사람 자체가 차츰 나를
상처 주고 공격하면
영적 분별을 해야 한다

영적인 것은 잘 다뤄야지
잘못 다루면 안 된다
자리 잡았던 마귀가 나가면
텅 빈 자리 생기고 맥을
못 춘다
앞에서 확! 들어가면 등 뒤로
나온다
영적 싸움인데 기분 나빠
땀도 난다
영적 싸움에서는
표현력이 얼마나 중요한지
모른다
예를 들면 인색 마귀도 그렇다

사탄에 사로잡히면

손해나는 일만 한다
비슷해서 싸운다
그것이 사탄의 역사다
당을 지으면서 사탄이
역사한다
넘어갈 건 넘어가 줘야 한다

이유를 캐묻지 마라
사탄의 세력은 무섭다
사탄이 세서 금식하지 말고
잘 먹고 싸워야 한다
먹고 싶은 것 골라 먹어라
어떤 것도 다 참을 수 있다

잘났거나 못났거나
사람은 정말 아름답다
그런데 마귀가 있어서
인생에 풍파를 만들어준다
섣부르게 믿으면
악령이 더 역사한다

자기도 모르게
사탄이 조롱거리 만든다
무서운 세상이므로
조롱거리 되지 말고

남에게 함부로 말하지 말라
눈을 한 번만
잘못 떠도 빗나가는 것이다
줬다가도 뺏고 싶은 사람도
있다

영이 흐려지면 자기도 모르게
나쁜 길로 가게 만든다
말도 폭력이다
신앙 없어서 휘둘리고
붕 떠서 마음을 못 정한다.
머리가 혼돈된다
머리가 산만하면 영적으로
휘둘린다
진실성 없으면 거짓이 막 섞여
혼돈이 온다
빗나가는 사람 되면 안 된다

사탄의 세력은 끝까지
인내해야 한다
5층 집 짓는 장로가
4층까지 짓다가 말면
헛일이 된다
주지도 않고 받지도 않으면
메마르다

부부 사이에 떨어져 자면
안 된다
영은 딴 세계니까
남 안 보는 데서
예수 이름으로 물리쳐야 한다

사탄의 세력은 하찮은 일로
사람의 마음을 상처 주려 한다
마음을 거스르려 한다
무시는 못 하지만
'그 사람은 안 줘도 그만,
줘도 그만이지' 하고
그 사람의 마음이
깨끗지 않으니 이용당한다

남을 공연히 미워하니
암 걸렸다
남 저주하니 자기에게
안 좋은 일만 생긴다
사탄의 역사는 분별을 잘해야
한다
직분 받으면
집사를 싸고 있는 천사의 수와
권사를 울 싸고 있는
천사의 수가 다르다

알고는 죄를 지으면 안 된다
마귀가 달려들면
어떤 사람 만나느냐가
중요하다
작은 데서 큰 것을 놓치면
안 된다
떳떳지 못하면 당당하지
못하다

"저 창문 좀 활짝 열어 놔요
저 할머니 배에서 큰 뱀,
작은 뱀 줄지어서 막 나가네
뱀들이 다 나가니 할머니
뱃속이
동태 포 뜨듯이 깨끗해졌네."
음암 기도 방에서
그 자리에 있던 분이
환상을 보며 한 말이다

나쁜 생각 들어갈 때
얼른 바꿔야 손해 안 난다
그렇지 않으면 크게 잘못된다
삐딱하게 나간다
나쁜 생각, 옛날 생각
더듬지 말아야 한다

진실성 없어서
갑자기 없으면 못 살 소리 한다
기분 나쁠수록
마음을 가다듬어야 한다
사람이 살다 보면 냉정할
때가 있다
그래서 이혼도 한다

집안에 사탄의 세력이 세다
농 틈 사이에서 쥐새끼
나가더니
집안에서 보이지 않게
재산이 새나가던 것이
없어졌다
방에서 구렁이 나가는 환상
본 후
그 집 딸의 유방암이 나았다
집안에 사탄이 있으면
언젠가 손해난다

마귀는 들러붙으려 하고
쉽게 놓아주지 않는다
가증스러운 것도 사탄이 주는
것이다
잘난 척 할 것 없다

내가 미쳤어도 그 정체를 알면
강하게 예수 이름으로
이를 득득 갈고 싸워 이겨야
한다

마귀가 우는 걸 너무
좋아하니
남편 가슴 아프라고
슬쩍슬쩍 운다
담대하게 다시 얻지
속으로 안타까워하지 말고
무시해라
식구대로 무장하니
그 마귀가 물러갔다
남편 죽이려는 마귀다
자식도, 부부도 죽이려는 것
있다

화만 내고 분란만 일으키는
엄마보다 아빠가
오래 사는 것이 좋다
"예수 이름으로
배 아픈 마귀! 물러가라!"
"날 우울하게 하는 마귀!
예수 이름으로 물러가라!"

마귀가 얼마나 집안을 묶어
놓는지!

속고 살았다
"죽겠네" 하지 말고
예수 이름으로 강력하게
물리쳐라
화내면 같이 놀아 준 것이다
영적으로는 예수 이름밖에
없다
이겨나가면 사람의 심리를
알게 된다
양심 반듯한 사람 드물다

본인이 같이
"예수 이름으로 나가라!" 하면
마귀가 빨리 나간다
"다방에서 차 마시는 마귀!
예수 이름으로 나가라!"
"호텔 가는 귀신!
예수 이름으로 나가라!"
하나하나 악착같이 내쫓아야
한다

마귀가 시켜서 이간질한다

마귀는 이간질을 잘 시킨다
"예수 이름으로 나가라!"
하면 늘어지는 침이
나오기 시작한다
어떤 권사님이 감사 전화
한 것은
그 사람 마음속에
도사리고 있던
큰 마귀가 하나 나간 것이다
"교회는 사람 보고 다니면
안 돼 하나님 보고 다녀야지"
하며 약한 사람, 초신자의
힘을 뺀다

돌아가신 분 방안에 가서
성경 한 줄 읽고
찬송가 한 장 부르고 나와라
꿈에 죽은 분 나타나서
말하고 놀아 주면 같이 미친다
"예수 피로 나가라!"
강하게 물리쳐라!
기도 잘해도
마귀 물리치는 건 다르다

사탄의 세력을 이기면

기도하기 참 쉽다
마귀가 뒷문에 숨었다가
졸졸 따라 다닌다고 했다
귀신이 보이면 기도 못 한다
돌아가신 시아버지가 집밖을
계속 돈다는 사람도 있다

마귀는 믿는 자를 먼저
건드려 본다
계속 꼬시다가 넘어가게 한다
"자식을 괴롭히는 마귀!
현관 밖에 못 나가게 하는
마귀! 예수 이름으로 나가라!
가난 마귀! 예수 이름으로
나가라!"

오래 기도 받았으니
원뿌리 찾아 없애고
스스로 기도해 물리쳐라!
돈 안 따르는 이유는
"가난 마귀! 예수 이름으로
나가라"
기도하지 않아서다

하품 안 하면

우리 속에서 사탄이 산다
거듭나지 않으면 심술 있어
협조 안 하고 거들지 않는다
다 사탄의 역사다

빨간 십자가는 빛이 들어간다
십자가는 정신 질환자가
무서워하는 큰 무기다
빨간 십자가 보면
마귀가 무서워서 도망 간다
정신 질환자는 빨간 십자가만 보면
얼굴을 파묻고 무서워한다
빨간 십자가는 귀신이 나간다
귀신 씌워 시킨 대로 하면
불쌍하다

장로님이 교회 안 다니실 때,
집에서 환자 기도하면
저녁 때 남편을 흔들었는데
교회에 등록하니
사탄의 세력이 못 건들었다
출생 신고와 같다

정신 질환자는

"아무개 속에 죽고 싶은 귀신!
예수 이름으로 나가라!"
"나를 괴롭히는 귀신!
예수 이름으로 나가라!"
기도해라
내 목소리가 마귀보다 커야
이긴다

마귀가 영적으로
파고 들어갈 때는
냉정하게, 쳐다도 보지 말고
굽신굽신 하지 마라
자기 희생 들어가며
눈과 말로 부드럽게
하나님의 도우심으로
이겨야 한다

조그만 흠집 있어도 파고
들어간다
마귀는 좋게 사는 것 못하게
미운 척만 해도
남편의 영이 쓰러진다
그걸 알면 마귀를 이기는
것이 쉽다
마귀가 영적으로

파고 들어갈수록 어렵다

몸으로 온다
신경 쓰면 사람인지라
몸이 굳어진다
뭔가를 보여줘야 한다
정도를 벗어나며
한 곳에 집중하면
바보같이 돼서
마귀가 꼬리를 문다
사람은 양심이 있기 때문에
엮어서 마귀가 끌고 간다
마귀는 막판에는 수치와
실패만 준다

기분 나쁘다고 삐지면
마귀 역사한다
남의 말 다 듣지 말아야 한다
분별해야 한다
마귀가 끝까지 따라다니다가
돈에 불만하면
언젠가는 그걸 파고 들어와
가정을 파탄시키는 게
사탄의 세력이다
그 세계를 넘어서면 안 빠진다

집안에 있는 마귀를 다
쫓아내라
말로 능력이 나간다
쳐다보면서 나간다
마음을 가다듬는다는 것은
사탄의 지, 정, 의가
자기의 지, 정, 의에
못 들어오게 막는 것이다
하나님 말씀에 항상
젖어 있게 해야 한다

자랑이나 내세우는 게 없이
겸손해야 한다
보물 중 제일 좋은 것을
사탄이 집적거리며
가장 귀하고 중요한, 속속들이
숨어진 것을 훔쳐가려 한다
진짜 사랑으로 한다면
사람이 얼마나 귀한 존재인지!

마음을 다스리게
"사탄아! 물러가라!" 기도해라
마귀가 코로나로 잡아가고
마음을 갈기갈기 찢어
사람의 마음을 통해 갉아먹고

행복을 뺏어간다
교묘하게 마귀가 파고
들어온다.

분별 못 하면 친한 사람끼리
끝까지 잘 지내지 못한다
내가 차분하고 가다듬으면
된다
자기가 산만하면
머리까지 산만해진다
마귀는 믿는 자는 슬쩍
건들지도 않는다 했는데,
믿는 자를 삼키려고 우는
사자같이
두루 다닌다고도 하지 않았나?

흥분하면 나사가 겉돈다
항상 기도해라
좋을 때가 기도할 때다

7. 세상

첫째는 인간관계를 잘해야
한다
바닥이 드러나 자기 모습을
보여준다
아무나 깨닫는 것 아니다
저렇게 살지 말아야겠다
지금 세상에는
깡패가 마음이 변하기 어렵다
도로 그 자리다
세상이 너무 냉정하다

사람 사이좋게 되어야
풀어 나간다
좋게 풀어지려고 공부한다
개미구멍까지
빛이 들어가는 세상이다
농담도 이유를 묻고
따지는 세상이 됐다
옛날과 달라졌다
실없는 소리, 불필요한 얘기는

아예 하지 말아야 한다
얼마나 조심해야 하는지!

빚은 잠도 안 자고 늘어서
망할 장군이다
보증금도 빚이다
땅이 저주 받은 것 아니라
지역이 축복 받지 못한 것이다
땅이 축복 받으면
저주 받지 않고
사건이 발생하지 않는다
충청도는 땅의 축복을 받았다

땅은 변질 안 되지만
사람이 거짓 많으면 복 없다
저녁에는 항상 조심해야 한다
사람이 악하구나!
독이 오르면
감당할 수 없는 것이 사람이다
사람이 점점점 이상해진다

사람이 제일 독하고 무섭다

인간의 가치가 떨어졌다
부모로서의 권위가 없어지고
존경심이 없어진다
요새는 다 드러나고
옛날에는 숨겨졌다
지금은 자유 세상이다
도둑질하니
자식이 징역 가고 잘 안 된다

아는 사람이 도둑질한다
담 구멍 뚫는 도둑도 있었다
나쁜 생각에서
나쁜 마음, 행동이 오려고 한다
빈 틈 없어서 피곤하게 산다
요새는 무서운 때다
있는 재산 잘 유지하는 것도
정말 어렵고
여자의 역할이 아주 크다

시골에서도 서로 나눠 먹는
좋은 풍속이 없어지고
인심 사나워졌다
자손들이 부모님이 남겨준
재산 다 팔아버린 집이 많다
세상 죄는 바퀴벌레
숨어 있듯이
구석구석 박혀 있다

내가 고쳐야 할 점이
무엇인가? 생각해 봤나?
요즘은 사랑 없으면
정말 어려운 세상이다
한 해 농사한 콩 박박 긁어서
내일 외국 여행 가는
시골 사람들도 있다

세상엔 가짜가 있고
진짜가 있다
착한 이, 못된 이 있으니
분별해야 한다
사람 못 믿는다
시기, 질투 땜에 고자질한다

심술 맞은 사람은
점점 심술만 피고 있다
힘든 세상을 알게 됐다
세상이 악해서
부모가 조심하고 살아야

자식들이 편하게 살게 된다
재벌들은 힘들다
편히 살지 못한다

사회가 유치원생, 초등학생은
"안녕하세요?" 인사하는데
중학생만 돼도 안 한다
언제 물려 갈지 모르는
짐승의 세계에서
아무것도 모르면서 교만하면
언제 잡혀갈지 모른다

더하고 덜한 것뿐이지,
그 차이일 뿐이지
사람은 다 똑같이 욕심 있다
자유가 있어서 '너는 너,
나는 나' 살게 됐다
돈이 없어 문제라
거기에 묶여 좋은 걸 못 느낀다

드러나니 훤하게 보이는데
부딪치고 사는 게 좋았다
우리는 뭐가 잘된 건지,
잘못된 건지 갈라내고
사는 세상에 살고 있다

지금은 무서운 세상이다
늙은 아버지 말만 들어도
안 된다
농사를 지어도 유튜브가 낫다
허무한 것은
세상이 다 싫어지는 것이다
멋을 알아도 한 번 상처 받으면
뭔가 허전해진다
슬픔을 느끼는 것이다

요즘은 남을 무시하고
꼬집어 뜯는 기술이 발달했다
제대로 말하는 것이 낫지,
거짓말이 거짓말 낳고
가증스럽다
심술이 잡초 퍼지듯 다 퍼졌다
사람들이 너무 불쌍하다

"싫으면 받지 마세요"
주지도 않고
받지도 않으면 제자리다
복을 받는 건 자기 하기
나름이다
올바르게 살아도 어려운
세상이다

옛날에는 먹고만 살면
부자였다
사람은 요동치게 돼 있다
성령으로 거듭나지 않으면
사람을 변화시킬 수 없다
진짜 무서운 세상이다

인생이 외롭다
황새나 멋진 새는
먹고 싶은 것, 입고 싶은 것,
갖고 싶은 것 갖고 살지만
작은 뱁새는
쉬지 않고 재잘거리며 산다

좋은 소식은 안 일러 주고
나쁜 역할 소식을 전해 주는
사람이 많은 세상이다
지금은 아주 날카로운
세상이다.
예전은 순수했다.
지금 세상은 돈으로 줘야 한다
도둑질도 한 번 한 사람이
자꾸 하게 돼 있다

평준화 세상 돼서 편해졌다

코로나 때문에 마스크 속에
갇혀
보기 싫은 사람과 안 만나고
말도 안 해도 되었다

사람이 안 붙는 사람이 있다
지금은 남의 일을
내 일로 여겨 일하는 사람
드물다
마음이 제일 중요하다

사람 생명을 가치 없게
여기는 세상이 됐다
사람이 변동이 많다
열정이 없어졌다

흐리멍덩하면 안 되고
열정이 없어지면 안 된다
좀 잘난 척하면
가까운 사람들한테 다 당한다

자기 것 자기가 챙기는
세상이다
마음 비워야 편하게 살게 된다
사업 망하게 하기 쉬운

7. 세상

세상이다
욕심 낼 필요 없다
요새 세대는 무섭다
믿을 사람 없다
인사성 없다
'세상이 이렇구나' 깨닫는다

이제 세상은 멍청해서도
안 되고
영적 분별 없으면
살 수 없는 세상이 되었다
마음 흔들려도 안 되고
정신 바짝 차려야 하는 때다
분별하면 누구도 옆에 오지
못 한다

힘 있는 돈과 돈 있는 권력이
있다
'세상 사는 게 참 좋아'
왜 젊은 사람들이
죽고 싶다고 하고
잠 못 자고 하나?
맘 조이고 사는 사람의 병이
어렵다
너무 많은 사람이 어렵다

얌전한 사람이 어렵다
외국에서 책임지고 사는 것
힘들다

굉장히 좋고 특별한
선물이라고
늦게 주며 뜸 들이더니
라면 3개 주었다
사기도 옛날보다 규모가
엄청 크다
삐친다 해도
사기 당할 것을 막아 주었다

지금은 분별의 시대다
시대에 따라 먹는 것이 바뀌고
먹거리도 옛날 것은 지나간다
반바지 입어서 어울리는 사람
있고 안 어울리는 사람 있다

요샌 미련한 사람이 술 마신다
기분이 좋아서,
속상해서 이기려고 술 마신다
옛날에는 먹고 살긴
어려웠지만
사람들은 순진했다

세상은 육신의 세상이니
남 위해 살아야 한다
사람 심리가 안 좋은
사람들도 있다
지금은 냉랭한 세상이다

국어보다는 수학이 날카롭다
수학은 융통성 없이
꼭 맞추어야 하지만
눈썰미 있으면
눈으로 융통성 발휘할 수 있다
공부는 너무 골치 아파
자기가 재미있는 것 해야 한다
역사는 자기주장이 들어갈 수
있다
글 쓰는 사람이나
그림 그리는 사람은 우울할
수 있다
잘못된 사람 만나면 같이
무능해진다
정신 바짝 차려야 하는 시대다

외모가 쌈빡하지 않으면
사기 당하기 쉽다
사기 치는 사람 많다

옛날에는 드러난 거지 많았고
요새는 숨어진 거지가 많다
여자도 속으로 더러운 것들이
들어앉을 수 있다

지금은 보고 느끼며
공부하는 세대이다
반으로 낱말 줄이는 세대다
국도, 외곽도로, 고속도로로
빨리 다니는 세대다
기쁨 없는 세대인데
즐긴 만큼 오래 산다

지금 세대는 먹고 싶은 것,
입고 싶은 것에 자유를 줘야
한다
마음을 가다듬어서 성공해야
한다
원수를 사랑해야
세상이 잘 돌아간다

밥 안 먹으면 자기만 손해다
스트레스 받고
자기 성질 못 이겨서 자살한다
실실거리면 안 된다

마구 덤빈다
그런 시대는 지났다
자기 할 일은
정확하고 당당하게 해야 한다

직장에서는 도와주는 것
하지 말고
자기 권위를 잡고 무게
잡아야 한다
사업가는 많은 사람을
벌어먹인다
코로나 이후로 김치 국물도
각자 떠먹게 됐다

다 보여 주면 시기 질투만
남는다
여행가이드는
무식한 우리 눈을 뜨게
해 주고 귀를 뚫어 주니
얼마나 고마운지!
여행 가면 가이드한테
팁도 넉넉히 줘야 좋다

어지간하면 감사해야 한다
서울은 서로 잘 모르기 때문에
편하게 산다
지금은 사랑이 식고
돈만 갖고 야단이다
"나같이 하는 사람 어디
있나 봐!"
젊은 사람이
인사 안 해도 바빠서 그렇다
존경받고 대우받는 시대는
다 지났다
칭찬이나 물 한 모금 안 줘도
기대하지 마라

남 잘 사는 것과
명예 있는 것 못 봐 준다
지금은 그런 세상이다
어른들 대우받던 시대가
아니다
세상에 믿을 사람 없다

8. 부부

돈도 돈이지만
남자는 사랑을 먹어야 한다
얌전하게 기를 빼는 사람도
있다
여자가 세면
다 살아 움직여야 하는
세포들이 죽어져서
활발하게 살지 못 한다
남자가 약해 짓눌려서
생각이 바르게 안 난다

정신 바짝 차려야 한다
우리가 살면 얼마나 살겠나?
내 몸 때문에 남편을
괴롭게 하면 안 된다
마음으로 사랑에 인색하면
안 된다
남편을 구질구질하게
내놓지 마라
여자는 남자 없으면

어깨가 늘어진 것과 같다

남편이 평생 벌어 먹였으니
감사하다
여자가 건강해 보이면
남편은 힘이 난다
남자는 기 살려 주면 좋다

여자는 항상 단정해야 한다
결혼해서 주의할 점은
절대 풀어지면 안 된다
항상 화장해야 한다
번쩍번쩍한 것 있으니
좀 더 겸손하면 더 예뻐진다

인생 행복하게 살려면
끝이 없고
불행하게 살려 해도 한이 없다
남편을 잡으려면 확 잡고
아니면 그냥 놔둬라

참고 사는 게 복이다

남편들 차, 옷을
잘하고 다니시게 해야 한다
남자는 기가 살아야 한다
돈이 있어야 한다
지갑에 돈을
갖고 다니시게 해야 한다
신랑한테 잘해라
지갑에 두둑하게 돈 줘라

건강하게 맘 편히 살아야 한다
오래 사시고 인격적으로
사시는 것은
부인이 영적으로
기도하며 잘 보필해서이다
또 남편 있으니 다 커버해 준다
그 남편이 인연이다
올려 받들고 살아야 한다

돈도 돈이지만 사랑이 먼저다
부부간에, 또 부모 자식이라면
탯줄이 붙어져 있다
이 나이면 요동칠 나인데
차분하고 안정적으로

가정 살림 한다
여자는 남편이 좋아지면
자동 좋아진다

남편이 건강할수록 겸손해야
한다
남 앞에서 결코 튀지 말아야
한다
남편이 80세 넘으시면
어린 아이라고 생각해라
마귀가 침투해도
부부가 안 싸우면 된다
재혼하면 후회 없이 잘해야
하지만 각오는 해야 한다

남자가 능력 없으면
여자가 부지런하게 살면 된다
남자가 일 많이 했으니
남편이 놀면 여자가 나서야
한다
남편이 직장 없어도 더 잘 해라
없으면 짜증 나지만
없을수록 남편에게 더
잘해야지.
10만 원 있다 치면

자식보다 남편을 줘야 한다
남편이 제일이다
당신이 제일 좋다고 하며
남편을 사랑해 줘야 한다
잘나가지고 째려 붙이면
목이 돌아간다
째려 붙이면 손해 난다

식물에 물 줄 때,
한 바가지 주지 말고
양동이로 듬뿍 줘야 갈급하지
않는다
여자들이 기를 살려 줘야 한다

욕심 피우지 말고 건강에
힘써야 한다
죽느냐 사느냐
몸이 부서지도록
남편 기도해 줘라
말 조잘거려라
루즈를 짙게 발라라
놔 줄 땐 놔 줘야 한다
갈 땐 갈 줄도 알아야 한다

부부 간에 금실이 좋아야

하는데
째려다 붙인 눈이 없어졌다
당신이 좋은 걸
어떻게 하냐고 달려들어야
한다
사람은 다 똑같은데
과일 싫다 해도
미리 깎아다 줘야 한다
다 때가 있다
"절루 가!"
여자는 받아먹을 건 다
받아먹고
자존심만 강하다

병들면 한 사람으로 끝나는데
부부는 막히면
가정에서 여러 명이 망가진다
길을 움직여서 하나님이 열어
주셨다
여자가 복 있으면 빛의 역할을
한다

여자가 잘해야 남편의 일이
붙는다
여자가 세면 남자가

오래 못 산다
남편하고 오손도손하게 살되
받아들일 건 받아들이고
안 받아들일 건 받아들이지
마라

남편을 잘 섬기는 것이
첫 가르침이다
우선 자기 가족에게 잘해야
한다
정성껏 해서 대접해야 한다
사랑에 굶주리면 화를 버럭
낸다
첫째는 사랑이여
별것 다 해도 사랑 없으면
아니다

사랑하는 것이 십자가다
어렵지만 참는 것이 성공이다
다 품어야 한다
남편에게도
영적으로 묶여 있으면 안 된다
하나님 편에만 서서 분별해야
한다

안 됐다고 하기 전에 멋지게
살아
남편을 깨우치려고 하지 마
여자가 참고 이유를 묻지 마라
말대꾸 말고 다 참아줘
그래도 영 분별은 해라

남편 있는 게 얼마나 행복한
건지!
한 시간 같이 있으면
한 시간 행복하고
두 시간 같이 있으면
두 시간 행복하다

배우자 때문에 내가 변화된다
여자가 극성스러우면
집안에 우환 생긴다
삐지거나 미워하면 안 된다
용서하고 무엇이든 인내하고
참아야 집안이 평안하다
'잡아 잡수쇼' 할 정도 돼야
한다
여자 마음을 속속들이
맞춰 주는 남편은
세상에 아무도 없다

좋건 나쁘건 부부관계에서
모든 살아갈 힘이 나온다

자기는 죽고 남편 살린다는
정신으로
잠도 자지 말고 열심히 기도해
줘라
살아가며 더 좋은 걸
발견하게 된다
신경 쓸 것 없고
두 분이 맛있는 것 드시고
즐겁게 사시라

남편 미워하면 절대 안 된다
남편이 기를 펴게 존중하고
마음으로 무시하면 안 된다
자기 주제를 알아야 한다
친정에서 고급스럽게 산 것
다 없애야 한다

부부간에는 불편하게 만드는
것이
오래 가면 안 된다
떨어져 있어 보면 버릇된다
한쪽이 품어야 한다

부부가 같이 산다는 것은
천복을 받은 것이다

여자가 반성하면
남자가 성공한 것이다
좌로나 우로나 치우치지 않게
붙들어 주게 책임져야 한다
남편 얼굴도 밤마다 만져 주면
늙은 얼굴 벗어난다
신랑이 착해서 돈이 따른다
그냥 잘해 줘라

신랑이 술 마시고 때리면서
장사시키지 않으면 감사해라
여자가 너무 기 세면
남자가 필 수가 없다
십자가로, 빛으로 눌러 놔야
한다
여자는 얌전하고 다소곳해야
한다
진실성이 첫째 몸에 배야
대우도 받고 풍기는 것도 좋다

남편이 외로우면
거스르지 말아야 한다

어쨌든 정직하게 살아야 한다
남편 있으므로
더 겸손하고 조심해야 한다
남편 있으면 복 있고
자식한테 떳떳하다

여자가 돈 있으면
가정 이루고 사는 것 어렵다
어려서부터 그렇게 커서
몸에 밴 당당함이 있다
굽히지 않고 거칠 것 없이
살아서
남자 쪽에서 보면 만만치 않다
남편 입장에서는 돈 있고
당당하며
약한 데가 없어서 부담이 간다
내가 올바르다고 생각해서
뻣뻣하다
누구 말도 듣지 않겠다는
것이다

두 가지 마음을 가져야 한다
내가 어려우면
일단 받아 주고 비켜나가야
한다

참아 주되 남편에게도
너무 휩쓸리지 말아야 한다
남편 무시하면 안 된다

술 마시고 들어오면
바케쓰로 한 가득 물을
안방에 부어 버리는 남편이
있었다
부인은 치워야 하니
싸울 시간도 없었다

투덕투덕 싸우면 애들한테도
안 좋다
착해도 골병 들어가며
착하면 소용없다
부부는 얼마나 아름다운가?
사람이 제일 아름답다
사람이 참 아름다운 것이다
좋아도 싫어도
부부같이 행복한 것 없다
여자가 더 참아야 한다
부모가 싸우는 걸
보이지 말아야 이혼 안 한다
사는 걸 보여 줘야 한다
자식 앞에선 싸우지 말아야

한다

남자가 고집 세고 꼼꼼하면
여자 말 안 듣는다
그 대신 사기나 이용당하진
않는다
남편 말도 들을 건 듣고
듣지 말 건 듣지 말아야 한다
난 경쟁도 없었지만
직장은 경쟁 있다

부인이 사랑을 풍성히 주면
괜찮다
부인이 남과 비교해 볶으면
부정부패 하게 된다
어쨌든 남편에게 잘해야
가정이 평안해진다
돈이 중요한 것 아니라
남편이 중요하다

남편에게 서운한 것 가시고
잔잔해졌을 때,
조용조용 아까 서운했던 것
말해라
한 번이라도

좋았을 때가 있었을 것 아니냐?
그때를 생각해서
사랑을 자꾸 만들어라
우리가 잘해야 후손이 따라서
더 개발해 좋게 산다
빨리 개량을 해야 후손이
좋아진다

젊어서 부인에게 잘해줘야
나중에 행복해질 수 있다
남자들은 부인한테 잘해야
한다
늙으면 부인밖에 돌봐 줄
사람 없다

고집은 망하는 길이어서
영적 싸움을 해야 한다
아내와 의논해야 한다
여자 고집 세면 복을 받지 못
한다
부부가 사랑 없으면
부자도 재산 없어진다

사람은 영이어서 속으로
중얼거려도

남편은 사그러든다
통하기 때문에 그렇다
영이 이렇게 무섭다
남편이 아프면 여자가
골병든다
여자가 아프면 남자는
골병 안 든다

물질이 흔하다
있으면 남편에게 잘 대접해라
혼자된 사람들 너무 안됐다
사람 팔자 알 수 없다
속 끓이면 빨리 돌아간다

남자는 자기가 감당할 수
없는 말도 곧잘 한다
살아가면서는
남편에게 다 말할 필요는 없다

사랑과 기쁨을
뺏어 가는 것이 남편이다
포기할 건 빨리 포기해라
주관 갖고 있을 때 최선을
다해라
가꿔라!

초라한 모습 하지 말고
속으론 울어도
겉으로는 밝게 살아야 한다

생각이 출발이다
교회 안 다니는 남편도
계신 것만 해도 감사하다
감사기도 많이 해라

나는 뭐해 달라는 기도
안 했다
우리 세대는 있어도 보고
없어도 봤는데
남편 벌어준 돈 잘 아껴
노후 대책 해야 한다
맞춰가며 사는 게 짝이다
남편이 착하면 여자가 세진다
여자가 어두우면 안 된다

남편 있는 건 보너스 행복이다
잘생긴 건 더 보너스다
똑똑한 부부라도 짓눌린다면
가정이 흔들린다

자연 속에서 지나간 것들과

자기 자신을 돌아보는 시간을
가져라
돈으로 마음을 넓히는 게
아니다
공부보다 더 느끼는 것
많은 것이 여행이다

여자가 꼼꼼하면
남자 살기 어렵다
견디기 어렵다
똑똑한 여자가
남자를 고치려 하면 안 된다
꼼꼼하고, 똑똑하며,
가르치려 하면 정말 힘들다
난 내가 알아서 맞춰 주려
했다

부부가 다같이 인색하면
안 된다
한 쪽은 풀어져야 한다
마음을 넓혀줘야 한다
안 그러면 애들이 병 든다
애들 조이고 살면 안 된다
고생시키고 살면 안 된다

나이 들수록 남편에게
속상한 것 다 풀지 말아라
남편에게도 꼭 분별해서
일러줘야 변화된다
첫째는 남편에게 명예를 줘야
한다
그렇지 않으면 자신감이 없게
된다

인생은 지긋지긋한 것이
아니라
아름다운 것이다
그걸 어떻게 표현하는가?
부부간에는 금실 좋은 것인데
부부가 싸우는 것도 정이
있어서이다

여자는 말을 많이 하지 말고
살짝 가시도록 조용히
인도해야 한다
부부간에 끊어 놓으면 사탄의
승리다
내 말을 잘 들어야 한다
아니면 물질도 다 빠져나간다
마시게 놔둬

술은 술이고
알코올은 병을 일으키는 것이
아니니
안 좋아도 좋다고 해.

부부간에 의견이 안 맞으면
여자가 정신 바짝 차리고
믿음 안에서 내가 양보하든가
의견을 맞추든가 해야 한다
기왕 양보하려면 더 해라!
진주를 돼지한테 주지 말아라

좋은 경사 때는 고민하지
말아라
남편도 설득시키고
상대도 설득시켜라
우리가 어떻게 사느냐가
중요하다

부부간에도 형식적인 말만
있고
진실한 사랑이 없으면 안 된다
어려운 일 있어도
엄마는 모래주머니처럼
희생해야

자손이 굳건히 선다
특히 남자는 사랑을 다 받아야
이겨나갈 수 있다
갈 때 되면 가게 놔두고
있는 동안 후회 없이 해야
한다

남편을 구박하면
돌아선지도 모르게 슬쩍
돌아선다
정은 딴 사람에게 주고
거달로 집에 온다
70대는 못 참는다

신랑이 속 썩여도 잘 받아줘.
사랑으로 받아 주지 않으면
내가 속병 생긴다
속앓이 병, 화병이라고도
하는데
남편이 잘해 줄 것을
기대하지 말고
내가 잘해줘야 한다
자식도 신경 쓰지 마라

"기분 좋게 살아

내 남편 내가 챙겨야지 누가
챙겨?
여자 할 나름이여
남편 기를 팍! 팍! 살려 줘라"
남편이 힘들게 해도
참는 게 십자가다
부모님도 살아 계실 때 잘해라
시부모 미워하는 사람 이해
못 한다

9. 우리 가정

"네가 시집가서
그 집을 위해 희생해라"
큰아들 4살 때,
옆집의 포도나무 가지가
하나 넘어오니
"왜! 왜! 옆집의 가지가
우리 집에 넘어왔냐?"고
도로 넘겨놨다
"우리만 먹자" 못 했다
책에 안 쓴 얘기가 많다

"명근이는 못 말려"
할아버지가 주셨다고
손주들한테 대학 입학금을
주시게 미리 말씀드렸다
통 커야 애들한테 축복이 온다

나이 들어 무게 잡고
말없이 왔다가 말없이 가는
윤 차장이라고들 했다

"조그만 사람이 애를 넷이나
낳아 잘 길렀지"
남편이 한 말이다

교회 일은 안 해본 사람은
어려운 줄 모른다
내가 교회에도 최선을
다했기 때문에 당당하다
복은 우리가 다 받았다
병원에 다들 갖다 주는데
우린 병원에 안 갖다 줬다
우린 병원비 안 나가고 그냥
살아
밭에서 농사 짓고
욕심 부리지 말고
옛날 생각 말고
각자 사는 대로 살아야 한다

"그럼 형님하고 안 놀면
누구하고 놀아요?

둘 다 친구도 없어요"
둘째 며느리의 말이다

어쩌다 이렇게
나이 먹었는지 모른다
"그거나 해 처먹고 살아라"
욕해도
좋은 말인 줄 알았다

사람은 몰라
내가 이렇게 될 줄 누가
알았어?
천호동, 도곡동, 음암 등
거리거리마다 집이 있다
복은 굴러 들어오는 거야
우리 집은 굶어 죽어도
배 터져 죽었다고 소문 날
집이다

살림 완벽하게 하고 서울 온다
여자가 아주 잘해야
남편이 오래 산다
얼마나 공을 들였으면
저렇게 좋아지셨나?
얼굴을 자꾸 쳐다보더라

외로움을 푼다
참고 살면서 말해줬는데
울기도 많이 하고
참기도 많이 참았다
남남끼리는 싸우기도 하겠지만
가족이니 선하게 풀어야 한다
남편 뒷바라지가 엄청 컸다
언제 가셔도 후회는 없다
최선을 다했기 때문이다

우리 집은 농사 지어서
줄 것이 있어서 좋다
훌륭하신 시아버님,
부모님이 희생하셔서
내가 남편 잘 만나 호강했다
밥 먹고 살면 잘사는 줄
알았다
궁하게는 안 살았다
요새는 낭만으로 살고 싶다

하나님께 애들을 다 맡겨서
난 자유로운 거여
큰아들을 보내고 싶어 보냈나?
"하나님이 보내셨으니
하나님이 책임지세요"

말의 상처로 탁구공 같은 것이
순간적으로 훅! 하고 들어간
것이 아직도 안 빠졌다

원탁이는 사랑을 많이 받아서
직장에서도 뽑혀서 다닌다
작은 손녀딸 호윤이는 애기
때부터 품위가 있었다
차 떠날 때까지 고개를 들지
않고 70도 각도로 숙인 채
계속 있었다
고상한 사람은 타고난다

"엄마 사랑만 있어도 살아요"
막내딸 미리의 말이다
큰딸 미경이는
경우에 틀린 말을 안 한다
솔직하다
좋은 점도 있지만 어려울
때도 있다
6년째 엄마를 쉬게 하기 위해
아버지를 보살펴 드리고 있다
한 주도 빠지지 않고 매주
와서 우리 집 살림을
맡아 해주고 있다

나무랄 데 없이 부지런하다
부모가 잘 살아야 후손이 잘
된다

"당신은 밥이라도
살 형편 되지 않나?
하나님이 당신을 사랑하시는
거여"
남편에게는 내일 죽어도
후회 없는
대접을 해야 한다

큰아들은 "내가 장학금 탈
자격도 안 되는데 줘서
친구들한테
밥 사 먹으라고 줬다"고
말했다
"이제 밥 사 줄 사람도 없구먼"
큰아들이 내가 식사 안 하고
들어오면 하는 말이다
장로님은 수리하러 오는
분들에게
세 분 점심 드시라고
5만 원을 준비해서 꼭 드린다

나는 감사도 미리 하게 만든다
여행 가면 기분 좋게
해 드리려고
우리가 덜 먹고
팁을 미리 넉넉히 주게 한다
어떤 분은 "나는 부잣집 좀
가서 일하고 싶었는데
이 댁 인심이 너무 후하셔서
오늘 진짜 부잣집을 만났다"
고 했다

주어진 데서 감사하고
애들 속 안 썩이니 너무
감사하다
"너만 해 주냐?
고루고루 다 해줘야지."
남편이 퇴직하면 기 살리고
옷도 더 잘 입혀야 한다

말 한마디에 죽기도 하고
살기도 한다
한 번 아프면 용기를 내어
마음을 즐겁게 만들어야 한다
팔십을 훨씬 넘어 웃기는
소리지만 재미있다

좀 속상하면 가슴이
두근두근해
시루떡 쌓이는 것 같다
마음 여린 사람은 누적된다
정 많고 마음 여려 제일
어렵다

교회 가 보면
내가 제일 행복하구나!
소리가 절로 나온다
우리 나이가 몇인데
좋게 살아도 얼마 못 사는데
안 좋은 소리를 왜 하나?

너무 행복하니
앞이 확 열리는 걸 느낀다
어떻게 할 수 없는 행복이다
남편이 옆에 있으니
당당하며 얼마나 행복한가?
애들이 착하고 건강하니
또 얼마나 행복한가?

장로님은 한 주일에 부조를
5만 원씩 7, 8명씩 드린다
줄 수 있으니까 감사하다

받기만 하면 뭐해.
50만 원 받고 100만 원
준 적도 있다
86세 되도록
의심해 본 적 없이 살았다.
행복했다
질투하는 순간에 내 복이
나간다

"제가 실수하지 않게 해
주세요"
"남에게 도움이 된다고 하면
제가 최선을 다하겠어요"
애들에게
"너희는 눈, 코 제대로
박혔으니까,
김치만 먹어도 살찌니
난 내 자식보다
남을 위해 살겠다"고 말했다

다른 집에서 닭 삶을 때,
우리 집은 소머리 삶아 먹었다
가정이 참 중요하다
엄마로서 애들에게
피해 주지 않으려고 애쓴다

진짜 어려운 말씀이다
내가 착하긴 착했나 봐

산구 5살 때,
내가 큰집 갔다 오면
부뚜막에 설거지해서 엎어났다
막내딸 미리는 중학교 때
방학에 오면
친구들 조르르 앉혀 놓고
찬장 정리했다

미경이는 6살 때,
연탄불에 밥해서 엄마
밥그릇에
밥주걱으로 계속 문질렀다
둘째아들 태구는 대학교 때,
집에 오면 땀 흘리며 말없이
창고 정리를 깨끗이 다
해 놓았다
애들이 다 착해서
부모를 잘 도와주었다

태구는 대학 다닐 때,
주인집 할머니가
내가 친엄마 아닌 줄

알았다고 했다
자취하는데 친구들이
많이 와서
각자 숟가락만 가져오라 해
한 주일에 쌀 한 말 가량씩
집에서 가져가 밥을 해 나눠
먹었다

내가 하나님 일 하러 다니느라
우리 애들을 보살필 새가
없었다
그 돈이 그 돈이지
시어머니한테 잘해라
좋은 일 교육하고
눈 똑바로 뜨고 살아라
우리가 현명하지
놀러 가는 며느리에게
50만 원 주었다

큰딸이 첫째는 엄마가
희생했고
둘째는 큰오빠가 희생해서
애들이 잘 된다고 말했다
재산을 자손에게 미리
다 나눠 줘야 한다

딸들은 논 4마지기씩 주고
밭 1,000평은 두 아들에게
주었다
지금 죽어도 후회 하나도 없다

멋지게 살았다
손이 침이다
중의학 공부한 큰아들이
엄마는 침 구멍을 잘 안다고
말한다

장로님은 학교에서
가난한 애들만 주라고 한
우유를 전부 공급하셨다고
소사가 말해 주었다
'내가 어떻게 우유를 먹어?
그 좋은 것은 남을 줘야지'
나는 우유가 있으면
집 앞에 쪼그리고 앉아
구걸하던 할아버지에게 드렸다
막내딸도 학교에서 우유를
받으면 갖다 드렸다
우리나라는 이런 좋은 나라다

남편을 잘 먹게 해서

오래오래 건강하게 살아야지.
난 숨어서 몰래 일했다
아버님은 소달구지로 배달도
하셨다
우리는 행복했다
부모님이 주신 재산을
하나도 안 팔았다

큰며느리와 막내는
단단하게 잘 박힌 못같이
흔들리지 않는 심성을 가졌다
"젊어서부터 사랑만 받으셔서
조금도 소홀한 대접
받으시면 안 되니 잘해
드려야 한다"
오래 전에 며느리들 모아 놓고
점잖은 체면에
밥 더 달라 하지 못 하시니
내가 혹시 없더라도
밥 대접에 넉넉히
밥을 퍼드려야 한다고
미리 말해 주었다

우리는 좋지 않은 얘기는
애들한테 안 했다

"우리 가정을 괴롭히는 사탄아!
예수 이름으로 나가라!"
파 다듬는 중에 물리치니
좋아졌다

서산 우리 집에선
이불을 한 번은 며느리가,
다음날은 큰딸이 돌아가며
빤다

당신은 자기가
얼마나 행복한 사람인가
생각해 본 적 있나?
남편 있으니 행복하고
못생기기나 했나? 더 행복하다
다른 사람이 너무 불쌍해
누구에게라도 내 이 행복을
나눠 주고 싶다
나는 자식에게 본을 보여 주며
시간을 아꼈다

나이 먹으면
남편이 불쌍하고 애처롭다
"난 당신이 욕해도 괜찮아.
다 참고 살 거야.

사랑하고야 말 거야."
이것이 돈 버는 비결이다

부모가 주는 돈은 사랑이다
81세에 아버지 앞에서
며느리들에게 반지들 다
나눠 줬다
자식 사랑하니까
돈을 나눠 주려 한다

우리 자손은 공부시켜서
연구해서 먹고 산다
손주 중탁이는
생명 시스템 박사로
연구원으로 일하고 있다
큰 손녀딸 선혜는
회사에서 윗분이
당신 딸도 윤 대리처럼
잘 크면 좋겠다고
말씀해 주셨다고 한다

첫째, 정직해야 한다
"밝은 기운이 머리를 앞서고
머리 좋고 지혜 있는 것이
미경이가 당신하고 똑같다"

남편이 큰딸에 대해 하신
말이다

10. 장로님

옛날 가난할 때, 아카시아꽃을
밀가루에 묻혀 쪄먹던 것을
생각해 장로님이 따오셔서
쪄먹었다
장로님은 10만 원 찬조금
내시고
꽃 한 송이 꽂고 오신다

"당신 멋지다"
연금 다 내어 놓으신다
돈 나가도 건강해서
병 안 나시니 감사하다

다 하나님 뜻이다
장로님이 퇴직하실 때,
교회 봉고차를 사드렸다
장로님은 예전부터
교회에서 김장할 때마다
30만 원을 수고하신 분들
식사하시라고 드렸는데

작년에는 50만 원을 드리셨다

장로님은 퇴직 교장선생님들
30분에게 식사 대접하셨다
"옛날에 살아 온 정으로
식사 대접했지"
동네 분들 50분 식사
대접하셨다
"늙으니까 돈 쓸 데가 없어진다
그래서 밥을 산다"고
말씀하신다

동네 어른들 모시고
매년 1년에 한 번씩
에버랜드를 구경시켜 드렸다
삼성에서 리무진 버스 2대를
보내 주셔서
점심은 삼성에서 대접하고
저녁은 장로님이 대접해
드렸다

장로님이 찬조금 많이 내신 것은
큰 일을 많이 하신 것이다
장로님은 교회에서
외로운 애들에게 봉투에
꼭 어떻게 해라 쓰셔서 돈을 주셨다
반듯하게 키우셨다

장로님 연설은
다 사랑으로 넘쳐서
노인들 마음을 시원하게 해 준다

장로님은 교만이 안 나온다
자연스러움이 배어 나온다
장로님은 자연스러운 멋이 있으시다
일부러 멋 부리시지는 않는다

어디서도 꿀릴 데 없다
옷도 깔끔하게 입으신다
밥 먹다가도
내 마음을 편하게 해 준다

서로 일이 많아서
돈 어디 있나? 묻지 않았다
말할 시간도 없었다
묻지도 않고 나도 돈 쓰지도 않았다

감당 못할 일은 하지 말아야지
각자 본인이
원하시는 것을 해 드려야 한다
좋을 때 잘해야 한다
아무나 하나?
욕도 먹어가며 항상 옳은 길 가시니
활동하며 추진력도 있으시다

젊은 시절에 하시던
문병, 결혼식, 장례식 등
방문을
88세에도 다 하고 계신다

살아온 과정이 있어서
바나나, 수박, 체리, 초콜릿
등을 사 하루에 7군데
장로님과 문병 간 적도 있다

장로님은 마음이 태평양이다
사람은 표현력이 중요한데
청년같이 활동하면서도
욕심 없이 사셔서
이 연세에도 예쁜 얼굴이
나오신다

"당신이 앞서 갔어"
큰아들이 중국에서 중의학
공부하고 왔을 때
남편이 한 말이다
장로님 말 한 마디에
살아나기도 하고 죽기도 한다

11. 생각이 잘못된 사람들

사상이 다르면
길을 잘못 선택하게 된다
들어간 사상이 잘못되면
얼마나 무서운지!
못 사는 방법의 비결이다

지금 잘못 나가는 사람들
특징은
감사가 없는 것이다
마귀가 틈 탄다
자기 사상이 몸에 배서
꽁하고 살아 병이 잘 낫지
않는다

주어진 데서 감사해야 하는데
비교해서 높은 데 대고
자꾸 분리시키는 것이
잘못이다
욕심 부리지 말고
단순히 감사해야 한다

마음의 병이 잘못된 사상이다
사상은 성격이다
사상이 잘못되니
거짓이 퍼져 나간다
마귀가 하는 것이다

"돌다리도 두드려라"는
"정신 바짝 차려라"는 의미다
살기 좋으면 우울증 온다
여행 자주 가라 하는 이유는
우울증 올까 봐 그렇다

마음이 안 예쁘니 얼굴이
새까맣고
껄이 나며 예쁘지 않게 보인다
빨리 부모가 벗어나야
자식의 앞길이 열린다
목, 손 묶고 말 못하게 하며
눈도 못 뜨게 마귀가 묶었다

반대파는 우리가
변화되어야 달라진다
감시하니 조심해서
꾀임에 빠지지 말아야 한다

생각이 잘못되면 못 산다
생각이 잘못되면
헛된 일만 하게 된다
생각이 잘못되면
모든 것이 다 안 된다
생각이 잘못되면
머리가 안 돌아가
잘못된 행동을 한다

돈이 안 따른다 돈도 없다
잘못 생각하는 사람들은
잘못될 일만 벌여 가난해진다
뿌린 게 없으니 거둘 것도
없더라

나쁜 생각에서
나쁜 머리가 계속 돌아간다
잘못된 사람들이 강하다
생각을 바르게 하면 인물도
좋아진다

별것 아닌 좌파,
똑똑한 좌파가 있다

없으면 잘못된 생각을 하게
된다
못 살려면 자식도 안 되고
되는 것 없다
얼굴 탈 썼어도 짐승
탈인가 봐
인정머리가 없다
가문이 중요하다
경우가 있나 알아봐야 한다

생각을 잘못하면
시기가 앞서서
자기 가진 것이 보이지 않는다
생각이 잘못되면
절대 안 된다
뜯으려는 마음, 심술은
왼쪽의 못사는 비결이다

마무리가 가장 중요하다
자기는 열매가 안 좋다고
말한 분은
젊은이들에게

옳지 않은 교육을 평생 시켰다

공산권에 살던 사람들의
특징은
감사하다, 사랑한다,
미안하다는 말을 잘 안 하는
것이다
"당신은 어떤 생각을
하고 사셨습니까?"

남의 것을, 부자 것을
뺏으려는 자가 잘못된
사람이다
뺏는 사람보다 주는 사람이
복 있다
잘못된 생각, 시기, 질투하는
사람은
내 세대에서 빨리 끊어야
자손들이 잘된다
특히 애들이 시기 질투 있으면
절대 안 된다
돈이 안 따른다
없으면 악만 남는다
축복 받지 못 한다

돈은 악착같이 모으지 말고
순순히 모아야 한다
사람 자체가 나쁜 것 아니라
생각이 달라서 잘못되는
것이다
선하고 베풀어야 한다

남의 물건은 아껴 줘야 한다
고집 세거나 억지하면 안 된다
나쁜 사람 따로 없다
고쳐가며 살면 된다
가난해지는 비결은
감사의 말을 안 하는 것이다
나만 위해 살면 안 된다
남의 물건을 아껴 줘야 한다

남의 것, 부자 것을
"나누자" 하는 사람이
잘못된 사람들이다
독을 품는 것이 잘못된
생각이다
교회 핍박하면 안 된다
시기, 질투가 잘못된 것이다
남이 잘 됐다면 방해하고
싶어진다

11. 생각이 잘못된 사람들

12. 예술

시는 조용하고 차분할 때
쓰게 된다
사람에 대해 시 쓰고 싶다
예쁜 마음에서 시가 나왔다
인간을 아름답게
표현하는 시상이 떠올랐다

얼마든지 아름다운 부분
있으면,
내 몸, 얼굴에서 한 부분이라도
예쁜 게 있으면 그게 시다
기쁨을 주는 시다

머리에서 땀 나서
새 몸, 새 마음 되어
허물 벗고 나비 되듯이
날카로운 눈도
시로 아름답게 만들 수 있다
날카로운 눈에도 매력 있다
지겨운 것이 아니라

아름다운 것이 얼굴이다

흥이 많다는 건
감성이 풍부하다는 것이다
그림은 하고 싶은 대로
내 맘에 내키는 대로
그리면 된다
그림도 사랑을 해야지
구박하면 안 된다
영적 싸움이다

알 사람이 없도다
폭이 엄청 넓어졌다
원래는 발전성 없는
작품이었다
인생을 극복하는 글, 시
어려움을 넘어
소생하는 글을 써야 한다
울 때 웃음으로 바꿔야 한다
지식이 필요치 않다

작품도 하나님이
지혜 주실 때만 해라
색깔은 마음이야
지금은 사치 시대다

딱 봐서 눈에 띄어야 한다
젊은이들 작품을 역사에
남겨야 한다
예술은 돈보다 이름을 날려야
한다

13. 하나님과의 대화방

사람 통해 축복 받았으면
그분에게 감사 인사도 하고
감사를 해야 한다
"네가 듣니? 내가 듣지"
간질 하던 아이의 엄마가
감사의 말을 안 하니 애가
잘못됐다
교회만 미쳐 다니고
말은 가만가만 했는데 안 좋다

"저 물줄기가 네 눈물 줄기다"
하나님께서 말씀하셨다
하나님이 나같이 어리석은
사람을 통해서 역사하시니
부려 먹으면서도 안타까우셨다

순종하니 큰 복을 받았다
자식을 끝까지 붙들지 말고,
고집 부리지 말고
빨리 내놓아야 빨리 해결해

주신다

"그건 네 생각이지
내 생각은 달라"
하나님께서 말씀하셔서
"내가 낳아 내 새끼지만
하나님 것이니
중국 땅에서 죽이든지
살리든지
맘대로 하세요"
'하나님의 것'
그 한마디에 눈이 번쩍 뜨였다

하나님께서 내게
"아브라함의 축복권과
뱀을 집으면 막대기가 되고
지팡이를 놓으면
뱀이 되고 그걸 들면
홍해 바다를 가르는
모세의 능력을 주겠다

네가 문을 닫으면
열 자가 없고
열면 닫을 자가 없다
아무 데나 갖다 대면
문이 열리는 열쇠를 주겠다
그것이 마스터키다
질문하면, 말만 하면
바로 정답이 나오는 것이
마스터키다

하나님이 주시는
축복권은 누구도 못 막는다
"아브라함이 뭐하는
사람이예요?"
"하늘의 별같이,
바다의 모래같이 너는
자식이 많다"
이렇게 말씀하셨기 때문인지
다 내 자식 같아서 어떻게
해서든지
고쳐놔야지 생각했다
다 내 자식 같고
내 부모, 남의 부모 따로 없다

산 세 개가 쌓였는데

금으로 된,
문화재 같은 집을 보여 주시며
"네 천국 집이다" 말씀하셨다
"네 거가 내 거고
내 거가 네 거다"라고도
하셨다
욥의 인내와
터키, 그리스 성지순례 중에는
사도 바울의 열정도 내게
주셨다고
기도 방 식구들이 말해 줬다

"건강 주시면
내 몸이 부서질 때까지
내놓겠습니다"
10여 년 전 여행 후
입신해서 몇 시간 고통당한 후
"하나님! 반지를 드릴까요?
돈을 드릴까요?" 여쭤 보니
"네가 돈이 어디 있니?
네 몸을 바쳐라" 하셨다

하나님!
나를 통해서 영광 받으시고
다른 사람에게

조금이라도 도움이 된다면
내 몸이 부서질 때까지
최선을 다하겠다고 기도하니
입맛이 나고
조금씩 힘이 나기 시작했다
"하나님! 나를 어떻게
쓰시려고 이렇게 하시나요?"
젊어지는 샘물 있다더니
젊음을 주셨다

하나님이 지켜 주시니
좀 안 돼도 남는 것이
많아졌다
시어머니 편찮으실 때,
"너는 보이는 것과
보이지 않는 것,
어느 것이 더 대단하다고
느끼느냐?"
난 보이는 것을
알게 해 달라고 졸랐다
"너는 보이는 게 제일이냐?
보이지 않는 것이 훨씬 더 크다
보이지 않는 것이 몇 배나 더
많다"
하나님께서 말씀하셨다

내 몸의 반을 다 갈라놓고
호스로 속의 구석구석 다
씻어서
새롭게 해 주신 것 같다
"똘 강을 쳐라"
하나님이 직접 가르쳐 주셔서
논의 물을 뺐다

욕하고 비웃으며
"십자가 몰라? 십자가 몰라?"
"요것 봐라!
너 하고 싶은 말 다 하고 나가!"
하니 오순이 엄마가 방언하며
뛰었다

"난들 내 새끼가
눈 감은 게 좋겠냐?"
눈 뜨게 해달라고 울며 기도
하니
"할렐루야!" 눈이 떠졌다고
할머니가 부르고 있었다
"오순이 엄마 눈이 왜 그래요?"
새 새끼가 눈 까막거리다
죽더니 그렇게 됐다 했다
유전병도 고쳐져 애들이 눈

다 떴다
큰딸은 시집도 갔다

"너는 서 있기나 해라
내가 하지 네가 하니?"
처음엔 목이 들어갔다가
차츰 목이 꼿꼿해지며
고개가 들어진다
부흥회에서 내가 시작하면
일은 하나님이 하셨다
3시간 반씩 설교했다

강단에 서면 먼저 물어 봤다
'축복 받기 원하나?'
'어떻게 하면 병이 안 오나?'
'병 낫고 나면 어떻게 유지하나?'
'어떻게 하면 예수를 잘 믿나?'
'어떻게 하면 병 낫나?'
'막 들어온 병을
어떻게 몰아내나?' 일러 주었다
하나님께서
내 자신감 없는 것을 가려
주셨다

하나님의 축복은
"감사합니다"를 계속할 때 온다
기도해 준 후
하나님께서 감사의 말에 대해
"네가 듣니? 내가 듣지" 하셨다
감사하는 마음 가져야 하고
"내가 뭔데 이렇게 은혜를
받나?"
이런 마음을 가져야 한다

"걔들은 믿음 없지만
네 눈물 기도로 축복을 주마"
하나님께서 말씀하셔서
안 맞으면 어떻게 하려고
그랬는지
그 집사님 댁에 달려가
미리 말해 주었다
"하나님! 집도 줘요" 기도하고
응답 받아 그 집사님에게
"집도 지어 준대" 말해 주었다
집사님 남편이
"목사님보다 용해.
내일 집터 닦아요" 말했다

잘났건 못났건
하나님이 만드셨으니

당당하게 살아야 한다

터미널에 앉았는데
"명근아! 사람이 다 사람이
아니다
저 속에는
짐승의 탈을 쓰고 있다
속에 염소 치받히는 성격,
뱀의 간교한 성격 등이 있으니
누구든지 건들지 말고
사람을 조심해라"
하나님이 말씀하셨다

"너는 사람에게서
칭찬 받지 마라
너는 내 몸이다" 말씀하시고
하나님이 다 지켜 주셨다
꽃꽂이도 하고 교회 청소 다
했다
"네 눈길이 들어가는 데마다
빛이 들어간다"
하나님이 말씀하셨다

"명근아! 발길을 돌려라"
내게 먼저 말씀하시고

"그 애는 내가 면류관을 씌울
애다"
나중에 마귀에게 말씀하셨다

중심을 보시는 하나님은
"시기, 질투 있느냐?" 물으신다
나를 '축복의 통로'라고
하는데
난 우리 기도 방 식구들 다
달고 산다

"받아들이든지 아니든지
그 집을 위해 복을 빌어 줘라
밥 사는 데 복 있다
네가 쳐다볼 때 빛이 들어간다"
하나님께서 말씀하셨다
"너 하나를 선택해서
세계에 이름을 날리게
해 주겠다"
하나님이 축복 주시면 다
할 수 있다
"넌 먹이는 은사가 있으니
밥을 사라"
하나님 일은 있으면 하고
없으면 못 하지만

사람의 일은 꼭 인사를
해야 한다
이것이 축복 받는 비결이다

교회에 밥만 먹으러 온
사람의 속은
그 사람만 안다
먹는 입만 봐도 예쁘다
나는 먹이는 은사가 있다

"너는 꽃 속에 파묻혔다"
환상 속에서 국화꽃 화분에
빙 둘려서 그 가운데에
누워 있었다
하늘을 보면 감사해서 눈물이
난다

"네가 아파 봐라.
돈이 무슨 소용 있니?" 하시며
하나님께서
돈 10원도 없이 다 뺏어
가셨어도
강남에 집도 사게 해 주셨다

"난 아무것도 모르는
촌 여자 아니에요?"
"이게 네가 하는 게 아니라
내가 하는 거다"
"아무것도 모르는데
어떻게 한대요?"
"네가 하는 것 아니다"
하나님께서
"내 거가 네 거고
네 거가 내 거다" 말씀하셨는데
생각해 보니 아직 안 주셨다
하나님과 나 사이에
신앙 생활해야 한다

"네가 수고했다"
사람은 분별, 지혜가 있어서
양이 아니라 염소인데
하나님께서 좋게 말씀해 주신
것이다
짐승은 지혜 없어서 불행하게
산다

"내가 거저 줬으니
너도 거저 해 줘라"
세 번 연속 다짐시키셨다
"하늘나라에 갖고 올 것 없다

다 나눠 주고 와라"
"옷은 하늘나라에 가져오지
말고 다 나눠 주고 와라"
"알아듣든지 못 알아듣든지
복을 빌어 줘라"
하나님께서 "애들에게 복을
주마!" 하셔서 큰 나무 밑에서
대성통곡했다

"네 아픔이 내 아픔이다
네가 아프면 내가 아프다"
"명근아! 네 말이 내 말이다"
"네 몸이 내 몸이다
네 몸은 하나님 성전이다"
하나님이 내게 하신 말씀이다

"너는 별거냐?"
"아이쿠! 제가 잘못했슈"
"남을 위해 살게 해 주시되
모르는 것은
하나하나 가르쳐 주세요"
"네 마음이 하얀 백지 같다
욕심이 없다"
하얀 옷 입을 때,
검정 점 하나 있으면 표가

나는데 마귀가 그렇다
죄 지으면 검은 옷과 같다

하나님께서 손대지 않으시는
일은 하나도 없다
우리가 변화되기를 기다리신다
"내가 너를 도우리라"
"명근아! 힘을 내라!
내가 너를 지키리라."
성경을 안 읽었는데도
그때그때 필요한 말씀을
주셨다
나는 축복권이 있다
"네가 빌어주면 축복을 준다
네가 축복의 통로다
네가 만나는 사람에게
축복을 주고
경제적인 축복도 준다"

옛 교회 캄캄한 지하에서
하나님께 배웠다
밤 9시에 혼자 교회 가서
한 시간씩 매일 기도했다

기도해 준 후

신세 안 지려고 물도 안 먹었다
한참 후에 "물은 먹어라"
하셔서
기도해 주고 펌프에서
시원한 물 한 그릇 먹고 나왔다

철없고 융통성도 없어
고지식해서
하나님이 시키시는 것보다
몇 곱절 더 하니 날 건드리면
하나님이 가만히 안 있으실
것 같다

두 달 동안 방황하던 것
갑자기 그치고 내 정신이
바짝 났다
"산구가 그렇지 않으면
네가 기도하니?"
중보 기도하면 좋아진다
하나님께 봉사한 것 너무
보람차다
남들은 알아주지 않아도
하나님만 알아주시면 된다
"하나님은 아시잖아요"
너무 행복하다

면류관은 하나님 일할 때
말씀하시더라
"그 애는 내가 면류관을
씌울 애다"
내 맘이 방황하여 마귀가
차에 치이게 위험한 곳으로
인도했을 때 하신 말씀이다
일할 수 있을 만할 때
봉사해라
봉사하면 욕도 먹지만
신경 쓰지 말아야 한다

"넌 부러운 게 없다
처음에는 미약하지만
나중에는 창대해진다"
하나님께서 말씀해 주셨다
처음에는 캄캄해서
길이 하나도 없는 것 같으나
나중엔 큰 길이 나온다
하나님이 하시니 겁없이
나갔다
일하다 보니 담대함이 생기고
지혜가 생겼다
"내게 능력 많이 주셔서
기적을 베풀어 주셔야

제가 일을 하지요"
난 하나님의 오뚝이다

"내가 너와 함께 한다"
계속 말씀해 주신다
선지자는 탄압하는 사람
때문에 큰다
신앙으로 사니 단단하게 섰다
빗장을 탁! 열어
"내가 너를 창대하게 하리라"
걱정 없이 잘해 주신다

뉴질랜드에서
폭포수 이슬 하나 맞으며
하나님께서
"너는 이 작은 이슬 하나같이
작은 존재이다
그런데 이 작은 너를 내가
택했다"
하셔서 많이 울었다
"지금 네가 하는 일은
겨자씨 번성하듯 한다"
새벽 4시에 하나님께서 말씀
하셨다

옷 사주는 것 너무 싫다
먹는 것도 싫다
마음의 부자다
"내가 너를 보상해 준다
정말 속상할 때,
넌 사랑 받을 생각 마라.
내가 다 안다
절대 내가 했다는 소리
하지 마라
내가 다 알지 않니?"
"몸을 내놔라!"
하나님이 말씀하셔서
나는 몸으로 역사한다
기도해 주고 나면
어려웠다가 회복된다

젊은 날 어떻게
그 많은 사람들을 이겼을까?
난 사탄의 세력이 무섭지 않다
올해는 그동안 기도한 것에
대해 열매 맺게 해 주신다
"네가 하니? 내가 하지"
강단에 서면 한눈에 잡힌다

하나님께 영광 돌리고

하나님께 감사하고
하나님께만 자랑해야 한다
하나님께서 사람에게
칭찬 받으면 하나님께
상 받을 것이 없어진다 하셨다
하나님은 대단하시고 묘하시다
한 번 붙잡힌 바 되면
흔들리지 않는다

"걔는 믿음 없어도
네 눈물을 보고 복을 주겠다"
우리도 다 이런 걸
체험하게 된다
새벽 기도 가서 서로 눈 뜨면
큰일 나는 줄 알고 옆 사람
붙들고 알아듣지도 못하는
말로 기도를 막 해주었다
그 때 그 남편이 건강해져서
지금까지 잘살고 있다

하나님께는
"잘못했으니 용서해 주세요"
기도한다
"너는 천국에서 받을 상이
있다"

서산 집 지을 때,
하나님께서
"21세기 집을 지어라!"
말씀하셨다
나는 자랑도 할 줄 모른다

참 보람 있다
"힘내라! 힘!"
요즘 하나님께서 계속
말씀해 주신다
"하나님! 새 힘을 주셔서
뒷바라지 잘하고 가게
해 주세요"
아픈 데 하나도 없어서
감사하다
나는 세계가 뭔지,
나라가 뭔지 몰랐지만
"하나님! 고쳐 주세요"
기도하면 병이 나았다

"이게 산이다
작은 성냥개비 하나가
산을 다 태울 수 있다"
하나님께서 말씀하셨다

나는 남의 재산을
늘려 주는 사람이다
다 자기가 했다고
거짓말하거나 말거나
"너는 사람에게서 절대 고맙다
소리 듣지 마라" 하셨다
하나님이 자기가
돈 댔다고 교만하면
다 뺏어 간다
빌딩 짓다가
와장창 무너지는 것과 같다
"정신 바짝 차려!
다 네가 했어?
한순간에 다 뺏어간다"
"노후 대책 걱정 마라
뭘 먹을까?
뭘 입을까? 걱정하지 마라"

"자기가 낮아져야 한다
조금만 교만 들어가도 안 된다
건물 5개 있어도
내 거다 하지 말라
내가 했다 하지 말라
어떤 일이 있어도
내가 했다 하지 말라

계산하지 말라
교만하면 바로 뺏긴다
욕먹고 정신 차려!
모든 것은 내가 다 주관한다"
하나님이 말씀하셨다

전도서에 쓰시기를
"어찌하여 네가 한 모든 고생을
허물겠느냐?"
하나님께 서원한 것을
취소하면
그렇게 된다고 말씀하셨다
"하나님! 아시잖아요?"
없는 사람한테는 큰돈이지만
있는 사람에게는 별것 아니지.
나에게 심부름 시키셨다
돈이 좋다
이름 없이 빛도 없이 헌금했다
3000만 원 빚 갚아줬다
잘못된 교육을 받아서
못됐어도 차 사주고 싶었다
장로님 손으로 드려서
얽힌 것 풀고
여러 사람의 어두움을 다
물리치셨다

"내가 알잖니?"
말을 잘 들으면 기도가
이루어졌다
사업이 다 번성하였다
"다 이루었다" 말씀해 주셨다
"힘을 내라! 실망하지 마라!"
하나님께서 네게 지혜를 주신
것은 돈을 잘 사용하게 하려
하심이다

처음 은사 받을 때, 하나님께서
"네 집에 오는 사람들은
대문 앞에 오면
팍! 날아간다" 하셨다
자신감 있어서
똥도 고름도 두렵지 않았다
내가 살아 있는 것 자체가
승리고 성공이다

"너 저 교회에 헌금 좀 해라"
"하나님! 저도 농협 돈 빌려서
학비 냈는데 어떻게 제가
내요?"
"그래도 네가 좀 해라"
한나 할머니가 기도 방 솔약국

4층에서 100만 원 주셔서
친정인 면천 삼웅리 면천교회에
빚 60만 원 갚아 주고
40만 원으로 빨간 십자가
해 드렸다
하나님 일 하면서
한 번도 속상해 본 적 없다
성령으로 거듭나면 속상하지
않다

"넌 교회에서 하나도,
아무것도 가져오지 마라"
하나님이 말씀하셔서
하나도 가져오지 않았다
세상적으로 나가면 물들까 봐
하나님이 날 내놓지 않으셨다

"사탕 주지 말까요?"
"네가 어쩌다 그렇게 됐니?"
하나님께서 말씀하셨다
축복은 감사! 감사!이다
한 고비 넘기면 더 도약하게
된다
하나님께서 크게 이기게 해
주신다

"네가 한 일을 세어 보아라"
자다가도
"내가 어떻게 이렇게 됐어요?"

지혜는 겸손한데
지식은 교만해서
하늘을 뚫고 나간다
하나라도 걸리는 것 있으면,
화끈하지 않으면 일 안 한다
"네가 더 큰 일을 할 텐데
이것도 못 참으면 어떻게 하냐?"
말씀하신 하나님은
내 눈물에 약하시다

"네 집에 오는 사람
절대로 그냥 보내지 마라"
사카린 물 먹을 때,
우린 설탕물 드리고
그 담엔 벌통을 3개 줘서
30통 늘어나 정종 큰 병 하나
가슴에 품고 첫 열매로
가 목사님 댁에 갖다 드렸다
그래서 꿀물 드리다가
영지 재배해 영지물 드렸다
그땐 영지가 죽는 데 살리는

역사였다
일양약품, 태평양화학에
납품했다
음암에서 부가세 제일 많이
냈다

꽂꽂이도 하나님께서 직접
"여기다 꽂아라" 시키셨다
"네가 보는 데마다 빛이 들어
간다"
하나님이 말씀하셨다

"네가 열면 닫을 자가 없고
닫으면 열 자가 없다"
"내가 너에게 키를 준다"
"철장 같은 권세를 주겠다"

한 겨울에 귀한 수박을
남편과 먹으려 할 때,
"계세요?"
면 직원들이 화분 빌리러 와서
다 대접했다
그때, 하나님께서
"너희 집은
한 사람 오면 한 사람 축복,

두 사람 오면 두 사람
축복이다
넌 먹고 싶은 게 없다"
말씀하셨다
오는 사람 한 사람도
그냥 보내지 않았다

"우리도 오토바이 줘요"
기도하니
두 달 부으면 탈 곗돈을
"성결교회 가 목사 줘라"
하셨다
꿀을 열 병 땄는데
3만 원씩 한 달에 한 병씩
팔려 곗돈을 붓게 하셨다
양봉업자가 됐다
영지버섯 해서
태평양화학, 일양약품에
오동나무 상자에 넣어
납품했다
계산이 맞는지, 안 맞는지
모르지만
농협 생기기 전까지 농약사도
했다

"어느 순간에도
내가 너희에게 가느니라"
"너희 집에 온 사람들에게
내게 하듯 하라" 하나님의
말씀이다

"무슨 급한 일 있어요?"
"내가 너를 도우리라"
"나 바쁜데 방언을 시키세요?"
"회개의 영을 주세요"
하나님께 말씀드렸다

"네가 밤이 없어서 주으러
가니?"
"밤이 어딨어요?
난 사 먹어야 하는데"
"가지 마라.
하나님 영광 가린다" 하셨다
안 갔더니 갔던 사람들은
뱀이 무리져 있어서
혼났다고 했다
순종했더니 밤이
여기저기서 많이 들어왔다

"명근아! 집으로 가거라"

훈련도 안 시키고
큰 짐은 지워 주시고
마음이 많이 아프셨을 것이다
"네 거가 내 거고 내 거가
네 거다"
"그 돈 내 거여. 10만 원."
안 내니 몹시 아프게 하셨다
"그것 봐라. 몸이 아프니까
돈이 무슨 필요 있니?"
새벽 기도 못 가게 하시는 것도
하나님의 뜻이다
"네가 그걸 내니 하나님께서
크게 쓰시지 않니?"
이래라저래라 다 일러
주시더니
냉정하게 일절 말씀이
없으셨다
"이자라도 내놓으셔"
말씀도 드려 봤지만
아무 반응 없으셨다
하나님이 늘려 주시면
늘려진다

"네가 보는 곳마다 사탄을
물리친다"

그 대신 집안을 책임져 주신다
"네 일은 내가 하고
내 일은 네가 해라"
"이 집은 하우스 해요?"
하우스 안에서 예수님이
물 주고 계시더라고
처음 온 사람이 말했다

"네가 밥 사는 데서
축복을 받았다"
하나님도 나한테
미안하신지 말씀하셨다
하나님께서 나 같은
촌 여자에게
"힘을 내라!" 자주 말씀하신다
"명근아! 너 힘내라!"

아기 개똥쑥을 보면서
감탄하니
"살짝 쪄서 말려서
부스러뜨려라"
"내가 네게 거저 주었으니
거저 해 주어라!"
세 번 반복하셔서
꼭 마음에 심어 주셨다

하나님께서 말씀하셔서
아무것도 받지 않았다

"이 집 안 팔린다
이 집은 하나님 성전이다"
하나님 세계에서는
연결이 있어 해결된다
우리 기도 방에는 쪼그라진
집 없다
"네가 그 집의 축복의 통로다
해결사다"

밤에 산길로 기도하러 갈 때는
'부름 받아 나선 이 몸' 찬양을
빨리 급하게 부르며 다녔다
물 한 모금 안 먹고
말씀 전하고 기도했다
어느 날 "물은 먹어라" 하셨다
목마르지 않았다
돌도 소화된다고 생각했다
난 참 즐겁게 일했다
내가 엄청난 사람이다

하나님께서 "만져라!" 하셔서
"싫어요" 했는데

"손가락 한 개 대면 좁게 타고
넓게 만지면 넓게 타잖니?"
하셨다
11군데 방문해서
윤 선생님 사모님 다녀가시면
못 먹던 물이나 음식을 먹게
된다고 모임마다 소문났다

"가서 기도해 줘라!"
"난 돈도 없는데 어떻게 가요?"
"박카스 1박스는 최 씨네
사 주고
박 씨네는 우유 두 갑만 사라"

"너는 미리를 사랑하지만
나는 너를 더 사랑한다
미리도 너보다 더 사랑한다"
하나님께서 말씀하셨다

후암교회에 철야 기도하러
가서 숨어서 기도했다
내게서 빛이 비친다고들 했다
"나는 시골에서 왔는데
애들하고 자려니까 하나님이
여기 가라고 하셔서 왔다"고

말했다
역사가 크게 났다
손만 내둘렀는데
뭐가 뭐가 해결됐다고 하며
신발 사주고 옷도 사주고
애들 필요한 것을 사주었다

소문나니 성결교회에서
와달라고 해
막내딸 미리하고는
한밤도 자지 않았다
"너는 내 일 하고
나는 네 자식을 책임지겠다"
시험에 걸리지 않았다

집에서 사랑 받고
마음만 편하면 병 없다
30대에는 쳐다만 봐도 병이
나았다
정신 질환자를 집에 데려와서
대화하며 상담을 시작했다
사랑해 주고 먹을 것 주니
쏙쏙 새 사람이 빠져나와
30~40명 데리고 기도해 줬다

하와이 힐로에서
"네가 이렇게 댈 때는
굴삭기 역할이다"
포클레인으로 밭 갈 때
뱃속에서 다 깨쳐서 퍼내는
역할이다
보잘것없는 꽃도 아주 예쁘다
하와이 힐로에서 큰 나무들이
까맣게 쓰러져도 그 틈을
헤치고 작은 꽃들이 피었다
"네가 그런 일을 한다"
"포클레인같이 딱딱한 암을
부수고 뚫는 역할을 한다"
지옥과 천국 같았다

하와이 힐로에서
큰 나무는 하얗게 죽었는데
보잘것없는 가시나무에
작은 꽃이 핀 것을 보이시며
"이 큰 사람들은
버마 사건으로 쓰러졌지만
작은 꽃들은 예쁘게 피었잖니?"
말씀하셨다
작은 꽃들은 못생긴 꽃이라
생각됐다

14. 나의 가르침

희생 없는 대가 없다
밝고 명랑한 사랑의 눈으로,
발걸음은 축복의 발걸음,
손을 잡을 때는
해결하고 변화시키는
좋은 역할을 해야 한다
자기 의견에서 나오는
좋은 생각만 하고 살아야 한다

세를 주었으면 마음으로
잘되기를 바라야 한다
세입자와 마음이 틀리면
안 된다
안 맞아도 맞춰야 하고
미움 없이 살아야 한다

재산 주셨으면 몸을 불살라라!
심은 대로 거둔다
네 맘이 그대로 며느리에게
간다

웅성거리지 말며 부모를
대해라
축복이 다 여자에게서 오는
거다
참고 사는 데서 복이 온다
자손의 복이 온다

모든 어려움을
이겨내는 것이 인내다
요나가 큰 물고기 뱃속에서
인내를 배웠다
시험은 교인들이 더 많이
당한다
시험은 하늘나라
갈 때까지 계속된다

마음을 계발하고 비워야 한다
마음이 편해야 한다
예민한 데다 발생을 안 해서
힘이 없고 까라진다

기도는 시간이 필요한데
마음을 가다듬는 건
자기의 판단이 중요하다
선포 기도보다
마음 다스리는 것이 먼저
돼야 한다

남을 위해 산다는 것은
어떤 사람한테는
말이 안 되는 얘기다
옆에서 이렇게 도와줘도
속에서 분통 터진다는 것은
큰 것이 들어앉은 것이다

하나님이 문을 열어 주시는데
이길 수 있는 힘을 주셨다
안 되게 해 줄 사람은 아니다
어렵지 않게 산 사람들은
자기 가진 권위가 있는데
당당한 것 버리고 겸손해야
길이 자꾸 열리게 된다
사람에게 상처 주면 안 된다
교만이 없어져야 상처를
안 준다
호강스럽게 큰 것이 문제다

악한 사람도 만나야
사람 사는 이치를 알게 된다
마음을 굳건히 갖고
앞을 향해 나가야 한다
하나님께서
너를 이렇게 잘 만드신 것도
다 뜻이 있으시다
이 세상 사는데 제일 중요한
것은 물질이고 사탄인데
있는 척 말아야 한다

첫째는 거짓 없어야 한다
남 이용하면 축복 안 주신다
즐겁게 일해야 한다
일 열심히 한다고 되는 것
아니고
하나님에게 달렸다
욕심 피우지 말고
주어진 데서 감사하며 살아야
한다

어려워도 책임지고
사랑을 먹고 살아야 하는데
참 어지러운 세상 사는구나.
사회에서 뒤떨어진 애 얘기는

하지도 말아라

말 안 듣는 건 자기가 살아서
그렇다
마음을 열고 살아라.
명예도 돈도 다 내가 있어야
있다
내가 변화돼야 잔이 채워져
사랑이 넘쳐 나가게 된다
넘어가는 신앙 되어야
요동치지 않는다
누구나 인생 사는 것 쉬운 것
아니야
잘 이기면 부모도 좋아질 거다

내가 성공한다는 생각을
해야지
돈을 먼저 생각하면 안 된다
겉으로 인정받으면 무시한다
은근히 인정받으면 무덤덤하고
그것에 신경 쓰지 말고
겸손해야 한다

베풀고 살아라!
'오병이어'

더불어, 더불어 살아라!
퍼내야 물구멍에 새 물
솟아난다
물을 퍼내야 썩지 않은 물
먹는다
준다는 게 얼마나 좋은지!
예배보다 사탕 나눠 주는 게
더 좋다
우물을 자물쇠 채우면
썩은 물 먹는 사람 된다

고지식하게 살고
베풀고 살아야 한다
밥 사면 나도 밥을 먹게 된다
맛있는 것 먹을 수 있다
말이 기술인데
지혜가 돈이고 시간이 돈이다
컨설팅과 지적 소유권을 생각
하면 알 수 있다

감정 없이 살아라
인생의 파도가 오면
요동치지 말고
흔들리지 말아야 안정된다
물결이 위에서 아래로,

아래에서 위로 흐르고
요동치면
자기도 고칠 건 고쳐야 한다
열심히 일하고 주어진 곳에서
최선을 다하면 된다
어지간하면 내 마음을 내가
달래서
주관 뚜렷하게, 폭넓게 살아라
하나님 일은 나눠 줘야
복 받는다
내 욕심으로 하면 안 된다

울면 다 해결된다
걱정도 유식해야 하지
모르면 걱정도 안 한다
"속지 않는 생활하게 해
주세요"

세상은 이래도
설 데는 서고 안 설 데는
안 서야 한다
그렇지 않으면
부모들이 결혼도 못 시킨다
사람은 따기도 하고
잃기도 해야 한다

화 참는 것도 하다 보면
습관 되고 쉽다

사랑도 그렇다
인생 살아가면서는
다 내려놓아야 한다
욕심 없어야 한다
바랄 것도 없이
집 사고 싶으면 자기가
노력해서 사려고 해야
축복권이다
욕심으로 내가 사면
부모가 도와주겠지? 하면
안 된다
건강하고 별 탈 없이
잘 지내면 축복 받은 것이다
욕심은 한도 끝도 없다
남에게 바라면 안 된다
눈물은 감사의 눈물을 흘려야
한다

우연한 복은 있다
정신 바짝 차리고
취미 생활도 해라
염색도 하고.

여자는 자꾸 꾸며야 한다
머리가 단정해야 한다
뜯으려는 마음 가지면 안 된다
더 번성을 못 한다
자유가 없으면 잘못된다
세상은 올바르게 살아야 한다
봉사는 공짜 없다

아끼지 말고 여행하고
잘 먹어라
여행 다니는 것도 좋지만
혼자 있는 시간도 좋다
돈 아껴서 나중에 나이 먹어
둘이 여행 다녀라
여행도 하고 젊어지게 살아라
인생 잠깐이니
돈 벌 생각 말고
건강할 때 여행 다녀라
잘 먹고 빚지지 않으면
여행도 가고 살아라
가족끼리 여행 갈 때는
돈을 많이 써야 해.
여행도 다시 가면
느낌이 다르다

지금 현재가 중요한 것 아니고
나중이 중요하다
하루 일이 어떻게 될지
모르지
마음을 고쳐 마음을 잘 먹으면
생각, 행동 반듯하면서
인생이 바꿔진다

나눠 먹고 사는 세상 아니다
사람을 잘 만나야 한다
지금은 친한 사람이
더 어렵게 한다
하나님 아니면 살아갈 수 없다
지혜가 있어도 남을 도우려는
지혜와
남의 것을 뜯어 먹고
도둑질하는 나쁜 지혜가 있다
무식한 사람들도 다들 눈 떠서
나쁜 마음을 알아차려 버린다

사람을 부려 먹거나
이용하는 것은 정말 안 된다
사람들은 점점 어려워도
이겨 낼 수 있는 힘이 나온다
지혜가 온다

정신 바짝 차리고
즐기며 살아야 한다

얌전할 때가 아니다
그런 시대는 지났다
미련하고 착하면 병신 만든다
머리 좋은 걸
자기 이문 보려는 데
쓰면 안 되고
속임수는 더 안 된다
새나간다
진실성 있으면 앞길 열리고
남 손해나게 하면 앞길이
막힌다
누굴 죽이려면 자기가 죽는다
악과 선을 가려야 한다
돈은 함부로 못 한다
돈으로 바꿀 수 없는 지혜다
조잡한 것은 절약이 아니라
인색이다

심술 있으며
늙어 오래 가면 가난해진다
밥 안 사는 사람은 미련한
사람이다

머리 안 돌아가며
욕심만 있으면 복 못 받는다
우리는 안 좋은 걸 먹어도
남 주는 건 좋은 걸 줘야지.
"하나님! 감사합니다
저를 고쳐 주시니 감사합니다"
하고 간단히 기도해라

우리가 감당하지 못할 일도
많다
분별해야 한다
실컷 울어야 한다
자기가 잘못한 것은
자기가 해결해야 한다
회개는 자기 나름대로
뉘우치는 것이다
어떤 것도 이길 수 있다
엄숙하고 인격적으로 살아야
한다
사랑 받고 살면 풍기는 것이
다르다
사랑을 풍성히 받아야 한다
폼 잡기도 어렵다
우아하게 살다 보면 품위
있게 된다

지식은 한계가 있고
지혜는 한계가 없다
지혜 있으면 흔들리지 않는다
사상이 잘못되면
그게 옳다고 생각해서
눈 가려져 자기만 모르고
잘못된 길 가며 못 사는
비결이 된다

내 마음을 넓혀서
아랫사람을 다 품어야 한다
항상 좋은 생각만 하고
살아야 한다
나쁜 생각, 욕심, 심술부리면,
부정적인 생각 하면
안 좋은 길로 나간다
기뻐하면 얼굴이 초라하지
않다
미워하면 사탄이 가정에서
산다
참을 수 있는 사람만이 이길
수 있다

사람은 사랑할 땐 사랑하고
혼낼 땐 혼내야 한다

짜증 내면 안 된다
자기 성격 때문에
감사 없으면 병 안 낫는다
돈 내는 감사 아닌
말로 하는 감사가 중요하다

신앙도 좋을 때 조심해야 한다
나쁜 것은 바로 털어버려야
한다
마음이 예쁘지 않으면
자식 대에서 못 산다
뭐가 옳은지, 뭐가 그른지
분별해서 똑바로 살아라
거짓과 진실이 드러났다

사랑을 못 받으면 겁먹고
행동이
안정 안 되고 불안하다
자신감 없어지고 상처가 크다
그래서 애들에게
자유를 주라는 것이다

자아가 강해서 빨리 변화되지
않는다
눈물 찔끔거리는 것은

사람 앞에서가 아니라
아파도 하나님 앞에서 해라
"제가 모르니까 제게 하고 싶은
말씀 있으시면 해 보세요
제가 고치겠어요" 해야 한다
사람 앞에서는 하지 말고
나도 믿지 말아라

못 사는 방법을 알려 준다
욕심 없으면
나쁜 것 들어오지 않는다
첫째는 거짓말을 하지 말아야
한다
이것도 감사, 저것도 감사하다
욕심 피우면 있는 것도
걸어 가신다
정신 바짝 차리고
돈에 치중하지 마라
부모가 조금 준다고
욕심 부리지 마라
빚만 주는 부모도 있다
욕심 부리지 말고 있는 것
쓰면서 편히 살아야 한다

"내가 뭘 잘못했어요?"

죽기 살기로 기도해야 한다
전도도 내가 죽어야
한 사람 인도한다
손 떨어질 때까지 쪼아야지
날 쳐다보지도 마라
하나님께만 고쳐 달라고
기도해라

어렵게 벌어서 멋지게 써야지
누가 뭐라 해도 옳고 그른 것
분별해
남의 말 다 믿지 말아야 한다
의논이 있어야 한다
참아도 얼굴에
표나게 참으면 안 된다

마귀 역사가 도움되는
점도 있다
병 주고 약 주듯
기도 제목을 받아
해결하게 된다
잘못된 마음 버리고
편안한 마음 갖고 좋은
생각만 해라

미워하거나 말거나
가만 놔두면 나중에는
달라진다
자기 속상했던 것,
미워한 것 등이 회개 거리다
즐거운 과로는 괜찮다
남 위하는 기쁜 마음으로,
사랑으로, 힘들게 일하면
어렵지 않다

하나님 일엔
조금도 거짓이 들어가선
안 된다
구박 많이 받으면
이름이 난다
별것 아니다
죽이진 않으신다
뭐가 옳은 건지 몰라
영이 어두우면
집안이 묶여 멍든다
천박하게 사는 것도 잠깐이다

엎어졌다, 젖혀졌다
하는 것이 인생이여
살아가며 재미있다

필요 없는 건 듣지도 말고
끼어들지도 말아야 한다
훈련이 필요한 사람도 있다
정신적으로
안 좋은 사람과 놀면 같이
오염된다
끼리끼리 붙어 안 좋아진다

축복권은 하나님께 있다
내세우면 축복권이 깎인다
불안하면 마귀 역사고
편안하면 하나님 뜻이다
일러줘도 듣지 않고
의논이 없으면
비전과 격려를 줄 수 없다
나누려 할 때 기쁨 있다
주는 재미 베풀 때 기쁨 있다

돈도 쓰는 데 한계가 있다
해 본 사람만이 안다
내가 기분 좋은 것보다
노인들 기분 좋게
해 드리는 것이 좋다

형식적인 감사는

지나가며 집어던지듯
하는 것이라 안 된다
사람은 영이라 저 사람이
사랑으로 하는지 다 안다
자기 성격에 따라서
자기 일이 돌아간다
만만하게 보이면 안 된다
똑똑한 사람들
경쟁이 제일 무섭다

옛날 집 잡혀 나앉을 뻔한
얘기를 남편에게 상기시켜라
"아멘"도 할 때가 있고
안 할 때가 있다
형식적으로 "아멘" 하면
안 된다

자기 마음 잘 가다듬고
이겨나가야 한다
마음 너그럽게 먹고
살아야 한다
다 이겨나가니
어려운 일 닥칠수록 내게
복이 된다
요즘 세상에서

내 마음을 뺏기지 말아야 한다
참고 이겨나가야 한다

잘해준 사람이 속 썩인다
부모님은 살아 계실 때
잘해야 돌아가셔도 가신다
큰아들이 다 경비 내고
다른 형제들 앞으로 들어온
부조 봉투는
그대로 다 돌려주었다
뭐든지 넉넉히 좋은 걸로
대접하라

자기 성격을 죽여야 한다
"네가 그러니까 나도 그럴
거야" 하면 세상 망한다
잘못하는 일이다
마음고생은 고생이라고도
안 해
어려움 통해서 성숙해진다

목사님 자녀 결혼에는
부조를 하는 것이 옳다
돈이 아니라 축복의 끈이다
쥐도 새도 모르게 드려야 한다

축복권은 두 부부가 이제까지
건강하게 살아 있는 것이다
마음이 너그러워야 살 수 있다
솔직하지 않으면 인생 살기
어렵다
마음이 예뻐야 일이 잘 풀린다
좋은 일 생기려고 하면
꼭 속 썩이는 사람 온다
사람 사는 것 다 똑같다
마음 착하고 여린 것이
참 어렵다
남 흉볼 줄 모르고 마음
편하게 산다
그 속에서도 바르게,
정직하게 사는 것이 중요하다
선인과 악인이 섞여 있어야
한다
손짓, 발짓에서 복이 빠진다

네 것만 네 것이다
정직해야 한다
생활에 보탬이 되는
취미생활은 없다
밥이 생기는 건가?

남 혈압 올릴 일 있어?
마음을 곱게 갖고 살아야 한다
어지간하면 행복하다고
생각하며 감사하며 살자
항상 좋은 생각,
긍정적인 생각 해야
인생이 잘 펼쳐진다
인생은 무엇인가?
병들지 않게 마음 편히
살아야 한다

노력한 대가가 좋은 결실
맺는다
푸근해지니 대화하고 싶어진다
하고 싶은 말을 하게 된다
인생길 알아 변경하면
불행한 데서 벗어나
평안한 길로 가게 된다

교회 봉사 잘한다고
다 되는 것 아니다
중심이 하나님에게 있어야
한다
편하게 살면 축복권은 없다
육신을 위해서도

열심히 일해야 한다
일하기 싫으면 먹지도 마라
이런 게 세상이구나
인생사는 게 별것 아니구나
요새 눈 떴다
남은 인생 어떻게 살아야
하는가?
우리는 무슨 복으로
이때까지 살았나?

품삯을 안 주는 것은
생각이 잘못된 것이다
너무 머리 굴리면 안 된다
살다 보면
좋을 때, 안 좋을 때가 있다
지식만이 다가 아니다
진실이 답이다
생각이 인생의 반이다
생각이 잘못되면 자신을 묶는
것이다
생각이 바뀌니 일이 술술
풀린다
생각이 달라지니 높임을
받는다

사람을 실컷 써보기도 하고
권력도 있어 보고 달래기도
해보면 새로운 것이 온다
날로 날로 새롭도다
제일 중요한 사람은
가까이 있는 사람이다
제일 잘해주어야 복 받는다

기분 나쁘게 하는 것은
탁구공 치듯
탁! 탁! 탁! 쳐내야 한다
더 위험해진 세상이니
뭐가 옳은 건지
그른 건지 분별해
끌려다니지 말아야 한다
잘난 척하는 시대는 다 지났다
정직이 제일 중요하다
사람 못 믿는다
남의 것은 쳐다도 보지 마라
많은 걸 배웠다
마음 주기도 싫다
정신 바짝 차리고 살아야 한다

걸어 다니면 감사,
남편이 건강하시면 감사,

자식이 속 썩여도 감사,
남편이 속 썩여도 감사해야
한다
남편에게 잘해 드려라
내가 뭘 안다고 내세울 것도
없고
있다고 내세울 것도 없다
생각이 정신 못 차리는 데서
못 사는 길 나온다
시기, 질투 많으면 못 산다
눈이 높은데 돈이 안
따라 준다
복 받을 짓을 못 한다
악한 끝은 없다
악한 것은 못 사는 비결이다
공부 많이 한 사람들이 속고
산다
생각이 잘못되면 축복권 없다

물들지 말아라
정신 바짝 차려야 내가 살고,
자녀가 살며 가정이 산다
잘못된 길 가던 가정이
바른 길 가게 되면 큰 보람이
있다

진실하면 복 온다
감사 눈물이 가장 뜨겁다

주의 일 하는 사람들은
있는 그대로 나타내야 한다
보물 있는 데 도둑 있다고
좋은 일 있으려면 어려운 일
있다
잘 참아야지.
활발하게 살아야 한다
정신 못 차리고
욕심만 앞서서 힘들다
정신 차리라는 것이 무슨
뜻이냐?
어려운 일을 이겨나가야
큰일을 할 수 있다는 뜻이다
기왕 엎어진 물이어서
속 썩는 것인데 기분 좋게
속 썩는 게 낫다

미끼 던지고 빼가는 사람이
사기꾼이다
자꾸 사주고 잘하면
받아먹다가 미안하고
은혜 갚으려는 마음에서

말려들어가 많은 걸 뺏기게
된다
계도 들고 돈도 뜯기고
크게 손해 본다
다 먹고 도망간다
자기 욕심에 자기가 넘어간다
휩쓸리지 말아야 한다

친구도 부딪쳐 봐야
좋은 친구, 나쁜 친구
구별하게 된다
어려운 일 겪어야 좋은 일 온다
있는 게 없나?
몸도 맘도 편해지니
기도할 것도 없다

앉은뱅이가
"너 걸어라" 하셨을 때
살금살금 "네, 알았습니다"
걸었겠나?
구르기도 하고
펄쩍펄쩍 뛰기도 했을 것
아니냐?

내 마음을 가다듬고
분별하는 것은
안 좋은 것 버리고
좋은 것만 최선을 다하는
것이다
해서 안 될 일은 하지 말고
분별하는 것이
정신 바짝 차리는 것이다
할 말, 안 할 말
갈 곳, 안 갈 곳 분별하는 것이
정신 바짝 차리고 사는 것이다

건강도 행복에서 나온다
행복한 것이 멋지게 사는
것이다
우리 세대는 못 했어도
너희 세대는 멋지게 살아라
돈이 행복한 것 아니다
내가 어떻게 사느냐?
자기가 마음을 가다듬어야
한다
스스로 이겨나가야 한다
생각을 잘못하면 그것이
욕심이다
남의 자식도
다 내 자식같이

생각하고 살면
행복하게 사는 것이다

젊은 애들은 절대 건드리지
마라
하고 싶은 대로 하게 해줘야
한다
말 한 마디도 하면 안 된다
싸웠으면 싸운 해결 해야 하고
젊었을 때, 가고 싶은 곳 가라
처음과 나중이 너무 다르면
실망한다

긴장한 눈을 보면 분별해야
한다
내가 봉사하는 것 같지만
내가 나가면
다른 사람이 대기하고 있다
가는 사람 붙잡지 말아야 한다
일하는 사람도 붙잡지 말고
놔주고 자유를 줘야 한다
머리 좋은 사람이 더 낮은 일
하더라
나가려는 사람은
일에 진실성 없어진다

눈으로 봐서 죄 짓는다
짜증, 성화를 받쳐서 무엇하나?
신앙생활은
아무리 힘들어도 뒤로 가지
말고
언덕을 넘고 계단을
힘겹게 끝까지 올라
참고 이겨나가야 한다.
오그라들었던 것이 펴지며
묶였던 쇠사슬이 끊어져
너도, 나도 자유 얻었다

살림은 조그마한 데서 아껴야
살림이 는다
마음을 빨리 고쳐야 한다
우리 마음이 엉망진창이니
정신 말짱할 때,
끌려다니지 말고 빨리 고쳐라

축복 받으려면 미혹이 온다
마음이 흔들리면 안 된다
마음이 이기적이고 좁으면
안 된다
일은 재미있어야 한다
포기하면 편안하다

영이 이렇게 무섭다
신앙 잃게 되는 방법은
아주 조금씩 상처 주어
꼼꼼한 사람을
실망시켜 잃게 만든다
신앙이 식는다
심지가 아주 굳어야 한다

힘들고 어려우면
계속 "주님! 주님!"을 찾아라
다른 이들 위해서는
변화되게 기도만 해야 한다
얼마나 기도를 많이 해야 하나?
사람 하나 병신 만드는 것
쉽다
어떤 사람 만나느냐가 중요하다
친할수록 뜯어 먹는다
못났다고 찌그러지지도 마라

습관이 중요하다
생각이 70이고
행동이 30이다
생각이 끌고 간다
항상 좋은 생각 해야 한다
남의 약점 드러내며

야단치면 인심 잃는다
내 마음을 안 다스리면
내 속에서 악이 안 나간다

남을 비판하지 말아라
다 성격 차이지
이해하고
나눠 주는 마음을 가져야 한다
베푸는 것이 남는 것이다
후회 없는 인생 살아야 한다
경쟁력이 있어야 한다
사람은 성격이 다 다르지만
수준의 차이가 있더라
있을 때 잘해야 한다
하루하루 감사하면
모여서 일생 행복하다
우리는 행복을 타고난
사람들이다
애들 인사 잘 가르치는 것이
재산이고
집안에서 사랑하는 것이
재산이다

애들이 으등거리면 되나?
적당히 살아라

애들도 너무 가르치려고
애쓰지 말아라
맞는 말은 하게 하고
안 맞는 말은 못하게 하면
애들 속에 든,
도사리고 있는 나쁜 것이 살고,
다 드러내지 못한다
자유를 주어야
속을 다 드러내게 된다
여기서는 다 털어놔야 한다

하나님 역사는 입을 넓게 벌려
간증하라고 했다
시골은 정도 많고 불만도 많다
하나님만 내세우지 말고
인간관계가 우선 잘 돼야 한다
드러나니까 금방 축복 왔다
좌절감에도 속지 마라
이 좋은 세상에
왜 활기차게 못 사나?
눈을 아래로 뜨면
소매치기도 달려든다
30년 전 쯤이면 한 백만 원
빚 있어서 갚아가는 것이
제일 행복이다

세상 살 맛 난다
이게 더 쉬울 것 같아
설득해서 우리가 같이
변화돼야 한다
한 번도 잘못 생각한 적 없다
상처도 받은 적 없다
마귀에게서도,
술 취한 사람에게서도
인정을 받아야 한다

속지 않는 생활 하려면
자기가 죽어져서
있는 척 말고 겸손해야 한다
욕심 있으면 사기 당한다
한 사람도 편한 사람 없다
내가 가진 사랑을
부모에게도, 남편에게도
누구에게라도 나눠 줘야 한다

없어도 마음이 활달해야 한다
답답하면 오던 복도 날아간다
자연에서 살면 건강해지고
마음이 열린다
마음이 열리면 돈도 따른다
얼굴에 복이 너덜너덜 붙었다

얼굴을 가꿔라
너무 돈에 끌려다니면 안 된다
사람 믿지 마라
사람 조심, 술 조심 하고
밤늦게 다니지 마라
일찍 다니고
친한 친구도 밤에 만나지 마라
사업만 하고 투자하지 말라

심방 가니 그 가게에서
돈 빼가던 사람이 다 없어졌다
촌 여자가 나이 들어 철났다
요즘은 남자들이 고집이 세서
남의 말 안 들으면
팔자라 생각해야 한다
자기 운명인데
하여튼 기분 좋게 살아
무슨 짓을 하거나 말거나
우선은 머리를 식혀야 한다
앞으로 전진할 때, 생각 많이
하면 좁은 길도 넓어진다
생각을 많이 안 하면
인간관계 나빠지고
넓은 길도 좁아진다

좋은 상전에게 잘해야
축복받는다
기본 신앙 있으면
사랑이 있고 빛이 있다
사람이 자기 권위만 찾으려면
막혀서 기쁨 없이 어둡다
질투는 따라오고
나쁜 생각에서 바르지 않고
삐딱한 생각 나온다
욕심이 나쁜 생각이다
욕심이 잉태하면 안 된다
감사가 축복권이다
죽을 죄를 져도 사랑만
있으면 된다
정신 흩어지지 말고
끝까지 초롱초롱해야
무시당하지 않는다

너네 이제 경사 났다!
물욕, 명예욕, 권력,
욕심 등이 없어야 한다
내가 사람을 보호하고
돌봐야 한다는
생각을 해야 한다
십자가는 나의 외로움과

괴로움을 다 없애 준다
빨간 십자가는 마귀를
내쫓는다

네 인생 내가 지켜줄 수 없고
내 인생 네가 지켜줄 수 없다
기도 많이 하고 공부 시작해라
지식은 교만만 주지만
지혜는 나타나지 않아도
실수가 없다
길을 일러 준다
인생 한 번 멋지게 살아 봐라
노력 없이는 멋지게 살 수 없다
네 목적지를 향해 열심히
뛰어라
노력의 대가로 해야 결실을
맺는다
언젠가는 깨우치게 해 주신다
감사를 많이 해야 한다

안타까워서 하는 말이다
눈이 가려지고 축복권이
가려진다
사람에게 칭찬받지 마라
예수 믿으면, 진실성만 있으면

어지간하면 복을 받게 돼 있다
하나님 세계에서는
어지간하면 먹고는 산다
마음과 생각이 잘못되면
못 산다

팔자를 고치려면 성격을
고쳐야 한다
외모에 정신 뺏기면
일에 펑크가 난다
낭만도 즐겨라
그 나이에 남에게
기도 부탁할 때가 아니다
정직한 것이 첫째이다
자식이 셋인데 선을 심어야지
악을 심어서야 되겠나?

뵈지도 않는,
그렇게 아름다운 것 속에서도
애를 낳는다
그것을 사람들이 놓친다
사람들은 그 아름다움을
못 느낀다
부부생활의 맛은 쓰다, 달다,
시다,

이것만은 표현할 길 없다
야리야리하다는 표현도 좋다
숨기고, 숨기고, 또 숨겨
세 켜로 숨겨 사람들은
모르지만
그 아름다움 속에서
씨가 풍성하게 열린다
그 아름다움을 포기하지
말아야 하고
그 속에서 자식을 낳는다
고비고비 어려움 있지만
행복하게 사는 축복권을
받는다

내가 희생, 고생하면
자식들이 잘 된다
우애 끊어지게 하면
그런 사람 때문에
나도 못살고 너도 못살게 된다
발 묶어 놓고
요기 가자면 요기 가고
조기 가자면 조기 가면
잘못이다
참는다고 되는 게 아니고
안 싸워야 한다

미워하지 말고
7번씩 70번씩이라도
용서해야 한다

머리가 안 돌아가서
다들 잘못 나가는 것이다
내가 생각하는 것은
이해가 안 돼서 그런 것인데
돈도 쓸 나름이지.

인생이 짧으니 맛있는 것 먹고
이젠 더 좋은 일 하고
살아야 한다
마음이 깨끗하고 진실하게
살았으면
신경을 그렇게 쓰지 않는다
국광을 부사로 개량하듯이
내 마음을 개량시켜야 한다
하루를 즐겁게 살면
하루가 건강하고 오던 병도
안 온다
떨어져 있으면 성숙해지고
훈련받는 것 같다
할 일이 많을수록
네 마음을 가다듬어라

욕심 버리고
포기할 것은 빨리 포기해야
한다
오두방정 떨면
빨리 성공하고 빨리 실패한다
사람들은 한이 많다

생각해 보니 대단한 일을 했다
행동하기 전에
충분히 생각부터 해야 한다
심술 피우면 자기가 손해 난다
오래 하나님 편에서 일하려면
끝까지 해야 결실을 맺는다
심지 않고 거둘 수 없다
심어야 한다
전에 돈을 드려서 씨가 되었다

들어간 지혜가 빠져나가지
못하게
두 손으로 막아라!
머리를 두드리고
머리 속의 지혜가 빠지지 않게
두 손으로 막아라!
말씀 듣고도
실천하지 않으면 실패한다

돈도 노력한 돈, 지저분한 돈,
깨끗한 돈이 있다
깨끗한 돈으로
자식 공부를 시켜야 열매가
좋다

축복권 놓치지 말아야 한다
축복권 놓치면
아무리 교회에서 봉사해도
복을 못 받는다
진실성이 축복권이다
생각해 봐서 아니다 싶으면
절대 그곳에 발 디디면 안 된다
대대로 복을 받지 못한다
판단을 잘해야 한다
아니다 하면 듣지도 말아라
모임에 가서도
나쁜 말은 듣지도 말아라

마음을 예쁘게 가지면 다
따른다
집안에 어려운 일 닥치면
정신 바짝 차리고 계속
기도해야
사고가 생기지 않는다

성질부터 고쳐라
내가 사람을 바꿀 수는 없지
않느냐?
인생이 이런 거구나.
명예, 돈 다 허무하다
흔들리지 말고 듣고 메모해라
자기 나이에
맞지 않게 하고 다니면 치매다

본때 보여 주려
입을 넓적하게 벌려 간증해야
한다
감사하는 것 아니라
표현하는 것이 좋다
봉사해도 대가 없으면
이러쿵저러쿵 할 것 없이
떠나면 된다
70번씩 7번이라도 참아줘야
한다
사람 잘 만나야 한다
할 것, 안 할 것을 분별하는
지혜 있는 것이
사람이 짐승과 다른 점이다
제일 악한 것이 사람이다

진실성이 있어야 하고
거짓이 없어야 한다
도둑질 한 번 한 것,
용서 없고 대가가 있다

사람이 내쳐 놓은 것을
다 품어야 한다
몰래 퍼다 주는 것은
거짓이지 사랑 아니다
분통 터지는 걸 절제해야 한다
나는 이유를 안 묻는다
어떤 것도 이겨낼 수 있다
들을 줄 알아야 한다
이 사람이 누구를 위해
말하는지
풀이를 해봐야 한다

혈기는 절대 없어야 한다
이해가 안 되면 듣는 사람이
어떻게 들리는지 물어야 한다
하나가 잘못되면
나머지 아홉 개가 다 날아간다
들으므 삼켜라
믿는 사람은 하나님 때문에
참는다

알면서도 참는 것이 더 어렵다
이 어려운 것이
축복의 한 단계를 올라가는
것이다
축복의 말씀은 열매다

참고 살았더니 축복이 온다
얼굴을 잘 가다듬어야 한다
자식같이, 부모같이
돌봐 줘야지 어떻게 해?
집이 어지러우니 정신이
산만하다
인생에서 십자가는
감당할 만한 십자가를 주신다
속상해서 울지 말고
감사해서 울어야 한다
인품 있으려면
딱딱거리지 말아야 한다
교육도 부드럽게 해야 한다

말에서 복을 받고
말에서 복을 깎는다
이 세상에선 모든 걸
다스리고 사는데
잡초에 눌리면 힘이 없게 된다

눌리지 않게 키워야 한다
부드럽게 말해서 교육해야
한다
길게 하려면 좋아도 싫어도
화내면 안 된다
사람을 보거나 외모를 보지
말라

화내지 말고 기도해야지
돈을 아끼지 마라!
"그런가요?"
하얀 거짓말도 있지만
속임수 있으면 절대 성공
못 한다
사업장에서 진실성 없으면
성공 못 한다

욕심 피우지 말고
주어진 데서 감사해야 한다
파란만장의 반대는
멋진 인생이다
쫓기는 마음은 당당함 없이
짓눌리는 마음이다
자기 것 뜯기는 것은 쫓기지
않는다

남의 것 뜯었기 때문에 쫓긴다
내 것도 남의 것도 아껴야 한다
돈이냐? 사람이냐?
안정감을 갖고
인생 멋지게 사는 게
낭비 아니다

기분이 나쁘고 꽁하면
불만이 나오고 또 나온다
이것저것 말하지 말고
"주여! 주여!"만 하고 다녀라
다른 사람들이 무시해도
나 할 도리만 하면 된다
속 썩자면 한 없겠지
악은 계속 따라다니게 돼 있다
악과 선은 갈라지게 된다

내가 하는 말이
내가 하는 것 아니여
마음이 반듯해야 한다
자아가 강하면 실패할 수가
있다
쉽게 말하면 망할 장군이다

큰 바람, 작은 바람이 흔들어
놔서 큰 가지, 작은 가지가
소리 없이 흔들리는 것 같다
날이 쨍쨍 쪼였다고 생각해 봐
다음 날은 갑자기 바람이
막 불어
큰 나무, 작은 나무가
막 흔들린다
집안의 어둠을 기도로
물리쳐라!

심방이 큰 축복이다
큰 문제를 그때 다 해결해
주셨다
순종하니 축복 온다
나주에서도 심방의 축복이
있었다
말을 들은 것이 축복이다

쉬지 말고 기도하라는 것은
적을 자꾸 물리치라는 것이다
마음이 예쁘다는 건
지금처럼 참는 것이다
무조건 참는 것이다
지나가면 끝이여
그 사람은 그대로 살고

나는 나대로 살지

교만해서 만나 주지 않는다
길 놓치지 말고,
길 잃지 말고 빨리 돌이켜야
한다
길이 안 열린다
보석을 갈고 닦아
이해할 수 없는 축복을
받을 거야
눈을 위로 떠야 한다
옆으로 보지 마라
흘기는 것 같다
지혜가 팍!팍! 올 거다
장래를 보고 행복하게
생각해라
더 불쌍한 사람 얼마나 많은지!

더 크지 못하게 막았다
영양 좋게 못 먹어서
단단하지 못했는데 손에서
땀이 난다
자연히 구부러져서 힘 없다
면역성이 좋아진다
"고모가 다 해 줬어요

걱정 마세요
고모가 치과 치료, 발 병원 등
이런저런 것 잘해 줬어요.
저 열심히 살겠습니다"
가슴 한 조각이 찌릿찌릿하다
활기차고 생기가 돈다
성령이 임재하신다
하나님은
얼마나 희생하느냐를 보신다

하나님이 너무 무섭다
사람과 대화하는 것 너무
어렵다
하나님의 축복권이 펼쳐진다
베풀어야
하나님의 축복권이 펼쳐진다
축복을 주시나, 안 주시나
시험해 본다
심술은 눈에서 나온다
젊은 애들 키워 퍼져나가게
한다

구박 받으면 비천한 모습이
나온다
영을 뺏기는 게 무섭다

똘 강도 큰 강이 될 수 있다
축복은 막을 수 없다
과거와는 끝내고
잘된다고 교만하면 안 된다

어떻게 해야 하나님을 잘
믿느냐?
예수를 어떻게 잘 믿어서
복 받기를 원하느냐?
예수 믿고 병 낫기를 원하느냐?
하나님을 기쁘시게 하기
원하느냐?
받은 축복을 어떻게 잘
유지하느냐?
병의 원인부터 낫는 것,
건강 유지하는 것을 일러 준다

지식은 한계가 있으나
지혜는 한계가 없으니
은혜를 충만히 받고
돈 있고 잘 돼도 겸손해야 한다
그게 축복권이다
사람이 몰라서 그렇지
참고 죽어져야 한다
불쌍히 여기고

사랑하는 마음을 가져라
참는 자가 복 있다
베풀고 팁을 꼭 줘라

사람 속에는
양, 뱀, 호랑이 등이 있는데
가운데에 십자가가 있어
믿는 우리를 절제시킨다
마음 비우고 욕심 없어야
성령이 오신다
억울하고 분해도 참고 따지지
말아라
신앙은 남의 마음을 헤아려
그가 필요한 일을
도와주려는 마음이다
남을 불안하게 하는 것은
굉장히 어려운 일이 생기게
한다

정신 맑으면 하는 일도
맑아야 한다
품위 있게 살고
남의 것을 알뜰하게 아껴야
한다
우리가 아껴야

후손들이 잘 산다고 해야
말 듣는다
준다는 것이 얼마나 좋은가?
나누는 것도 여기서 하는
일이다

왜 저러나?
아끼지 않으면 안타깝다
곰보다 여우가 낫다
영적 생활 하면
우리 생활은 복잡해진다

나비나 잠자리는
자기만 위해 사는데
벌은 사람을 유익하게 하는
곤충이다
신경 쓰지 말고 편히 살아야
한다
보물 있는 데 도둑 있다
예수님처럼 자아를 버려야
한다
어둠, 먹구름이 가득하면
눈을 내리깐다
빛이 들어가야 눈을 바로
뜰 수 있다

신앙은 활발해야 하는데
꼼꼼하면 발전성 없다

인생 살면서는
자기 십자가를 져야 한다
끊을 것은 끊어야 한다
약속을 안 지키면 신의가
없어진다
계속 회개할 때 지혜 주신다
영적으로 흔들리지 말아야
한다
회개는 "용서해 주세요
제가 잘못했어요
미혹되었던 것을 용서해
주세요
이제부터는
오직 주님만 붙들겠습니다"
잘난 사람 아니고
하나님 뜻대로 사는
사람이 돼야 한다

울고 짜고 하는 데서
벗어나서
살맛 나는 세상 됐다
인생 사는 게 다 어렵거든

그러니 멋지게 살아라
너무 고집부리지 말고
즐겁게 쉬어가며 일해라

축복권을 막는 사람 있다
부모가 그런 데 쏠렸다 해도
벗어나야 자식이 잘 된다
정신 바짝 차려야 한다
감사함으로
내가 내 마음을 회복시켜야
한다
"하나님 뜻이 있으시구나"
무한 긍정으로 살아야지,
슬픈 생각, 부정적인 생각에
섭섭 마귀까지 들어가면
자기가 먼저 고꾸라진다
자기 스스로 힘을 내라!

어른 계신 데에 갈 때는
잡수실 것을 꼭 가져가야 한다

성령 받으면 흔들리지 않는다
우울하면 마귀가 주는 것이다
몰라서 그러니
사람을 판단하지 말고

"하나님! 불쌍히 여겨 주세요"
기도해 줘야 한다

감춰 놓고 깊이깊이 숨겼는데
도둑질하려고 한다
지울 수 없는 게 상처여
젊은이들이 유혹에
빠지지 않게 해야 한다
누가 뭐 해 준다 해도
유혹에 넘어가지 말아야 한다
남의 유혹에 빠지지 말아야
한다
속지 않는 생활 해야 한다
친한 사람이 사기 친다
안 좋은 데 절대 가지 말아야
한다
진짜 정직하게 살아야 한다

아버지 따라서 하는
나쁜 습성 버려야 한다
분통 터지면 일찍 먼저 죽는다
어제도 살았는데 오늘도
살지 못하겠느냐? 하고
출발해야 한다
후손을 위해서도

우리가 깨끗이 살아야 한다

첫째는 남을 좋게 해 주고
용기를 줘야 한다
몸 좋아도 기쁨 없으면
안 된다
불평불만과 기쁨은 완전
반대다
기쁨 대신 불평불만 있으면
안 된다
인생 사는 건 다 각자 몫이다

올 줄 알면 갈 줄도 알아야
한다
진실, 거짓은 하나님이 가려
주시지만
심은 대로 거둔다
섭섭하거나 상처 받은 것은
빨리 털어 버리고
지금 현재
살아가는 것을 일러줘야 한다
마음을 가다듬어야 하는
이유는
분별을 잘하기 위해서다
자기가 자기 마음을 찢어서

넓혀라
지식만 있지 지혜 없고
교만만 떤다
지식만 있으면서
활용이 없으면 안 된다
양심 나쁜 것 아니고
성격이 다른 것이다
두 마음 가지면 안 된다

눈 있어도 볼 수 없는 사람
있다
악령 들면 이상한 일을 한다
끝까지 마음 깨끗이 살아야
한다
욕심 부리지 마라
욕심도 난데없는 욕심 있다
빛과 어두움이 그것이다
빛으로 어두움을 밝히는
것이다

믿는 사람은 풍기는 게
있어야 한다
누워서도 생각이 앞서가
정리부터 해야 지혜롭게
살 수 있다

14. 나의 가르침

차분해야 지혜 온다
남을 무시하는 것이
제일 나쁜 것이다

믿음은 사상이 박힌 것이다
믿음으로 체험해야 하고
믿음으로 싸워야 체험한다
자기가 믿음으로 나아가야
한다

관리인은 남의 일을 하더라도
열정으로 정을 갖고 해야 한다
밥 살 때가 제일 좋은 때다
상담하는 사람이
마음이 넓어서
사랑으로 설득해야지
통하지 않는다고
나쁘게 생각하면 안 된다

"너만 사는 게 아니라
남을 위해 베푸는 사람 되어라"
인생 사는 게
돈이 너무 많아도 어렵다
인생은 아름다운데
고통이 많으며

그 속에서 기쁨도 있고
이리저리 고쳐가며 살고
내가 가진 것,
나중에 누가 가지고 누리나?
인생은 허무한 것이다
이런 게 인생이다
너는 가져 봤냐?
너는 있어 봤냐?
너는 늙어 봤냐?
나는 젊어도 보고 늙어도 봤다

사랑하라는데
내 몸 하나도 가누기 어려운데
아프니 약도 먹어야 하지
별거 아니다
그래도 죽진 않는다
모질다
사랑도 더 바랄 것 없다
돈 필요하다면 오직 남만
위해서이다

난 다 행복하니
네가 싫으면 몰라도 너네만
잘 살면 죽어도 좋다
그래서 손바닥 쳐가며

잘못된 것 바로 잡아준다
기도 방에서 간식 하는 것보다
나눠 드리는 것이 보람 있다
다만 얼마라도 먹는 것보다
교회에 봉사하게 했다

기분 좋게 당당하게 살아라
행복한데 그 농도가
점점 더 강해진다
먹는 게 제일 중요하다
표현할 수 없는 맛이다

신맛? 단맛? 기분 좋게
만들어라
그 맛을 밝혀내라 행복해
사람은 참 아름다운 거야
자기가 잘났다고
으스대다가 실패한다
장미꽃보다 들꽃이 훨씬
예쁘다
못생긴 사람이 더 사랑받는다
귀 부자도 참 좋은 거여
잘못한 것 있으면 고쳐야 해

다 하나님께 맡기고

마음 졸이지 말고 살아라
있는 사람도 없어지고
없는 사람은 정말 죽어난다
욕심과 뜬는 마음은 없애야
좋다
행동이 더러우면 평생 가난이
따른다

사람의 수단 방법으로
사는 것 아니다
변명하지 말라
은혜 받으면
귀티 안 나던 사람도 변화된다
탈을 잘 쓰는 것이 얼마나
중요한지!
자식에게 존경 받지 못하고
무시 당하는 것은
탈을 잘 못 쓴 이유도 있다

인간관계 안 좋으면 복이
안 따른다
마음 여리고
사랑 많은 사람이 살기 어렵다
항상 즐거워야 한다
성격부터 고쳐야 한다

빨리 잊어버려야지,
꼼꼼 맞고 따지는 성격이
병 된다
멀리 갔다가도 하나님이 경고
주시면
얼른 돌이켜야 한다
후회 없는 인생 살아야 한다

잘났거나 못났거나
인생은 참 아름답다
몸도 정말 아름답다
처음 결혼했을 때를 잊지 말자

영이 사는 것 아니냐?
시기, 질투 먼저 없어야 한다
남 위해 살면 시기, 질투
없어진다
첫째, 자기 복 깎지 않으려면
시기, 질투 없어야 한다
기도밖에 없다
시기, 질투하면
에너지가 빠져나가는 것은
진리다
하나님께만 의지해야 한다

사람에게 잘해도
대가를 기대하면 안 된다
고마운 걸 모르면
축복을 받지 못 한다
서로 주물러 주고
지금은 마음을 가다듬을 때다
요즘은 잘 먹어야 한다
사람은 마음을 다져서
넘어가지 말아야 한다
평준화 시대 왔다
친척 못 만나
시기, 질투할 기회가 적어졌다
이게 다 하나님 조화 속이야
다 하나님이 하셨다
이렇게까지 된 것은
다 하나님이야.

시키는 대로 한 공무원도
위험하다
욕심이 죄를 낳는다
그 나이에는 호랑이도
밟아 죽이는 힘이 나와야 한다
세상 사는 게 쉬운 일 아니여

교회 나가라 하지 말 것

실실 웃지 말 것
먼저 인사하지 말 것 등을
어떤 사람에게 말해 주었다
지식도 필요 없다
남에게 도움이 되는
지식이어야 한다
남의 돈을
아껴 주는 사람이 돼야 한다

믿음 안에서는 진실성이
제일이다
녹아져야 해
아주 부서져야 해
죽어져야 사업도 한다
바짝 무릎을 꿇어야 죽어진다
돈이 손해나면 모르지만
말은 손해나지 않으니
죽어지는 것이 좋다

인생 지저분하게 살면 안 돼
자기가 진실하면 피가 튀지는
않는다
그늘은 상처다
왕따 시키면 제일 공부 못 하는
애들하고 놀면 된다

너무 언니 노릇 해도 왕따 된다
지금이라도 정직하게 살아야
한다
그런 거 알간?
봉사는 즐거운 맘으로 해야
안 아프다
혼돈 온다는 것은 겉넘었다는
말이다
'내가 뭔데?'
이런 맘을 가져야 한다

돈 내는 감사 아닌
말로 하는 감사가 중요하다
애들 무사히 하루 보내면
감사! 감사! 해야 한다

없으면 도둑 되고
마귀는 없애서 가난하게
만든다
인생이 다 속고 사는 것이다
어떻게 살아왔나가
씨종자까지 영향을 미친다
사람에게 말려 들어가지 마라!
복이 뭐냐면
맘이 편하게 사는 것이다

유식하면 교양이 철철 넘치고
무식하면 당당하다
눈이 뒤집어졌다
사랑 없으면 죽는다
사랑 있으면 죽을 사람도
살린다
행복은 자기가
만들어서 살아야 한다
난 잡음이 없어서 행복하다

마음이 요동치면 욕심 생기고
자기 것, 남의 것
구별 못 하다가 사기꾼 된다
정신 바짝 차린다는 것은
마음을 강하게 하는 것이다
못되게 맘대로 살면
못되게 인생이 펼쳐진다
휩쓸려 다니면 더 나쁜
사람이다
지금은 터 닦는 시간이다
흙을 돋우는 시간이다
신앙으로 이기면 뭐든 이긴다

사람 한 번 태어나서
주는 자가 돼야지.

정신 바짝 차려서 살아라
생각이 뒤집어지면
미쳐서 눈이 뒤집어지고 금방
망한다
사랑은 없으면서 설치면
안 된다
잘한다고 멋 부리면 더
어설프다

알고도, 모르고도 감사는
해야 한다
길은 여러 가지지만 선택이
중요하다
가장 좋은 것을 찾아야 하고
변질되지 말아야 한다
자기가 살면 불씨고
죽으면 열매 맺는다
늙어서 자식 괴롭히지
않으려면
지금부터 정신 바짝 차려야
한다
내 마음을 내가 다스려야
치매 안 온다

하나님의 기도 응답은

첫째, 예배와 말씀에서
둘째, 직접 말씀하심
셋째, 교회에서
넷째, 환경 통해서 응답이
온다

"내가 너와 함께 한다"는 것을
느끼며 자부심이 생긴다
기도의 능력이 생긴다
우리를 불쌍히 여겨달라고
기도하고
겸손하기만 하면 된다

부지런해도 지혜가 있어야
하고
지혜가 없으면 부지런해도
소용없다
나를 돌아봐야 회복된다
배운 사람이나
못 배운 사람이나 평준화됐다
우월감 갖지 말아야 회개가
나온다

생활력이 강해야 한다
젊음이 평생 있는 것 아니다

태풍이 항상 오는 것 아니고
몇십 년 만에 한 번씩 오는
것이다
지혜가 있으면 먹고 살 수는
있다
지식은 사람을 우습게 본다
파란만장에는
긍정적인 면과 부정적인 면의
두 가지 의미가 있다
내 마음을 항상 더듬어 봐야
한다
줄 줄만 알면 된다

영혼이 다 드러나서
세상이 활짝 열렸다
영이 맑아서 추상화 같은
그림이다
눈썰미 있고
손 돌리는 것이 특히
자연스럽다

내 몸이 성전이라
절대적으로 지켜야 한다
내 마음을 내가 지키지 않으면
누구나 피할 수 없다

내 속에 동물들이 들어 있다
내가 내 마음을 지킬 수
없는데
예수님 있으면 다 물리쳐
주신다
예수님 계시면
누구에게도 빠지지 않고
유혹에 흔들리지 않는다
눈 가려 주시고
바보 같은 마음 주셔서
흔들리지 않는다
형제, 자식 매일 침투하는데
참으면 된다
첫째, 화 나지 않으면 된다

우리 마음을 뺏기지 말아야
한다
우월감 없어야 한다
주는 것 좋아하면
일이 술술 풀리게 된다
새는 걸 막는 게 복이다
겸손하고 순수한 사람을
쓰신다
예민하게 따지는 사람은
복이 안 따른다

최선을 다하는 것이
축복권이다
축복은 그냥 오는 게 아니여
희생이 따라야 한다
콩 하나 심으면 한 됫박 나온다

열심히 해 봐 잘 되겠지
기도하는 것이 만능 아니다
사랑하라 하시는데
성령에 취해야 지식이 끝없이
나온다
말씀 은사 오면 지혜가 온다
지혜는 생각이 중요하다
아무것도 몰라도 되지만
그릇이 돼야 한다
나는 몰라서 빨리 받았다
지식도, 지혜도 필요하지만
먼저 덕을 세워야 하고
자손의 본이 되어야 한다

성령은 솔직한 게 역사다
남하고 비교하지 말아라
지혜롭지 못하면
일하고도 사랑받지 못한다
앞으로 어떻게 살아야 하는지?

하나님이 각자 그릇대로
주신다
분별의 영인 지혜와
지식의 은사는 다르다
서울대, 하버드대학의 지식은
끝이 있지만 지혜는 끝이 없다
'왜'라는 토를 단다
이유를 묻는다

악하고 게으르면 놓치는
은혜의 말씀이 많다
사람 세계에서 뛰어난 것은
어떤 것도 용서하고,
품을 수 있는 사랑이다
엄마의 탯줄은 전기선과 같다
사람이 경우적으로 하지
않으면
물질 축복 없어진다
축복의 손길이
뒤에서 작동하기 때문이다
하나님과의 연결이고 탯줄이다
기도가 돈이 드는 건가?
성령이 연결하시면 탯줄이다
스킨십 통해 성령 역사가
흘러내려 온다

하나님의 경제 원리는
정당한 가격 받고
반만 일해 주면 잘못되는
것이다
받을 그릇이 돼야 축복권이
유지된다
왔다갔다하면
축복권이 유지되지 않는다

복 받은 걸 잘 관리하나?
욕심 많고 질이 안 좋으며
설치면 안 된다
돈이냐? 사람이냐?
있는 사람은 보람을
찾아야 한다
말 잘 들으면 잘 되고
안 들으면 잘 안 된다
리브가는 순종 하나 했다
사람은 자꾸 설득해서
변화시켜야 한다
하나님 자손은 기도가
무섭더라

있는 사람도 힘들지만
보람이 있어야 한다

같이 화내지 말고
순하게 말하면 들을 거다
하나님께서
솔로몬의 지혜 주신다고 했다
눈을 어떻게 뜨냐?
미운 눈으로 쳐다보니
눈동자부터 변하더라
겉멋 들면 안 된다

지혜가 있으면
올바른 말이 줄줄 나온다
긍정적으로,
기죽지 말고 살아야 한다
세계에 이름을 날려라
하나님이 내세우셔서
집안에서 아무도 핍박을
못한다
더듬더듬하면 무시당한다

남 억울하게 하면 안 된다
전도도 희생이 들어가야
할 수 있다
당당하면 하나님 역사가
안 난다
겨자씨 퍼지듯이

내가 자식들에게 쓰면
좁게 퍼져나가고
여러 사람에게 널리 쓰면
넓게 퍼져나간다
봉사도 아무나 하는 게 아니여
길이 열려야 하는 거여
봉사는 소문나는 것보다
우선 내가 기쁘다

난 사람들이
심술 있다는 것을 요새
깨우쳤다
친구가 다 친구가 아니다
친구는 굉장히 위험한 것이다
날 괴롭히는 사람들 있다
다소곳하고 겸손해야 하는데
끝까지 설친다
받기만 하고
자기 것만 챙기는 건 안 좋다

우리 나이에는 보증도 서면
안 된다
없다고 징징 짜면 집안이
안 된다
"난 행복해"

밝게 지내야 잘 된다
친구고 친척이고
사람 분별 잘해야 한다
그게 제일 중요하다

마음이 머리를 안정되게 한다
머리가 돌아간다
마음에서 몸이 온다
마음이 제일 무섭다
있으면 힘든 사람이 있고
있으나 마나 한 사람,
꼭 필요한 사람이 있다

회장님은 많은 사람을
먹고 살게 만드는 사람이다
여러 사람 먹여 살리니까
회장님은 꼭 필요한 사람이다

생각의 집중이 기도다
생각이 더 빨리 들어온다
하나님과 나만 안다
기도 많이 하면 구김살이 없다
늙어도 곱게 늙는다
축복받으려 하기보다
봉사하려는 마음 가져야 한다

"사랑밖엔 없다"
욕심은 망하는 거여

미련한 자도 먹고 살 수는
있다
머리 좋고 진실성 없는 자는
먹을 것도 없다
남에게 사주는 것이 좋다
마음이 예뻐야 축복이 온다
질서를 바로 잡는 것이
참 중요하고 어려운 일이다

첫째 정직해야 하고
둘째 정 많아야 한다
셋째 고지식해야 한다
나란 것은 조금도 없어야 한다

혼자 생각하면 나쁜 것이
들어간다
기도할 때 짜증 나면
정신 차려야 한다
아무리 사줘도 끊임없이,
변함없이 힘들게 하면 어렵다

독기가 빠져야

성령의 일을 할 수 있다
누구 하나라도 덮어줘야
하나님께 영광되고
사람에게는 사랑이 된다
정직과 사랑, 인내로
끝장을 봐야 한다

남을 우습게 보는 사람에게
"그냥 놔둬"
한 생명이 천하보다 귀하다
하나님께서
지혜를 주셔야 살 수 있다
남을 평가하지 마라
의논을 해야 하는데 안 하면
막힌다
도둑질 한 번 하면 죄 값이
있다
복 받을 짓을 비껴나 복을
깎는다

감사하면 축복이 올라가는데
바다 건너 강짜까지 하면
어떻게 하나?
좌파였거나 우파거나
교만하면 안 된다

인생 살아가면서
진리는 먼 데 있는 게 아니라
내 옆에 있다는 걸 깨닫고
나면 감사해서
하나님께 중얼거리게 된다

중심을 잃지 말아야 한다
우리 맘대로 사는 것 아니다
감사를 잊지 말아야 한다
하나님이 내게 원하시는 게
뭔가 기도해야 한다
도둑질해서 잘 사는 사람
한 명도 못 봤다
모르고는 속아도
알고는 속지 말아야 한다

세금 다 내고 살 거야
인생 떳떳하게 살 거야
속이고 살면 인생 끝나는 거지
사는 것 별것 아니야
시기 질투는 큰일 난다

한 발짝도 혼자 나가지 말아라
잘났다고 혼자 다니면
큰일이다

지식은 있는데
지혜가 없는 사람 많다
눈으로 보면 스스로 죽는다
교만하지 않고 겸손하면
쥐구멍을 막는 방법이 된다
혼자 해결한다고 의논 없으면
쥐구멍 열어 놓는 것이다
막아야 한다

눈이 날카롭지 않게, 평범하게
보여
부드럽게 사람을 끌어야 한다
얼마나 참고 인내해야 하는지!
무슨 일 있다고
바로 뽀르르 달려가
따지고 하는 것은
믿음 있는 사람의 자세가
아니다
틈을 주지 말아야 한다
좋을 때 기도해야 한다
애들 잘나갈 때,
기도 많이 해야 한다

낙엽 쓰는 것을 일이라고
생각하지 말고 자연스럽게

여겨라
자기가 편안한 자리가
자기 자리다
올라가지 못할 나무는
쳐다도 보지 마라
욕심에 정신 뺏기면
헛것이 보이고 헛것이 들린다
성령 충만도 중요하지만
열정이 더 중요한다
애들에게는 기도해 준다
하지 말고
마사지 한다고,
주물러 준다고 해야지
그렇지 않으면
사탄이 역사해 달려든다

눈을 아래로 뜨면 차분한 것
같아도 잡음이 들어간다
눈을 위로 떠야 생기 나고
힘 난다
말도 너무 안 하면 안 된다
사람은 자기가 즐기고
찬양도 하며 활발해야 한다
자기 복이 있어야 한다
웃기도 하고 울기도 해야

14. 나의 가르침 223

사람답게 사는 것이다

아무리 친한 사람이
끌고 가도
갈 데, 안 갈 데를 분별해라
끌려가지 마라
자식이 안 된다
바른 길 가려면 심술 없애고
남의 것 뺏으려 하지 말아야
자식이 잘 된다

여러 사람 만나서
많은 것 보고 배웠다
주기도문, 사도신경 외워 보면
내가 제대로
기도하고 있는지 알 수 있다
뭐가 인생을 잘 사는가?
금방 죽을지라도 대차야
하는데
대차지 않으면 안 된다
식구들만 힘든다
자기 나쁜 생각이나
행동은 빨리 내쫓아야
살 길이다
말 속이고 되 속이면

못 산다더니
자손들이 안 되더라
영 분별 잘 하지 않으면
끌려가게 된다
속지 않는 생활 해야 한다

예수 믿는 사람은
참을 수 있는 힘이 나오고
회복된다
큰 병 들지 않으려면
발끈하는 성격부터 고쳐야
한다
용서하려면 뱃속까지
다 풀어져 용서해야 한다
그것도 아니면
정말 성질 나쁜 것이다

부모나 남편은 참아 줘야 한다
요즘은 안 참고 무시해 버린다
속으로 말은 무시하되
겉으로 사람은 대우해 줘야
한다
요즘은 결혼하기도 어렵다
삐딱하게 나가지 말고
정직하게 살아야 한다

안 좋은 것은
하루 빨리 끊는 것이 분별이다
우리는 빨리 바꿔 나가야 한다
예수 이름으로 물리쳐 가며
고쳐야지 사기 치는 사람
사기 치지 못하게 고쳐
봉사하게 고쳐야 한다
청소하라고 하는데
"아멘!" 하면
자기가 청소해야 한다
우리 교회 온 것도
축복이니 봉사해라
기도는 안정되고
조용해야 할 수 있다

돈이 없어도 젊은 애들
없다 소리 하지 말아야 한다
먹는 것 갖고 그러냐?
없으면 신앙이 더 좋아진다
누가 내 것 가져가도
"더 좋은 것 주실 줄 믿습니다"
가져가더라도 맘 편히
생각해라
그이가 좋아하거들랑 다 줘
주는 자가 복 있다

사람을 이용해서도
이용당해서도 안 된다
친구나, 사람이 끌고 다니면
어떻게 하겠나?
모든 게 충족되면 하나님
안 찾는다
우리가 죽으므로
하나님 백성이 늘어난다
이것이 열매다
하나님 나라가 확장된다

예쁜 마음 안 가지면 축복권
없다
무시하면 나도 모르게
오히려 무시 당한다
독한 마음 가지면
자기가 독한 일을 당한다

살다가 어려운 일 와도
좌절하지 말고
또 이겨나가야 한다
믿지 않는 사람이라도
"나를 괴롭히는 마귀야!
예수 이름으로 물러가라!" 하는
기도가 무기다

성령 받으면, 성령 충만하면
뭐든 다 용서하고 이해할
수 있다
감사가 떠나가면
바로 불평불만 나온다
살다 보면 좋은 것, 나쁜 일
많으나
이겨나가서 발전되어야 한다.

일거리 찾아 노동이라도 해서
남을 위해 살기 위해
돈을 벌어야 한다
편하게만 살려면 어떻게 하나?
잘못된 것 바로 잡기 위해
공부하고 대학도 가야 한다
식물도 물 주고 거름 주어
잘 자라게 해야 하듯이
사람도 그렇다

"감사합니다"가 축복권이다
목사님은 특히 감사가
축복권이다
마음에 집중하는 것이
기도이다
성은 정말 아름다운데

인격적으로 숨어질 때,
더욱 아름답게 된다
마음의 여유가 있어야
예쁜 꽃도
그 아름다운 모습을
볼 수 있다
두 난이 휘어져 합하여
하나로 겹쳐진 것이
재혼하신 노 목사님과
사모님의
사랑으로 보였다

사람의 복이라는 것이
억지로는 안 된다
남을 위해 살려는 데서
길이 갈린다
내가 살아서
믿음이 깊이 들어갈 수 없다
사랑을 먹으면
그 사람이 잘 된다
사랑을 나눠 줘야 한다
첫째는 가정이 행복해야 하고
행동으로 잘 보여 줘야 한다
즐겁고 행복해야 하고
여행도 가야 한다

걱정 근심 물리치니
다 뛰어넘어 화날 일 없다

마음의 병을 주기 때문에,
형제간에 너도 망하고
나도 망하는 것이다
나의 의지 놓치지 말고
끝까지 붙들어야 한다
살림들 잘해서
남에게 나눠 주면 좋더라
"감사합니다" 하면
확! 퍼지고 축복권이다
"감사! 감사!" 하면
하나님이 영광 받으신다
인사성이 축복권이다
인사 안 하는 사람이 안타깝다

신앙인이라면
20개 마음 중에서
한 가지 양심은 있으니
해결할 수 있다
길을 알려 주면 망하는 사람도
성공하는 길로 바뀔 수 있다
사람은 영이라 미워하면
다 느낀다

사랑을 먹어야 산다
남의 일 아니라 나부터
정신 똑바로 차려야 한다
양심 반듯하게 살아야
제 정신 차리고 살 수 있다
양심껏 안 살면 안 된다

돈도 좀 있어야 하고
풍기는 것도 있어야 한다
요새 시골 사람 우습게 보면
안 된다
사람은 모르니
선하고 고지식하게 살아야
한다
자기들은 잘나서 그렇지
참는 자가 복 있다고
밟혀 썩어지고 바수어져도
나를 공격하는 거니 그냥 놔둬
꼼꼼하면 실수 없지만
피곤하다
너무 욕심부리지 말고,
너무 애쓰지 말고
그냥그냥 살아
산도 넘고 바다도 건널 나이에
스트레스나 공황 장애는

없어야 한다
지금 젊은이들이 어떻게 살아?
정신 차려서 친구도 잘 사귀고
이용은 당하지 말아야 한다

설 데가 있고 안 설 데가 있다
하나님 믿고 분별을 잘해야
한다
"하나님이 원하시지 않는
것은 하지 말게 해 주세요"
"최선을 다하게 해 주세요"
공동체에서는
돈 쓰고 상처 받으면 안 된다
우리는 더 넓혀져야 한다

허점 없으니 함부로 말을
못 한다
두서없이 말해도 용건은
말한다
지식인은 물음표 쳐가며
잘 먹히지 않는다
신경 쓰고 속상하며
기분 나쁘면 거기에 쏠리게
된다
사람은 웃기도 하고

사랑을 받아야 산다
식물도 화분 흙에 작은 먼지,
밥풀 작은 것들을 올려놨더니
구박 받아 기분 나빠서 죽었다
루즈 빨갛게 바르고
치매 안 걸리게
정신 바짝 차려야 한다
마음의 병을 이겨야 한다

시집 안 가면 이용 당한다
옷도 단정하게 입고
직장은 끝까지 다녀야 한다
금방 죽을 것 같은 사람도
일해야 한다
직장에서 월급도 타니
생글생글 웃어야 한다
안 그러면 남편도 기가 빠진다

신앙생활 하려면
마음의 폭이 넓어 다 품어야
한다
살다 보면 고비가 있다
직장에서 어려운 것도
배워가며
일해야 발전이 있다

사람마다 다 어려운 것 있다
사장이 시키는 것이 어렵다
지금 세상은
머리 굴려 사는 세상 아니고
순수, 있는 그대로 해야
성공한다

젊은 사람에게 부탁한다
절대 화 내지 마라
젊은이들은
아니면 아니고, 기면 기고
확실하다
젊은 사람보다
나이든 사람에게 잘해야 한다
인내는 참다가 좀 있다가
못 참고 또 튀어 나온다
거듭나야 인내가 완성된다
거듭나면 말도
실수 없이 잘하게 된다
포기하면 뭐든 이겨낼 수 있다

관계가 재산이다
그저 감사하며
남의 말만 안 하면 복 받는다
단계를 넘어서려면

첫째, 사람을 사랑해야 한다
사랑 있어야 힘을 받는다
우리가 이길 수 있는
힘을 받아야 하는데
상처는 주면 안 된다
끝까지 사랑해야 한다
먼저 가정에서
남편, 자식부터 사랑해야
다른 사람을 돌볼 수 있다
남의 사정 어떻게 아나?
좋은 얘기만 해라
우리는 감싸는 마음으로
항상 말조심해야 한다

인생은 숨어서
혼자 울고 사는 것이 인생이다
우리는 기도할 뿐이다
사람 머리는 한계가 있다
기면 기고 아니면 아니고
아쌀하게 살아야
속지 않는 생활 한다

사람은 매력 있다
사람은 멋있다
사람은 맛있다

귀나 눈 같은 년이라고
욕 안 한다
맛을 어떻게 표현하나?
참 아름다운 것이다
그 맛을 느끼면 싸울 수 없다
늙으면 입만 산다
누구든지 정신 차려
남편을 지켜야 한다
아내가 지혜롭고
인격적으로 살아야 막는다
먹고 살기 괜찮으니 먹잇감
찾는다
어떤 모임이든 눈길 주면
절대 안 된다
어떻게 보면 아름답지만
천박하게 될 수도 있다
고상하거나 또는 비인격적인
것은 조홧속이다
여자 몸은 장미보다 더
예쁘다
상상 속에 빠지게 된다

숨겨 놓은 곳을 뚫고
도둑질하는 것이 남자다
쓰레기 같은 욕을

다 그 속에 집어넣는다
왜 이렇게 하나님께서
볼 수 있고,
들을 수 있게
만들어 놓으셨는데
이 세상 사람이 다 욕하나?
숨기고 숨긴 보물 같은
가시덤불 속을
도둑질하려고 노리고 있다
조용히 수줍게,
가만히 앉아 있는 것을 욕하나?

신앙 좋아도 걷넘으면
큰 손해 본다
은혜는 무엇과 바꿀 수도 없고
구할 수도 없는 일이다
탕감 받은 자의 기쁨은
어느 누구도 정죄할 수 없다

베풀어봐야 맛을 안다
될 수 있으면 참아 주고
폭 넓게 살아라
당당하게 자신을 넓혀서
활짝 펴고 살아라
자기가 자기를 묶지 말고

자기를 살려서 즐겁게 살아라
한 사람 묶으면
가족 모두가 묶이는데
한 사람이 풀리면 다 같이
풀린다
자기가 개발해서 멋지게
살아라
자기 맘대로 살아라
나쁜 일도 다 흘러가는 물이다
다 지나간다
돌아간 후에 "그 사람
아까웠는데…"
소리를 들어야 한다

여자가 주변머리 없으면
안 된다
마음이 가난하면 꼬부러진다
인성 교육 잘 시키면
공부가 다 아니다
자기만 위해 살지 말아야 한다
자기 개발 해야 한다
사람이 마음으로
해결하지 못하는 것은
돈으로 해결한다
통이 작은 것에 감사한다

인생 사는 게 다 그렇지
앞으로 헤쳐 나갈 일을
생각하면
앞이 캄캄하다
기쁨을 발견해서
만족하게 살아야 한다
원망하면 안 된다
사랑은 주님께 가는 날까지
변함없어야 한다
그것이 교인의 사명이다

자기 것을 채우려 하는데
사랑을 나누는 것이
몸에 배야 한다
미워도 사랑해야 하고
공을 잊어선 안 된다
제일 중요한 것은 착함이다
착함은 끝이 없다
신앙 가진 자들은
안 좋은 일에 거들진 말아야지
손금을 떠나서
마음을 잘 다스려야 한다
팔 자가 변하여 구 자가 된다

자기 생각 갖고도 안 된다

하나님 지혜는 분별이다
세상을 이겨야 하는데
무서운 세상이므로
조심조심 살아야 한다
수단 방법 나오면 안 된다
지혜 없으면 욕심이 나온다

사람 많이 사는 곳에
살아야 한다
산 밑은 위험하다
사람 잘 만나야 한다
지금은 기도 응답 받는 시기다
알고는 있어야 하지 않나?
뺏어만 안 가면
적당히 살아야 한다
감사는 갚아야 한다는
마음을 가져야 한다
남이 해주기 바라도 안 된다
기도로 밀어주고 잘 되기를
바란다
무조건 내가 져줘야 한다

천복을 타고났다
받은 복을 유지하려면
먼저 겸손해야 한다

불만 가지면 안 된다
남이 들을까 겁난다
돌아가신 부모에게서
벗어나 자유를 얻어야 한다
고통도 빨리 벗어나야 한다
기도하겠다 하면 시간 낭비다
않겠다 하면 바로 끊어야 한다
원망은 자기 욕심이다
예수 이름으로 물리쳐라!
어떤 일이 있어도
불만은 있을 수 없다

끊을 건 끊고 자를 건 잘라라
맛있는 것 먹고 즐겁게 살아라
신앙 안에서만
사람 세계를 뛰어넘을 수 있다
개미구멍까지 드러나
비밀이 없다는 것을 예언했다
지금은 다 드러나는 세상이다

시시한 건 빨리 털어내야 한다
사람을 무시하지는 말고
말은 듣지 말고 피해 다녀라
예민하면 자기만 손해다
만나서 편안한 가운데

주거니 받거니 하면서
사람도 안 미워졌다

순간적 선택으로 변화된다
산만해 두서없으면 안 된다
내가 고쳐서 차분해야 한다
부산스러우면 안 된다
나서지 말고 묻는 말에만
대답해라

안 풀리니
이런저런 생각을 하게 된다
마음이 풀려야 일이 풀린다
있는 사람 대접하는 것보다
약자를 잘 대접해야 한다
정성보다 더한 것이
영혼 들어간 것이다

신앙 좋으면 주위에 사람이
있어야
부탁도 하고 도움을 받는다
자아가 강하고
혼자 신앙 좋다고 교만하면
도울 사람이 없다
시기 있으면 복을 받을 수 없다

사촌이 땅 사면 배 아픈 것이
시기다
있을 때 멋지게 살아라

내가 어디서 막혔나?
어려우면 기도해야 한다
요새는 잘 살아도
많이 깨서 하나님 찾는다
기왕 예수님 믿으면
교회에서 은혜 받아
집에서 화를 내지 말아야 한다
예수 믿는 사람은 강하고
담대하다
기도로 사탄을 막는 역할을
한다
기도 많이 해야 적도 막는다
바닥에서부터
살아야 감사할 줄 안다

남 좋게 해주는 것은
참 행복한 일이다
하나님 일은 자꾸
나누는 것이 번성하는 길이다
나팔 불듯이
하나님을 전도하는 것밖에

할 것 없다
밟아라! 밟아!
밟히고 밟히고 해야
사명을 감당할 수 있다
인생은 고비가 있다
우리는 가다듬고 가다듬어야
한다

아무 말 말고 기도만 해라
무능해도 다 먹고 살게
해 주신다
지금은 시골에도 나무가
귀하다
고생하며 산다
겁나면 차가운 눈 된다
사람이 무서운데
자신감 없어서 그렇다
자기 경험 얘기해 주며
자신감 줘야 한다
놀란 눈은 번쩍번쩍한데
부하 직원한테는
눈을 옆으로, 아래로 뜨고
얘기해라
무서운 점 있어서 눈치 보니
자신감 갖고 같이 고치자고

말해라
모든 사람 무서워하고
덜덜 떠는 눈은
곤두서서 자연스럽지 못하다
욕심 많은 부모가 문제여서
자식을 다 바보 만들었다

마음만 예쁘게 가지면 된다
영의 부모 잘 만난 걸 항상
감사하고 위하여 기도 많이
해야 한다

인간관계가 끼리끼리 놀아
배울 것 없다
악착같이 살아야지 하는 마음
꼭 가지면 응석할 수 없고
독립심을 갖게 된다
전기선 많아도
하나가 딱! 맞아야 불 들어온다
사랑이 통한다
여러 선이 있어도
사랑 없는 선은 소용없다
사랑이 있어야 한다

못 살려면 마음부터

변한다더니
사랑이 없으면 눈도
안 마주쳐진다
마무리를 잘해야 한다
보고 들은 것 없으면
발전성 없다
거기서 끝이다
만나는 사람이 있어야 한다
어려운 일 겪어야
우리는 깨지고, 성숙해지고,
철난다

한 번 속상하면
안 풀어지는 성격이
고비를 넘기면,
어떤 일도 이길 수 있는
힘이 생긴다
얼굴 환하게 성경만 읽어도
된다
우물쩍하고 욕심 있으면
미혹 당한다
사람에게 빠지면 안 된다
안정감 없이 두근두근하면
안 된다
이 일 하면서는 똑 떨어져야
한다
기면 기고
아니면 아니고 해야 한다
인생사는 것 별것 아니다
하루 건강하면 하루 행복하다

회개가 참 중요하다
회개 안 하면
바늘 죄인이 소 죄인 된다
하나님을 믿으면 정직해야
한다
도둑 줄 것 있으면 감사해야
한다
도둑맞는 사람이
하는 사람보다 맘 편히 산다
감사 눈물은 데굴데굴 굴러도
시원치 않다
사랑 없는 건 봐 줄 수 없다
사랑의 끈이라도 묶고 자라

구박 받으면 영이 안 맞아서
왔다 갔다 정신없다
"손해나도 그냥 덮어줘"
엄청난 것도 이길 수 있는
힘이 온다

조금씩 차츰 자라게 하셔서
고비를 넘기면
좋은 길이 열리게 해 주신다
"남이 성질 안 좋거나
말거나 상관하지 마라"
애들이 안정된 선생님한테
배워야 하는데
전교조 선생들한테
배워서 이상한 애들이
많아졌다
항상 밝은 생각 하고
노래를 즐거운 걸로 많이
불러라
길다 하면서도 짧은 게
인생이다

하나님이 축복 주셔서 잘
사는데
거짓과 도둑질 하면
하나님이 축복을 걷어 가신다
못된 사람에게 더 잘해야 한다
인생에서는 인간관계가
제일이다
지식은 있으나
지혜가 없어서 쓸 줄도 모르고

쌓인 것이 많았다
지혜가 있어야 산다
헛된 일 안 한다
지혜는 달란트이다
정직한 게 제일 중요하고
또 순수해야 한다

시기, 질투, 심술 없어야
축복 받는다
지식 없어야 순하다
지식 없으니 죄 짓지 않고
베푼다
기분 나쁜 것이
하나 들어오면 '씨'다
받지 않는 방법은
고집 세지 말아야 한다
고집 세면 주장이 세서
자기가 옳다고 하니
자기 가정 문제가
하나도 해결되지 않는다
남의 말도 들을 건
들어야 한다

내 생각이 막혀서
그런 문이 열리지 않는다

사람을 자꾸 찌르는
사람 있어도
말하거나 말거나
시험 들지 말아야 한다

'지가 뭔데'
말은 무시하되 사람은
무시하지 마라
내 맘은 다 예수님이 알고
계신다
그렇다고 무시는 말아야 한다
젊은 사람들 모두 복된 눈,
복된 귀가
되게 해 달라고 기도해야 한다

무서운 세상이다
시골에선 일하면
일한 대가가 다 나온다
길을 바꾸니
하나님 앞에선 이렇게 길이
열린다
남을 한 사람 죽이면
자기가 먼저 죽는다
기독교는 희생이 들어간다
더 많이 회개해야 한다

눈물의 종류에는
분통 터지는 눈물,
감사 눈물이 있는데
감사 눈물은 눈이 안 붓는다
마음이 제일 중요하다
흔들리지 말아야 한다
예수님만 붙든다고
교회에만 가 있어도 안 된다

이런 데 올 수 있는 것도
감사하다
안 믿는 사람과 다른 점은
하나님 의지하는 것이다
"속지 않는 생활하게 해
주세요"
정직은 솔직하고 거짓 없어야
한다
산만하면 치매 온다
중보 기도가 중요하다
엄벙덤벙하지 말고
마무리를 잘해야 한다
사람 다루는 것도
기대지만 말고
지혜를 구해야 한다
지혜롭지 못하면 넘어가게

된다
비교, 욕심 버리고
완전히 포기할 때 집어 주신다
인생 사는 것 쉬운 일 아니다
머리에 이고 다니지 말고
조용히 자기가 기도하는 것이
중요하다
결정은 한 번에 하지 말고
신중하게 또 생각해라
만남의 축복이 너무 중요하다

자아가 강하다
헛된 말이 아니고
앞으로 살아갈 길을
알려 주는 말을 들어야 한다
분별 못 하면
가면 쓴 것을 보면서
속아 넘어간다
속은 죽으면서 한 것은
의지력이고
겉으로는 활기차면 가면 쓴
것이다

무슨 일이든
이겨낼 수 있는 것이 마음이다

강한 것은 의지력,
독한 것은 다른 사람
다치게 하고 죽이는 것이다
네가 나누는 데서 도둑
오는 것을
발길로 차버리게 된다

보물 있는 데 도둑 있다
돈 있는 데는
사탄이 버글버글하다
기쁨을 뺏어가려는 마귀가
들끓는다
좋다가도 삐칠 때가 있는데
그때 잘못하면 이혼한다
마음 비우지 않으면
결혼 생활하기 어렵다

악인이 선인 보면
저렇게도 사는 건가?
선인은 악인 보며
저렇게 살지 말아야지
자꾸 마음을 가다듬어야 한다
한 사람을 통해 집안을 다
정화시켜 낮아지게 하신다
사주는 것은 역사에 남는다

진실한 사람을 만나야 한다
빼가는 사람은
아무리 잘 해줘도 안 된다
지혜 있으면
세상 사는 것이 수월하다
이해타산하면 욕심 생겨
세상적인 혼돈을 준다

젊은이들이 세상에서
출발을 잘해야 한다
욕심 없게 기도해야 하고
무시하지 말게 기도해야 한다
천재 같은 인물이 될 것이다

고난을 통해서 다른 어려운
사람을 설득할 수 있다
사람을 살려내는 역사다
상대가 돼야 싸움도 하지
하나님이 키우신다
아쉬운 것이 있어야 하는데
첫째는 감사하는 마음 가져야
하고
둘째는 성실해야 한다

가정 하나 잘 지켜야 한다

한 시도 쉼 없이
내 마음을 가다듬어야
미모를 유지할 수 있다
내 맘을 내가 모르니 항상
대비해서
수시로 마음을 가다듬어야
한다
연단 없으면, 크게 경험하지
않으면 성공할 수 없다
지금 연단은 행복한 시련이다

신앙생활은 끝까지 참고
인내하면 성공한다
하나님과 나 사이지
목사님이 아니다
마지막까지 최선을 다할 때,
마음을 다잡고 다시 시작할 때,
다음날 바로
불러 주는 데서 불러갔다
정직하면 먹고는 살아
도둑질하는 사람은 참
미련하다
정직이 제일 중요하다
정직하기만 하면 된다
더 바라지도 않는다

받은 축복을 쏟아 버리지 마라
나는 재산 챙겨 주는 사람이다
감사할 줄 아는 것이 축복이다
이 은혜를 갚아야 하는데
어떻게 하나?
하나님 축복이 넘치니
교만하지 말고
꼭 이 세상에서 갚고 가고
싶다
아무리 발버둥 쳐도
돈이 안 따르면 안 된다

하나님의 은혜가 없으면
불가능하다
속임수 없이 맘이 깨끗하고
솔직해야 한다
그런 젊은이들을 통해서
나라 이름을 날리게 해야 한다

잘난 척 말고 엄청 조심해야
한다
돈 있으면 죽어져야 한다
특별히 잘될 때 겸손해야 한다
미워하면 안 된다
사랑하면 침투하지 못 한다

또 딴 때 만나면 되지
나도 하느라고 했다
돈이 다가 아니다
잘될 때 교만하지 말아야 한다
잔뿌리 다 없애고
본 뿌리가 단단히 박혀야
흔들리지 않는다
이래도 흥 저래도 흥 하면
흔들린다
일하기 싫은 사람은
먹지도 말라 하셨으니
열심히 일해

외로움은 사람 속에 있으니
느끼나
그것을 지나
고독 속에 들어가면
영성이 온다
나 혼자 조용히 살아온 것
되새겨 보는 시간도 필요하다
겉에 나타나지 않고
자기만 아는 교만이 있다

자식이 아프면 더 겸손해야
한다

우울하다는 생각만 해도
우울한 것 아니다
퇴직해서 구직 중이면
걱정하는 건 당연하다
하나님 믿어야 지혜가 온다
미워한 것 있으면
빨리 회개해야 한다

뱃속에 들어간
나쁜 것 나오느라 힘드니
기도 많이 해야 한다
남의 말 듣지 말고 공부
많이 하고
잘 된다고 생각해야 잘 된다
여럿이 한 사람 살리는 것은
어렵지 않다
시기, 심술 들어오면
그것이 마귀여서 내 속에서
자란다
거짓말 안 하면 고리고리 안
걸린다
과대망상으로 자기를 포장하며
욕심이 하늘을 찌르니
기쁨과 즐거움, 웃음이 없다
마음이 가난해서

있는 사람과 비교하니
불만 있고
감사를 안 한다

수고 없이 얻으려 하지 마라
섭섭한 것 없어져야 한다
분통 터지지 말아야 병 안 든다
내가 내 마음을 넓혀야 한다
사는 데는 훈련이 참 중요한다
그냥 크는 줄 아냐?
자꾸 떨어져 봐야 큰다
이유 따지지 말고 참아 줘라

성숙해지면 큰일 할 수 있다
안정된 심령 안 가지면
생각지 않은 말과 행동을
하게 된다
사기꾼이 도처에 있으니
영 분별을 꼭 해야 한다
영권이 있으면 안 좋은
사람이 접근을 못 한다
친구도 안 만나는 것이 낫다
병 주고 약 주고 이용하려
한다
상처 줘도 받아들이지

말아야 한다
칭찬 받으려 하지 말아야 한다

머리 좋아 안 잊으면 어렵다
참는다고 되는 것 아니고
어려움을 이겨 나가야 한다
남 무시하면 평생 고생하고
산다
세상이 공평하다는 걸 모른다
인생 사는 게
깔끔하게 사는 것이 중요하다
심술은 피우지 말아야 한다

곁넘으면 젊어도 집안이
엉망된다
집안이 어지러우면
"잘났는데 어쩌라고?"
정신을 바짝 차려야
희미해지는 것을 막는다
덕을 세워야지,
정신 희미하면 안 된다
자기가 자기 성격을
꺾지 못하면 치매 온다
정신 바짝 차려야 한다
정신 이상할 때는 힘도 심히

세진다
자기 몸을 자기가
잘 관리해야 한다

회개는 섭섭함이나 상처 등
자기 마음을 자기가 고백하는
것이다
도둑질 같은 것을 했다는 것
아니다
욕심 피우지 말고
주어진 데서 먹고 살아라
탯줄 연결되듯,
진실한 마음으로 하나님과
사랑으로 연결돼야 한다

누군가가 먼저 희생하며
인사해야 한다
있어도 주기도 하고
받기도 해야 한다
젊을 때는
한 단계, 한 단계 올라가야
한다
상처 받지 않게
사람의 생각과 행동은
무시하되

사람은 무시하지 마라
으등거리며 싸우지 말고
즐겁게 살아라

누가 욕하면 "욕이 아니여.
그냥 하는 말이여" 하고
잘 소화시키면 된다
식사 기도가 병이 낫는 기도다
허락이 안 되는 기도가 있다
표현이 엄청 중요하다
긴장하더라도 자연스럽게
긴장해라
조심조심, 차분해야 다치지
않는다

천년만년 사는 것 아니니
돈타령 하지 말고
마음 비워 정직해야 귀티가
난다
좋은 소식을 1시간 먼저
알려 주면
11년 살 힘이 나온다
교회에 미친 것보다 더 낫다
믿는 우리가 더 회개해야 한다
사람은 자기 노력의 욕심은
펴도 되니
양심, 정직, 무욕심을 다
분별해서
남의 것 탐내지 않으면
앞길을 환히 열어 주신다

음식은 음식일 뿐,
눈이 밝아야 사는 것이
사람이다
진짜만 살아남는다
사람은 머리 좋을수록 겉넘어
좋은 머리를 잘못 쓴다
거짓과 진실이 있다
겸손도 자기가 개발해야 한다
능청 떨면 싫다
지금이 어느 땐데
아무리 잘난 척해도
무식은 들통나게 돼 있다
다 품는 것이 승리다
한 고비 넘는 것이다
복 받을 짓을 못 하는 사람도
있다
머리 좋고 경우 바른
사람은 살기 어렵다

못 들은 척 해야지
그냥 넘어가야지
속상하다고 남에게 말해도
소용없으니 마음을 넓혀야
한다
마음을 자꾸 가다듬어
욕심을 없애야 한다
인생 사는 것 잘 생각해서
고쳐가며 살아야 한다

소리 꽥! 지르면
그때마다 복이 깎여나간다
분한 것도 다
뒤로해서 없애야 한다
믿는 사람은 지혜가 있다
없어서 비교하는데
영의 눈을 떠서
강하게 싸울 수 있어야 한다
영의 눈 뜨면 두려움 없고
당당하다

축복권은 겸손에서 온다
인생이 이렇게 살다가
끝나더라
사랑하니까 말해 준다

정신 바짝 차려 공부해야 한다
첫째는 가정을 잘 지켜야 한다
지혜가 있어야 옳은 길 가게
한다
내 몸에서 가장 중요한 것은
지혜이다

말질을 만들려고 하는데
성령 받으면 속지 않는다
심통은 참 못된 것이다
자기 어렵게 산 것을
남에게 덮어씌워 무시하는
것이다
어떤 사람 만나는가가
참 중요하다
사람이 제일 못됐다

자손을 통해서도 역사하니
지금은 분별을 잘해야 한다
그걸 분별할 수 있어야
그것을 다스릴 수 있다
영적 세계에서는
부귀영화 아무것도, 별것도
아니다
사람 잘 만나면

축복권과 연관돼 있다

회개는 그냥 놔둬야지 까짓것
영은 이겨야지
영이란 게 그런 거여
아기라면 안고 있으면 좋겠다
"넌 활기차게
꼭 붙잡고 살아야 한다"
자기 마음을 다스리는 것이
자살 예방이다
다스리지 못하면 자살한다

지금은 잘 돼도 무섭다
살기 어려운 세상이다
자기 주어진 데서
감사하는 사람이 제일 편하다
불평불만하면
우울증이나, 치매 온다
성령은 절제가 특징이다
자기 생각 들어가면
마귀 역사한다
성령은 인격적이어서
성령의 레이더에 걸리면
자기 자식 흠 잡힐까 봐
우리를 가다듬어 주신다

첫째는 사랑이 있어야 하고
욕심 없어야 한다
배고픈 건 해결됐는데
시기, 질투로 배 아픈 건
해결이 안 됐다
심술이 안 없어진다
원수를 사랑하기는커녕
가족도 사랑 안 한다
미워하면 안 된다
그럴 테지

자기 가슴을 아프게 치면서
면목이 없고 감당이 안 된다
'그렇다, 아니다'가 아니고
절대적이다
정직하고, 양심이 곱고,
경우가 밝아야 하고
거짓말 말고 솔직해야 한다
악과 선, 진실과 거짓은 꼭
갈라진다

사랑은 못 해도
비뚤어지지는 말아야지
세상은 시기, 질투는 다 타고
난다

그러니 속지 말고 살아라

인생 살아가며 옹졸하게
살지 마라
베풀 때에
하나님이 축복을 더 주신다
안 사 주는 친구들을 더
사줘라
그럼 너는 축복의 통로가
될 수 있다
인색하면 사업도 쪼그라든다
버는 사람 있으면
쓰는 사람도 있어야 한다

다른 데서 말고 요기서만 붙어
다 풀어야 한다
친구도 도와주지 말고
날 도와주는 사람에게
더 잘해야 한다
뭐든 본인 마음이지만
얻으려는 마음 없어야 하고
베풀어야 한다
밥 사는 데서 축복이 온다

어려운 것도 다 추억이다

세상에 완벽한 건 없다
한 발짝은 마귀 것이니
항상 기도해야 한다
날 죽이려는 사람에게
이대로 죽어도 원 없겠다는
생각이 들 수 있다
그 세계 들어가면
손 한 번만 대도 다 만족해서
담대하게 된다

번성할 때 조심해라
기도할 때는 속상해도
끝까지 이겨내야 한다
서운하게 해도
꿋꿋이 밀고 나가야 한다
번져나가야 한다
어둠이 물러갔네
개미까지 보이는 것 같다
할렐루야!

사람 잘 만나는 것 어렵다
겸손은 알아도 모른 척,
몰라도 모른 척하는 것이다
대가는 축복의 손이
되게 하신다

내게 잘해준 사람에게
대가를 하는 것이 옳다
계산은 항상 정확하게 해라
인생을 멋지게,
하고 싶은 것 다하고 살아라
열심히 일할 때, 끝장을 봐야
영적 싸움에서 이긴다
마음을 다해야 한다

사랑에선 이유 없다
미움은 고리, 고리로 이어진다
큰 것도 작게 보고
작은 것도 크게
느끼는 것이 인생이다
우주의 기를 모으고
만약에 흩어지면 권위를
찾아야 한다

우리는 자존심 세우지 말고
기도를 많이 해야 한다
진실 아니면 안 된다
진실한 사랑 없으면
탯줄 끊어진 것과 같아 연결
안 된다

잘못된 생각, 시기 질투하는
사람은
내 세대에서 빨리 끊어야
자손들이 잘 된다
특히 애들이 시기 질투 있으면
절대 안 된다
돈이 안 따른다
없으면 악만 남는다
축복 받지 못 한다

돈은 악착같이 모으지 말고
순순히 모아야 한다
사람 자체가 나쁜 것 아니라
생각이 달라서 잘못되는
것이다
선하고 베풀어야 한다
남의 물건은 아껴 줘야 한다
고집 세거나, 억지하면 안 된다

나쁜 사람 따로 없다
고쳐가며 살면 된다
가난해지는 비결은
감사의 말을 안 하는 것이다
사람은 인격, 품위,
풍기는 게 있어야 한다

입을 만한 것을
남에게 주어야 한다
아픈 분 것이면
돌아가시기 전에 주어라

내가 딸려 가는 것같이
눈으로 내 지혜를
빼가는 사람도 있었다
적게 투자하고
크게 효과 보는 것을
유튜브를 통해서 연구해라
하나님의 지혜를 받아서
알아봐라
하나님이 내 것 되게 하시면
되고 아니면 안 되게
하실 것이다
계속 연구해야 한다

계속 보디가드 역할 하는데
기분 좋게 떠나게
해 주어야 한다
명분이 필요하다
사람 잘 사귀고 잘 헤어져야
한다

세상 살면서는
보람 있게 살아야 한다
머리에 더 찼다
좋은 일 한 번 하면
사탄이 나쁜 일도 준다
좋은 생각 하고 다 참으면 된다
인생을 어떻게 가치 있게
살아야 하느냐?
생각하고 또 생각해서
마음을 가다듬어야 한다
하나님이 예쁘게 해 주시고
돈도 있으니 멋지게 살아라

분수 없이 퍼주지는 말고.
남편 주머니에는 돈이 있어야
한다
대가를 해야 그 사람이 성공
한다
말로 대적하지 말고
기도로 막아야 한다
이것이 영권이다
원망하면 딱 붙어 다녀
떨어지지 않는다

영권 있으면 담대하다

말씀이 무기다
사람 잘 만나면 풀 수 있다
하나님 말씀으로만 풀 수 있다
건강하게
사랑으로 뭉치는 수밖에 없다
예수 이름으로만 내쫓을 수
있다
사랑 많아야 하고 뒤집어져야
산다

만나면 사람을 편안하게
만들게 된다
무서운 세상인데 사람
잘 만나야지
같이 붙어 있으면 감당 못 한다
만나면 헤어질 줄도 알아야지
너도 손해난다
아쌀해라! 감당하기 어렵다
깡패도 아는 사람을 괴롭힌다
자기 마음 다스려 가며
한 번 뒤집어져 봐
하나님께
"어떻게 사는 게 좋을까요?"
물어라
꼭 인사 처리할 때는 하고

교육을 그렇게 받아서
인색하지만
변화되어 될 수 있으면 밥 사라!

손님 대접이 축복이다
촌사람도 아무리 잘나도
복 없으면 안 되더라
사람을 잘 만나야 한다
좌파는 다 없어지게 점점
뺏어간다
공개적으로 주면 안 받는다
사람 잘 만나면 흥하고
아니면 망한다

간단히 살아야지 덜 터져
벌려놓지 마라
남자들이
기죽고 사는 것이 제일 싫어
축복받는 사람 따로 있다
순종에서 축복 온다
주는 것 없어도 마음이 제일
이다
자기 재능을 잘 개발해서
제자를 키워야 한다
죽는 건 아깝지 않은데

마귀가 틈타면
꼴 보기 싫어질 때가 생길 때
조심해야 한다

은혜와 능력을 받으면
돈, 명예, 가정이 다 거기 있다
멋지게 살아야 한다
좋을 때 잘해야 한다
부모가 유산을 주면
부모의 텃세가 심하다
인생을 즐기며 멋지게 살아라
자기만 살면 멋없다
남 줄 때는 풍성하게 줘야 한다
사람 세계에서 어떻게 사는가?
사람 비위를 잘 맞춰야 한다

7번씩 70번이라도
용서해 주는 것이 우리
사명인데
신랑 하나 네 몸같이
사랑하지 못 하나?
봉사도 하는데
남편 미워하면 뭐하나?
희생이 들어가야 한다
가슴은 작아도

100명은 품을 수 있어야 한다
상처받은 사람을
다동다동 해서 품어야 한다
지혜가 있어야 할 수 있다

생각이 행동으로 옮겨진다
좋은 일 하고 살고 싶은데
돈도 있어야 할 수 있다
자기 원하는 양이 안 차서
있으나 마나 한 사람 되면
자기 몸 하나 다스리지 못하고
다른 사람에게 도움이 되지
못한다

집안에 누구 들여와도 안 된다
시장도 너무 자주 가지 마라
제자들이 인사 안 하고
지나가도
길을 비켜줘야 한다
사람이 다 사람 아니다
있어선 안 될 사람,
없어선 안 될 사람,
모든 걸 손해 입히는 사람 있다
다른 사람에게
도움을 주지는 못할 망정

내가 남에게 피해를 줘서는
안 된다

하나님 앞에 회개하는 시간을
많이 가져야 한다
사람을 이용한다는 것은
있을 수 없다

행복하다는 것이 무슨 일인지
알아?
자기 마음이 즐거워야 행복이
나온다
진심이 있어야 한다
어둠 있으면 행복 아니다
자기 느낌이 행복이다
마음에서 폭발되는 것이
행복이다
세상의 모든 빛이
다 있는 것이 행복이다
누구도 뺏어 갈 수 없다
누가 갖다주는 것 아니다

보물 있는 곳에 도둑 있는데
보물이 사람이다
마귀가 도둑질하기

제일 좋아하는 것이 보물인
사람이다
개인 하나하나가 꼭 숨겨 놓고
자기 몸, 인품, 인격이
흩어나가지 않게 해야 한다
돈, 음란, 방탕 등으로
사탄이 침투하면
내가 나에게 상처를 내게
만든다
공에 작은 구멍이 난 것과 같다

내 맘을 다스려야 하는데
남자가 바람피워
사탄이 싸우게 하고
파탄시키려 한다
몸을 다스리지 못하면 한이
있다
죽을 때까지 영적 싸움을
계속 싸워 이겨야 한다
옆에서 남을 핍박하면
내가 더 힘들다

모르니 더 키워야 한다
맞춰가며 사는 것이 인생이다
사람 하나에서도

이렇게 느끼는 것이 많다
하나하나 보니
인생이 이렇게 살다 죽는다
한 달 적으면 한 달 크고
한 번 좋다고
매일 계속 좋은 것 아니다

시기 질투에서 생각이
잘못됐다
자기들이 한 것은 생각지 않고
시기만 한다
바보같이 참기만 해라
참으면 된다
하루 살면 하루 감사하고
하루 또 살면 또 감사해라
하루하루 살다 보면 한 주가
된다

주기도문, 사도신경을
처음부터 끝까지
틀리지 않고 드려야 올바른
기도다
선이 많아도 아기 탯줄처럼
전기에 연결되는
사랑의 선이 하나 있다

죄가 가득하거나,
시기, 질투 가득 차면
봐도 깨닫지 못 한다

신앙은 생각이 중요한다
믿음은 참는 것의 다름 아니다
자아가 죽으면 가능하다
신앙 좋다는 게 바로 이것이다
어떤 것도 이길 수 있는 힘이다

말씀 많이 읽고 교만한 것이
제일 무섭다
진실성 아니면 끌려가지 말고
신앙을 잃어버리지는 마라
고집, 주관이 뚜렷한 자아는
가루가 되기까지 파쇄돼야
한다

상처 안 받고 뛰어넘어야 한다
상처 받으면 앞길이 막힌다
남의 흠 드러내지 말고
정직하게 살아야 한다
마귀는 정말 징그럽지만
끝장을 봐야 한다
혈기와 화를 참아야 한다

나만 참으면 된다
그렇지 않으면
가족들 기쁨이 없어진다
내가 잘못한 것 없어도
참아야 한다
가족들의 마음을
편하게 해 주어야 한다
"하나님! 참게 해 주세요"
기도해라

마음 여리면 정말 어렵다
강한 정신력으로
자기 관리를 잘해야 한다
초라하면 누가 알아주나?
여기 와서 깨닫고
배우려 한다고 했다

절약하라는 것이
내 가르침이다
사람 사는 세계라
다 갖춰져야 한다
식사 한 끼도 일이 많다
누가 날 도와준다고 생각지
말고 홀로 서는 연습을 해라
단단히 서는 훈련이 필요하다

가고 싶은 데 가고
먹고 싶은 것 먹고
친한 친구 만들지 말고
홀로 서는 연습 해야 한다
보물 있는 데 도둑 있다

속상해하니 그런 일 당하지
속상해하지 않으면 안 당한다
뭐든지 흥분하면 손해 난다
"뭘 속상해?
내가 안 했으면, 아니면 됐지"
화날수록 차분해야지
화나면 성질 때문에 앞길이
막힌다
성질부터 고쳐야지
무슨 일이든 아무리 속상해도
화내면 안 된다
열 사람이 달려들어도
참아야지
모르고 했으면,
나만 잘못 없으면
분통 터져 하지 말아야
앞길이 열린다

있는 그대로 하지 않으면

가증스러운 기도가 되고
웃음도 진심 없으면 안 좋다
시기, 질투 얘기는 안 해도
남의 오장육부 뒤집을
자랑은 하지 않는 것이 좋다
자기만 위해 사는 건
꽃송이 한 번 피는 것과 같다
땅 파는 것도 맘대로 안 되고
팔리면 축복이다
아직 애들 젊을 때
재산을 나눠 주어야
유용하게 쓸 수 있다
나이 들면 빨리 나눠 주는 게
좋다
사람이 얼마나 절제하며
인간답게 살아야 하나?
사람 자체가 나쁜 것 아니라
거짓이 없어야 한다

우리가 정신 차려야 하고
휩쓸리지 말아야 한다
권위가 살아야 인간 가치가
있다
생각이 잘못되면 축복권도
없어진다

생각이 잘못되면 빗나간다
손님 오면 접대해야지
자리 비우면 안 된다
사람 무시하면 안 된다
보고 듣는 게 있어야지

15. 나의 삶

난 사랑 받는 게 너무 어렵고
차라리 한 대 때려 주는 게
낫다
애들이 시부모님이나 남편에게
잘못되게 대하면 꼭 짚고
넘어갔다
장로님은 애들한테
막대기 한 번 들어 본 적 없다
사랑만 하고 편하게 키워
자유를 주었다

나도 사랑 충분히 받고
눈치 본 것 없이 자라
창피한 것 없어서
남편 몰래 학교 운동회 따라
다니며
보따리 장사도 했다
풍선, 또 뽑기 이고 가 팔아서
누구에겐가 뭘 해드렸다
좋기만 했다

건전한 장사는 당연한 것이다
나는 생활력이 강해
양봉, 영지버섯 재배, 농약사
하고
구멍가게도 했다
진아 기업사에서 12개
팔아 주면
하나 무료로 주어
자개농, 찻장, 화장대,
손목시계 등을 받았다

사업가 하다가
하나님 사업하게 하셨다
이것저것 다 끊어 놓으시고
일 시키셨다
말씀의 은사도 주셨다

염소, 소, 돼지를 키워
염소젖 짜서 동네 애들 먹였다
장로님 대학 때

서울 고모님 댁에서
신세졌다고 해서
돼지 한 마리를 잡아다 드렸다
사료가 없을 때라
저녁 먹고 다들 쉴 때,
아카시아 잎 따다 키웠다

큰아들이 4살 때,
동태 한 마리 우리끼리
먹어 본 적 없었다
"엄마! 할먼네!" 해서
살 때, 꼭 두 마리를 사서
할머니 댁에 먼저 갖다 드렸다

나는 차별 두지 않고
고루고루 많은 이들에게
좋게 해 주려 했다
희생적으로,
주고 싶은 마음으로만 살았다

서산 가서 나이 많은 분들에게
밥 사드리고
못 오시는 분들에겐
과일 사서 가져다 드린다
소문은 하나도 안 나게

하나님께서 인격적으로
보호해 주셨다

어떤 권사님에게 7년 동안
아침 식사와 디저트를
대접했다
일 년에 두 번 벌초, 한식에
일체를 준비해 대접했다
돈은 그럴 때 쓰는 것이니
아끼지 않고 기분 좋게
싱싱한 낙지, 게장 등을
정성껏 대접했다

어렵다 소리 한 번 안 하고
기쁜 마음으로
팔십 될 때까지 해왔다
즐거우니 힘든 줄 몰랐다
사람이 많이 오니
마음으로 기분이 좋았다
지금은 며느리 두 명 있어
다행이다

그리고 남편 학교 계실 때는
일 년에 두 번씩
선생님들을 모셔서 대접했다

솔잎 따고 약초로 술을 빚어
드려서 인기가 좋았다
이렇게 할 수 있는 여건이
되는 것이
감사하고 행복했다

받지도 갚지도 않는 것이 좋다
옷도 필요치 않다
나는 모양내는 사람 아니다
돈 벌어오라면 못 하지만
사람 세계에서는
뭐든지 이겨나갈 수 있다
다 참을 수 있다
남에게 손가락질 한 번
안 받아 봤다
"하나님이 하시는 일이지
제가 하나요?"

난 우리 교회를 지켰다
교회 일은 내가 안 하면
안 되는 줄 알았다
교회에서 떡 두 말 한다면
세 말,
세 말 한다면 네 말을 하라고
돈 드리며 씨를 뿌렸더니

열매 맺게 되어 전통이 됐는지
요즘은 이사 오시는 분들도
다 떡을 해서 대접한다
나눠 주는 것만도 큰 일 한
것이다

사탕도 수십 년을
주일 예배 후 모든 분에게
드렸는데
지금은 최 장로님이
비치해 두고 잡수시게 해서
나눠드리는 일을 안 하게 됐다
교회 일은 헛된 게 아니더라
잘한 것도 없는데
칭찬받으니 기가 승하다
어떤 것도 이길 수 있다

크리스마스 때,
떡 2말 하면 바듯한데
3말 하면 여유 있게
가져갈 수도 있었다

교회도 할 만한 사람을
가르쳐야 한다
욕심으로 내가 다 하면

안 된다
내가 제일 좋아하는 것은
봉사를 후세에게 내려 주는
것이다
내려놓는 마음이 제일
중요하다
자꾸 내줘야 해.
꽃꽂이 하다가 물려 주니
심방을 시키셨다

하나님은 교회 꽃꽂이 봉사를
양보하게 하시고
더 지역을 넓혀 주셨다
더 큰 봉사를 하게 하셨다
감사해서 울고 싶어도
시간 없어서 못 운다

난 한 명도 미워하는 사람,
틀려본 사람도 없어서
이제까지 유지한다
난 고개를 들어본 적 없다

왜 이렇게 축복을 받았나?
생각해 보니 일 년에 두 번
한식, 벌초 날, 몇십 명 오시면

최고의 재료를 사서
산낙지, 산 게를 준비하여
정성껏, 기쁘게 대접했다
몇십 년 동안 했다
부모님한테 잘하면 복 받는다

자식도 어려워서 밖에서
밥 먹었다고 하고 굶었다
어린이집에 컵 사지 말고
서산에 있는 컵 가져가라 했다
나이 먹으면 컵보다
빵 한 줄 사 오는 것이 낫다
내가 남도 사랑하는데
미국서 온 조카들을
사랑하지 않겠나?

목사님 양복을 할부로
지어드렸다
목사님 옷이 초라하면
안돼 보여 양복 해 드렸다
목사님 양복 해 드릴 때,
전기세 받는 아저씨에게
"양복 잘하는 집 있어요?"
물어서 양복지 샘플 갖다
보여 주며 맞춰 드렸다

목사님에게 잘못 하면 안 된다
목사님마다 여러 벌 해 드려
인정 받았다
그러다 보니 마음이 부자여서
부족한 것 없었다
나는 농약사, 영지버섯 재배 등
일을 해서
목사님에게 잘해서 복 받았다

주일날 교회에서 얼굴 한 번씩
봐가며 사탕과 초콜릿 등을
드렸다
밭 2000평 돌려받아
3년 농사 지어 봉사했다
나이 들어서 그 소리도 못 한다
남편이 들으면
기뻐하지 않으실 것이다

죽음을 놓고 이렇게 기도한다
"하나님! 삼 일만 앓다
돌아가게 해 주세요"
내가 왜 하나님 앞에서
축복을 받았나?

"네 인생 네가 살아" 하며

내버려 둬야 한다
자식도 너무 손 타면 안 된다
자식 우상 삼으면 애가
잘 안 된다
내놔야 잘못되는 것 없다
애 대우하지 말고
어른 대우해라
강아지 옭아매듯 매지 말고
자유를 줘라
나는 자유를 주었다
애들에게 고루고루 주려고
굴비 10마리를 다 찐다
부모가 올바르게 잘 살아야
한다

우리 집이 좋다
집만 봐도 배 터져 죽었다고
소문날 집이여
요즘은 놀고 먹으려는 사람
많다

사랑으로 돈을 주었더니
"베풀어 봐요. 더 들어와요"
아직 입을 만할 때
"너 입어라" 주었다

돈 없어서 못 바칠 때,
교회 지하에서 울며
아무도 모르게 청소했다
늘 울어도 눈물로써 갚을
길 없어
무궁화 꽃, 봉숭아 꽃,
벚꽃 등을 아침저녁으로
꽃꽂이 했다
넝쿨로도 연구했다

이단을 물리치는
교회 지킴이 역할을 했다
교회에 와서 봉사 좀 하시라고
말하며 가만히 있지 않고
접근해서 물리쳤다

"저의 손길 가는 사람들마다
거저 가는 사람
한 명도 없게 해 주세요"
기도한다
음암교회가 사랑으로
연결되게 해 달라고 기도한다
신앙 갖춰지면 요동치지
않는다

"아멘!"도 아무 때나 하지
마라
나는 환상이 이렇더라 하지
다 믿지 않는다
성경 외우고 기도하는 것보다
마음이 중요하다
부모나 형제는 한계가 있다
남편도 나도 의지하지 말고
하나님만 의지해라

참 내가 행복하다
후암동 4층에서
"하나님!
전 이걸로도 만족해요"
난 오막살이도 좋았다
기와집에 환자들 추울까봐
스티로폼을 벽에 대다가
비가 새게 됐다

나는 기도 제목을 잘 빼낸다
지금은 분별의 시대다
왜냐면 옛날은 단순하게
살았는데
지금은 아니다

아직까지 며느리들에게
뭐 해 달라 부탁하고 싶지
않다
장로님 잡수시는 건
내가 직접 드린다
밥 사주는 것이 기쁨이고
평생 해온 일인데 못하니
막혔다

"직장 잘 다니는 애를
착하고 순한 애를
다 버려놨다"고
남편이 말했다
"오늘 기분 좋았어?"
열이 속에 들어가지 않게
속상해도 다 이해하고
다 성격 차이라고 생각했다
사랑 없이 참으면
열이 속으로 들어간다
"들으므 삼켜라"
참는 자가 복이 있다

같은 말을 해도
난 헛된 생활 하나도 안 했다
내게 잘못한 사람 보면

서운한 것 아니라 안타깝다
얼마 안 살고 가는 인생,
멋지게 살다가 가야지
이 나이 먹도록 산 것도
감사하다

난 남의 지저분한 허물을
가려 주느라 애썼다
믿는 사람이라도
흉 안 보여 주려 했다

"돈 싫은 사람 어디 있냐?"
말한 사람도 있지만
손주에게 돈 주고 돈이 이렇게
좋다는 걸 알았다
팁을 먼저 줘야 밥이 넘어 간다
돈보다 인간관계가 중요하다

난 돈 벌 줄은 알았지만
모을 줄은 몰랐다
돈 있으면 부모님 잡수실 것,
입으실 것 해드렸다
내가 행복한 이유는 그 눈을
안 뜨게 하신 것이다
나는 누가 낭비했다면

열 받는다

내 마음 내가 달래고
나를 칭찬해야 남도 나를
대우한다
내 마음은 남이 고쳐줄 수
없다
겪고 나니 보람 있고 열매
있더라
여자들이 자식에게 본이
안 되고
막 노는 데 치중하는 사람 많다
나는 조금이라도
살림에 보탬 되도록
최선을 다하고 싶다

죽어져 사는 게 제일 중요하다
시비 붙으면 안 된다
내가 죽더라도
애들 아끼는 마음으로 살았다

찔끔찔끔 울면 안 된다
다 드러나야 다른 사람도
깨닫는다
불쌍한 집에서

장로님 아플 때 5만 원 줘서
10만 원 드리려 한다
주일에 과일로 섬기려면
5상자와 운전해 준 분 것까지
6상자를 준비해야 한다
커피 대접도 한다

우리에게 달걀을 주는
닭이 고맙다고 생각한다
개똥쑥 쩌서 말려 부셔
차를 만들었다
발전적으로 개발했다
말 차는 가루까지 다 먹는다
한 김 나간 물에
가루째 먹으려면 소량을 넣어
야 한다

개똥쑥! 너 정말 아름답다!
어린 싹을 뜯어 건조기에
말리고
손바닥으로 부셔서
수제품 가루를 만들었다

세상이 그렇지
축복은 우연히 들어온다
대접하고 집에 오면

가슴에 기쁨이 파도친다
혼자 요동친다
난 혼자 너무 행복해

시집살이 잘 참으니
아름다운 길 나왔다
땅에서 뛰어넘었다는 건
모든 걸 다 참을 수 있다는
말이다
참고 살았더니
나이 들어 애들 다 키워 보람
있다
하나님 일이니
내 몸이 부서질 때까지
이 일을 하겠다고 말씀드렸다

하나님께서 직접 내 얼굴을
내 손을 통해 만져 주셔서
젊은 얼굴을 만들어 주셨다
잘 먹고 사랑 많이 받아
기분 좋으니까 주름 없는 것
같다
나 아프면 당신 손해지
날 부려 잡수시려고
건강 주셨다

팔순 되어 체력, 건강, 피부가
더 젊어졌다
하나님께서 직접 관리하신다
하나님께
누르고 흔들어서 달라고
안 해도
하나님이 나를 가꾸시는지
세수만 하고 로션만 발라도
피부가 좋다
새 인생이 펼쳐졌다

"건강 주셔서 남을 돕게
해 주세요
나를 통해서 남을 돕게
해 주세요
뭐가 옳은 건지,
뭐가 그른 건지 분별하게
해 주세요"

말이 책이 된 것이다
눈을 떠야 이 자리에 온다
"제게 원하시는 것이
무엇입니까?"
내게 안 썼으니 당당하다
교인들에게

고기, 수박, 바나나 등으로
대접하는 데 돈을 쓴다

지나간 것, 지나간 일을
생각해 보면
하나님 앞에 떳떳하다
어떤 것도 이길 수 있고
참을 수 있다
난 모든 게 만족해서
어떤 것도 참아 줄 수 있다
참을 수 있는 그릇이
너무 커서
한없이 받아들일 여유가 있다
돈으로 환산할 수 없는
어려움을 이겨냈다
어떤 것도 받아들일 수 있다
성격 차이지
뭘 하나 줘도 형식적으로
안 하고
사랑과 정성으로 했다

하나님께서 크게 쓰시려니
악한 영이 더 크게 역사했다
난 여기 있는 사람
미운 사람 한 명도 없다

나는 단수가 높았다
"전도 예쁘게 부치시네요"
넘어가지 않았다
불평불만 하지 않고
내가 자꾸 감사한 것을
개발한다
불평불만 하면 기가 빠진다

난 밥 사는 데서 축복 받았다
난 멋지게, 보람 있게 살았다
어려워도 갚으려고 한다
나는 어떤 손님이 와도
맞아들일 준비가 돼 있다
여자는 풍기는 것이 있어야
한다
흠 잡을 데가 없었다

남편 입성을 깔끔하게,
초라하지 않게, 성의 있게
해드렸다
남편이 곁에
있어 준 것만 해도 너무
행복하다
내가 참 행복한 사람이구나
끼를 발생하지 못하고 살았다

내가 내 마음을 가다듬어 가며
항상 차분하게 살았다
"난 그런 데 안 가요"
그런 말은 안 하고 빙긋이
웃었다

직행 타면 바르게 갈 걸
완행 타고 당황하며 돌아갔다
병이 들어오지 못하게 막아
100세는 살 수 있다
마음이 60살 된 것 같다
이젠 자신 있다

손주들에게 10만 원씩
봉투 해서 주고
커피 사서 들고 먹어라
멋지게 살아라
손주에게 남이 커피 한 번
사면 두 번 사라고 말한다
돈에 인색하지 않았다
멋지게 살았다
통장 톡 털어서
손주 4명에게 100만 원씩
주어서
종잣돈으로 해

만 원이든 얼마든 저축하라고
주니 속이 편해졌다

사람이 뵈니까
사랑 없어지고 애착심이
없어졌다
갖다 놓는다는 게
다 늘어놓는 걸 보면
미친 거다
남편이 애처롭게 느껴진다

쌀 퍼다 배 아픈 친구 집에
오일장마다
흰죽이라도 쑤어먹으라고
몰래 가져다 주었다
쉬는 시간에 바느질해 동네
애들 옷 수선해 주었다
너무 부지런했다

얻어 온 천 조각 이어
조각 이불 만들었다
이웃 애들 양말을
차곡차곡 만들었다가
나누어 주었다
지독했다

용돈 주면 사탕 사다가
오빠한테 팔았다

살아온 걸 생각하면
눈물도 나고,
보람 있고, 떨리기도 했다
열심히 일해서 올케를 도왔다
비로도 치맛단을
올렸다 내렸다 하며
올케언니하고 나눠 입었다
언니가 기분 나쁘게 해도
말을 물어내지 않았다
새언니 흠 낼까 봐 속으론
울어도
항상 좋은 말만 했다
안 좋은 일 있어도
아무 소리 안 했다
올케에게 용돈 드리고
세 돈짜리 금반지와
옷도 좀 해드리며 잘 했다

손수건을 올 풀어서 만들었다
젊어서부터
두 시간 이상 자 본 적 없다
아버지 바지저고리 펼쳐 놓고

연구해 만들어 드렸다

큰오빠는 나무지게 지고
작대기로 벼 이삭 하나를
집었다
"남 돈 떼어 먹고 어떻게
살아?
자손들이 어떻게 머리 들고
살라고 그렇게 떼어 먹나?"
"자식들 꼴 뭣 되어?
남의 것 떼어 먹고"
큰오빠가 하신 말이다
채소로 말하면
농약 한 번 안 친 것과
같이 순수하게 사셨다
동네에서 좋은 일 많이 해
상을 많이 타셨다
양심 고와 십일조 안 할 수도
없어
교회는 안 나가셨다

친정 식구들은
안 쓰고 모아서 부자 됐다
친정 식구들은 재산 지키고
늘리는 것도 논만 사고

이용할 줄 모른다
약지는 않아도 식복은 있고
결혼도 잘 한다

오빠 돌아가실 때,
임종 때, 자손들 보는 가운데
하나님과 오빠가 대화하며
한 손은 올리고 한 손은
내리고 했다
하얀 구름이 집에 가득하다가
밑에서부터 구름이
걷어나가더니
하늘로 두 팔을 탁! 올리니
하늘나라 가셨다
동네 분들과 자손들이
다 교회에 다니게 됐다
구원은 교회만 왔다갔다
한다고 다 되는 것 아니다

"돌아가셨으니 이젠
너희 마음대로 해라"
영이 제일 중요하다
4대째 많은 재산 다 유지하고
있다
우리 친정은 똑똑하진 않아도

순해,
시청 직원 등 공무원이 많다
머리 굴릴 줄 모른다

돈이 든다면 모르지만
살리는 역사니까
아픈 사람들을 위해
기도를 쉬지 않고 열심히 했다
나는 보기 싫어도 되는데
여기 오는 사람들
안 예쁘면 속상하다
나같이 멋지게 산 사람 어디
있어?

우리는 올바르게,
정직하게, 거짓 없이,
솔직하게 살아야 한다
여기서 얘기하는 것이
추억이다

가정이나 목회나 선교나
여자가 떠받치고 잘해야
가능하다
"당신 마음대로 하쇼"
고꾸라질 때까지 참고

인내하면 고비 넘고
그러면 쉬워진다
욕심 없고 마음이 부자여서
건너다 볼 필요 없다

갖고 싶은 것 다 없다
"이걸로도 만족해요"
자기 자손 주는 것보다
베풀어야 한다
물질 달라는 기도 안 해봤다
"주신 축복 감사해요.
만족해요" 하니 자꾸
더 주시더라
먹고 살게 해 주셔서,
어떤 역경도
이겨낼 수 있게 해 주셔서,
믿게 해 주셔서 감사하다
이래도 감사, 저래도 감사다

보이는 것보다
안 보이는 것이 더 많다
하나님이 대기하고 계신다
길가 꽃보다
숲에 숨어 있는 꽃이 얼마나
많나?

돈은 숨어 있어도
명예는 숨길 수 없다

형님 말씀은 다 복종해야
하는 줄 알았다
다투어 본 적 없다

여리고 성에서 죽었다 산 후,
젊은 마음이 왔다
새 몸, 새 맘, 새 성령 왔다
옛날 생각하면
지금은 얼마나 감사한가?
내가 사랑을
얼마나 받았나 생각해 봐
난 호강하고 살았다
공 들이면 죽을 사람도 산다

뱀 50마리 고아
아침, 점심, 저녁 3번을
따뜻하게 남편에게 드시게
했다
여자의 삶이란 게 뭐냐?
어떻게 4남매 낳아 키웠나?
안쓰럽고 대견하다
남의 세 남매가

속 썩인다는 말을 듣고
밤새워 가슴 세 군데가
아파 잠을 못 잤다
나는 건강하니까
약한 사람을 돕고 싶었다

쉴 새 없이 욕 나와
입이 복잡했다
목사님이 안수 기도 하셨다
"예수 이름으로 물러가라!"
이름 부르기 전에
바로 물리치라고 일러 주셨다
조금의 틈도 없이
살았기 때문에 분별했다
계속 세게 물리치니
30분 만에 싹! 나갔다

난 지혜 주셔서 허점 없게
해 주신다
타인이 날 맞춰 주는 게
아니라
내가 남을 맞춰 줘야
관계가 끝까지 이어진다
난 따지지 않고 무능해서
꼿꼿한 나무에 잘 박힌
못마냥 흔들리지 않는다

나는 참는 훈련을 충분히 했다
"산구 애미가
낼 예배당 가려구 다
청소하는구나"
아버님이 하신 말씀이다
큰집에서 주일 전날 마당 쓸고
집안을 다 청소하고 왔다
시아버님께서는
모 심지 않는 우리에게
"우리 며느리들은 신사여"
말씀하셨다
"우리 산구 애미만 하라구"
시아버님께서 말씀해 주셨다
묘에서 풀 깎으시던 날,
샘 둑 위에서 파밭 매실 때,
음력 몇 월 며칠 적어 놨다
"얼마나 정확하고 영락없는
사람이냐?"
앞으로 해 나오는 일
다 깨끗이 하게 하셨다

사람이 어떻게 살았나? 하는 건
늙어 봐야 알 수 있다

복은 내가 다 받더라
화낼 일 없어서 화 안 내고
살았다
내가 젊어서는
따질 것 무섭게 따졌다
틀린 소리는 안 했다
큰딸이 나를 닮았다

볼 수 있어서, 잘 걸어서,
허리 안 아파서,
집이 있어서 다 감사하다
"하나님께 맡겨 버려!"
감사가 반복된다
말이 복이다
다 쌓아 놓은 복이다
예쁘길랑 그만두고
건강하면 감사하다

내가 엄청 큰 재산을
가졌다는 것을 오늘 처음
알았다
내가 보이지 않는 보물이구나
내가 재산이구나
지나고 보니
나를 크게 쓰셨다는 걸

깨달았다
하나님이 내게 엄청난 보물
주셔서
내가 하나님의 보물이 되었다
'하나님이 하셨지' 하고
한 번도 받아들이지 않았다
'나는 시간만 채웠을 뿐이지'
라고 생각했다
지금은 심장이 뛸 정도로
용기가 난다

난 지금까지 아파 본 적
없었다
돈 있거들랑 다 쓰고
내 맘대로는 안 산다
"하나님! 도와주실 줄
믿습니다"
기쁘지 않으면 사탄이 틈탄다
하나님이 고루
다 갖추게는 안 하신다

내 자식이 공부 잘하면
광주리 장사라도 해서
공부시키겠지만
아니면 남의 자식이라도

똑똑하면
그 애를 공부시키겠다

끝장을 보는 것이
나의 특징이다
용기가 나고 힘이 난다
너무 감사하다
혼자 있어도, 여럿이 있어도
감사하다
항상 기분 좋다
"절 통해서 다른 사람이
좋아진다면 어디든지
가겠습니다"
"우리가 하나님 이름으로
일하는데 역사해 주세요"
기도했다

방언만 하는 것보다
우리말로 똑똑하게
한 마디 기도하는 게 낫다
"하나님 주신 방언 주세요"
나는 한칼에
죽이는 방언을 받았다
두 번도 아니고 한 번에 죽인다
내 방언은 한문 공부하듯

가르치는 방언이다
교회만 다닌다고 되는 것
아니다
무엇이 옳고 그른지 분별해야
한다
색다른 곳 따라 다니지
말아야 한다

"하나님! 난 남편 앞세우고
한 3개월만 살다 가고 싶어요"
"나를 통해 하나님 영광
가리지 않게 해 주세요"
죽을 때 죽더라도
짜지 말아야 한다
하늘나라 가는 준비만 한다
"돌아갈 때,
눈을 감았다 떴다 몇 번
하다가
하늘나라 가게 해 주세요"
그래야 살아 있다는 걸
알려 주고 가야지
아프지 않고
가게 해 주시라고 기도한다

사인도 정성을 다하지 않으면

바르게 써지지 않는다
상관없는 얘기 듣지 않고
자랑하지 않는다
나는 다른 사람과
다 풀렸기 때문에 행복하다
요샌 부부끼리 손잡고
연결하고 살아야 한다

"기왕 부려 잡수시려면
나라도 잘되게 해 주시고
만지기만 해도 낫게 해 주세요"
능력이 훨씬 더 많이 나온다
입에 착!착! 붙어서 맛있게
먹었다
힘이 더 왔다

우왕좌왕하는 것은
마음이 갈라져서 그렇다
머리가 돈의 노예가 돼서
잘못 돌아가는 사람도 있다

나는 머리 굴릴 줄 모른다
"하나님! 두 무릎 꿇게
해 주시면
평생 두 무릎 꿇고 기도할게요"

무릎 꿇지 않으면 이상했다
혈압 올릴 일 있나?
어디 갔다 왔다고 말하지
않는다
우리는 하나님 아니면 안 돼
"하나님이 직접 스치기만 해도
병 낫게 해 주세요" 기도했다

애들하고 어떻게 살아야 하나
정신이 바짝 긴장하고
앞도 뒤도 안 보고 살아야
한다
누가 바람 폈다 말 전하면
안 좋으니까 말 안 한다

많은 사람들 중에
특별히 불러 주셔서 감사하다
또 분별과 지혜를 주셔서
감사하다
"하나님! 하나님 앞에서나
사람 앞에서나 더 겸손하게
해주세요"

"우리 교회 노약자들
외롭지 않게 해 주시고

건강 지켜 주세요"
"목사님 가정 지켜 주시고
사모님도 지켜 주세요
말씀 선포하실 때,
지혜의 영을 주세요"

자식도 넘어서고
사람에게서 넘어서야 한다
남편도 누구도 넘어서야 한다
나는 돈에서도 넘어선
사람이다
우리 자식들 준다고
더 좋지도 않다
내가 갖고 있다고
더 좋지도 않지만
받은 사람은 지금 기분 좋은
것이
한 달, 일 년이 좋을 것이다

내 금고에 넣으나 네 금고에
넣으나 마찬가지다
누구를 더 사랑하는 것도
아니다
미움은 꼬리를 달지만
사랑은 사랑 하나로 잘라진다

매일 장기 뽑아 남는 것은
부모님 댁에 반찬거리
사다 드렸다
없는 사람들에게는
디디브이티 등 농약과
씨앗도 거저 주었다
농약 독점 사업하며
장사들 떨이 많이 사드리고
다 나눠 주었다
주는 자가 복 있다

"그냥 줘"
형이 나보다 더 잘 살아서
달라고 하면
"필요한 데 쓰세요"
받을 것 있어서 달라면
"교회 나가서" 하려고 했는데
얼굴이 상해 보여서
아무 말 안 하고 그냥 줬다
막내 시누이 애들 낳을 때마다
우족 사다 가마솥에 푹 고아
점 하나 없이 해서 서울로
날랐다

난 인생 멋지게 살았다

15. 나의 삶

속 썩여도 힘을 내라!
늦게 왔다고 남편이 혼내면
"내가 놀다 왔어요?"
하나님께 말씀드렸다

나 자신이 이상하다
한 사람도 미운 사람 없다
성격 차이지
믿는 데, 안 믿는 데
어디를 가도 잘 어울린다
아부 떠는 사람이 불쌍하다
그 나이에 왜 아부를 하나?

기도 방 식구들은
내가 자손들에게는
점수를 아주 박하게 주고
남에게는 아주 후하게 준다고
말한다
머리가 터지게 아파도 내색
안 한다
나 참 신기한 사람이여
내가 참 대단한 사람이다
너무 바빠서 깨끗이 살았다
저런 사람같이 살지 말아야지
더 열심히 살아야지

인심 풍부하게 살았다
기도해 주다가 부흥회에
늦었다
내가 평생 이 기도를 해서
얼마가 생기더라도
갚는다 생각하고
건축헌금을 1500만 원
쓴다는 게
1억 5000만 원을 써냈다

잡음 넣지 말고
나 하나 신앙 잘 지켜야 한다
축복은 내가 받았다
마음이 부자다
애들도 쓸 때는 쓰게 하고
먹일 땐 먹여야 한다

하나님 은혜로
나를 내세워 본 적이 없다
만만 타는 이유는
시기, 질투 때문이다
인생 멋지게 사는 사람이 있다
난 영적 생활만 하고
86세 되도록 행복하게 살았다
몸에 병 하나 안 들고

편안하게 살았다

나는 남편에게 집 잘 지어
거기서 쉬게 해 주고 싶었다
누구네 잘 산다면
나는 너무 행복하다
난 한 마디도
그냥 건너가는 말이 없다
남들이 하는 말
하나도 놓치지 않는다
이제야 철 났구나
너네가 알아주는구나

모든 게 갖춰지면
열매 맺을 때가 중요하다
내게 수준 맞추지 말고
하나님께 수준 맞추어야 한다
"우리를 변화시키려고
그러시군요"

꼴 보기 싫은 사람 보지 않고
말도 못하게 마스크를 썼다
남 탓 아니고 내 탓이니
날 손 보시는구나 생각했다
하나님이 우리 마음을
너무 잘 아셔서
코로나 통해 미모나 재산 등을
평준화 시키셨다
코로나도 다 내 탓이라
생각했다
내 회개가 나왔다
꼴 보기 싫은 사람은 없었지만
안 만나도 괜찮겠다고
생각하는 사람은 있었다

슬픔이 천방지축으로
사는 사람들 보며
부정적인 말 나올 수 없다
빛이 생명으로 솟구쳐
슬플 수 없다
우울하지 않다
걸어가며 어미의 젖을 먹는
강아지를 보며 엄마의 희생을
느꼈다
제일 낮은 데 대니 행복했다

"하나님!
어떻게 이렇게 대단하세요?"
없는 사람은 시기, 질투 없다
나부터 회개하자!

그러나 하나님은
중심을 보시기 때문에
"내가 뭔데 이렇게 받아야
합니까?"
나의 감사가 애들의
축복권이다
조그만 것에서도
감사가 넘쳐 행복으로 간다
왜 행복하냐?
남편이 살아 있어서,
걸어 다녀서, 밥 먹어도,
과자 먹어도
난 행복이 너덜너덜 달렸어

내가 자기 욕심을 버리고
희생적으로 타인을 위해
꽉 채운 사랑을 주어
너무 기쁘다
내 평생 역사에 남을 것 같다
우리 교회 권사님에게
떡, 초콜릿 등 귀한 선물
받은 것을
아낌없이 꽉 채워 선물했다
이 세계를 몰라서 이런 일을
안 한다

그렇다고 자기도 굶어
죽으면서 베풀면 안 된다
베풀지 않으면 재산이
없어진다
베풀면 애들이 풀린다
깨끗하지 않은 돈으로
잘해 주니 애들이 병신 된다

건축가, 히딩크 다 돼 봤다
나는 머리가 사방으로 뚫려
있어 생각이 자유로워
다른 사람에게도
길이 열리게 도와준다
내가 밑지더라도 다 펼쳐준다
날 위해선 한 푼도 쓴 적 없다
생각하면 눈물 난다

내 흉은 내가 모른다

한 판 붙어 보자 하는 모습이다
나도 속에 마귀가 있더라
내 속에 다 사탄 사는데
분통 터지는 것도 무조건 다
용서하고 사랑해야 한다
마귀가 내 속에서 필요치

않은 말, 정보를 막 알려줬다
살아 있는 영적 가르침이다
빨리 가야 한다는데
자기가 속는 것이다
교통사고 나게 하는 마귀에게
속았다
따라다니는 마귀가 발견됐다

난 참 행복한 사람이다
난 너무 행복해
내가 남편이 없나? 자식이 없나?
집이 없나? 쌀이 없나?
행복하다, 행복하다 자꾸 하니
사랑을 실컷 받아서
더 행복하다
얻어맞지 않은 것도 감사해라
나는 남편이 뭐라 해도
깊이 생각할 시간이 없었다
살림만 하고, 사람 심리
파헤치고
모임도 가지 않았다

사람 생각이 화 안 나면
이겨내는 것이다
안 좋아도 난 다 뛰어넘는다

자기 십자가는 항상 있더라
나는 하나님이 두려웠다
하나님이 두려워서
틱틱거리지 않는다

개인적으로 문제 있냐?
적이 있으면 안 된다
시기 있으면 안 된다
남편 사랑하면 시누이도
사랑스럽다
사람 만나고 인생 살다 보니
지금까지 살았다
인생 멋지게 살았다

선하게 살아야 하는데
난 남의 돈을 떼어먹은 것
없다
돈을 나눠줘도
분수에 맞지 않게 주진 않았다
병원 가라고 할까 봐
평생 아프다 소리
한 번 못하고 살았다
내 정신 들면 눈물이 난다
하품하면 눈물이 난다

마귀에게 속아
6만 원을 손수건에 싸
빨강 구두 사주라 해서
다방으로, 병원으로,
구둣방으로 쫓아다녔다
나도 한 번 속았다
사람에겐 나눠 주는 것도
했지만
하나님께 한 것밖에 남는 게
없더라

아무것도 모르지만 몸으로 느
낀다
여리고에서 죽을 때는
샤워하고 이불 덮고
편안히 잠들었었다
겟세마네 다녀온 날 밤,
제자들에게
나를 위해 기도해 달라고 했다
땀방울이 핏방울 되는 것
같았다
작은 바늘로 조금씩 조금씩
째는데 너무 아프면서
머리부터 발 끝까지 살아났다
몸으로 체험했다

남은 생애 멋지게 살다가
하나님께 가야지
자랑은 한 마디도 안 했다
밖에 안 나가고 놀아본 적
없다
쑥 한 번 뜯어 본 적 없다
정신이 살아 움직였다
예수님 앞에서
마음 가다듬으며 기도했다
나만 행복하니 다른 사람도
행복하게 해 줘야 할 텐데
생각했다
거짓 있으면 자신이 없다

"이게 골친가?"
평생 머리 안 아팠다
너무 행복해
잘 풀리니까 좋다
하나님 말씀은 절대적이라
이것이 '기다' 하면 꼭 붙들고
살았다
남의 것을 아끼니
은근히 축복이 온다
사상이 몸에 박혔다

내가 망친 사람 한 명도 없다
깨끗하게 처리하며 살았다
코로나 때문에
자연히, 서운하지 않게
기도 방을 닫게 되었다
자기만 위해 살던 사람들을
"할래? 안 할래?"
윽박질러가며 버릇 고쳐서
다 잘 살게 만들었다

내 기도는 늦더라도 성취된다
나눠 주는 것이 기도다
혼자된 사람들 앞에서 고개를
숙인다
난 겸손하고 아는 척을
안 했다
남편 있는 게 얼마나
행복한 건지!
한 시간 같이 있으면
한 시간 행복하고
두 시간 같이 있으면
두 시간 행복하다

큰 산이 있는데
누워 있는 아픈 사람이 보였다

성냥개비 하나 닿으면
온 산이 타들어 가는 것같이
손을 대면 타들어 갔다
만지면 녹아져 버렸다

그 애가 들을지
안 들을지는 모르지만
실컷 해 보라고
난 죽느냐 사느냐였다
더 힘들었다
"저를 도와주시고
용서해 주시고
붙들어 주세요"
신앙에서는 꾀부리지 말아야
한다
요새는 거둘 때고 판단할 때다
회복을 위해 체질을
바꾸시느라고
밥을 잘 먹게 하신다

"하나님! 우리 자손들 꼭
지켜 주실 줄 믿습니다"
내 마음은 바다 같다
누가 뭐래도 상처받지 않는다
가엽게 여기는 것이 사랑이다

구질구질하게 사는 사람들
때문에
《인생의 아름다운 길》을 썼다

'우리 언니가 날 바람난 줄
알겠네'
천국에서는 전깃불이 다
과일이었다
천국과 지옥을 다 보여 주셨다
내가 제일 약한 자에게
잘한 일 있었다

"하나님 믿고 병 낫기
원하느냐?"
다시 병 안 드는 법도 가르쳐
주었다
"어떻게 하면 하나님을 잘
믿나?"
"병은 어떻게 해야 낫나?"
"어떻게 해야 받은 은혜를
잘 유지하느냐?"
"어떻게 성령을 잘 받나?"
"어떻게 하나님의 축복을
받는가?"
"어떻게 하면 병이 안 드는가?"

"어떻게 든 병을 내어 쫓나?"
이런 설교가 나왔다

마귀는 아주 간교하게
이용하려 하지만
"내가 귀신 잡는 사람이여
사탄이 침투하는 걸
막아 주는 사람이여"
예전엔 꿈 속에서
뱀을 드릴로 갈아 죽였다
어떤 애는 까지도 않은
내 새끼
다 죽인다고도 했다
밤새 수많은 뱀을
막대기와 삽으로 목 잘라
죽였다
평생 한 일이 뱀 죽인 일이다
다음날 어깨가 아파서
고생했다

차양 속에 가득 찬 뱀들을
밤새 막대기와 삽으로
탁! 탁! 쳐서 죽였다
그렇게 죽이긴 처음이다
속에서 안 나와서 보니

뱀들이 벽에 주욱 가득
붙어 있었다

염소가 우리 마음속에서
나타나면
치고받고 싸우고
뱀은 이간질하고 나쁜 짓 한다
부정한 돈,
숨어 있던 뱀이 나온 것이다
난 영 분별을 잘했다

다 갖추었다
모든 게 만족하다
마음이 부자면 뭐든지 할 수
있다
말귀 못 알아듣고 미련해도
하나님 무서운 건 알았는데
난 착한 것뿐이었다
지금서 철났다
"하나님! 깨우쳐 주세요
제가 잘못했으면 회개할게요"
하나님 앞에 바로 서게
해 달라고 기도해야 한다
날 위해 기도해 줬으면
좋겠는데…

중보기도가 얼마나 중요한지
모른다

아프니 '이제 끝났다'
포기하려고 생각했는데
끝까지 싸워 이겼다
영적 싸움에서는 끈질기면
승리한다
다시 기도할 수 있었다
나이가 드니까 공격을 한다
어깨, 손목이 처음으로 아팠다
줄다리기하다가 끈질기게
이기니
마귀가 손을 놓았다

분별하기 위해 가만히 있었다
"여명근 씨, 사모님, 여 여사님,
여 집사님이라고 불러
드릴까요?"
마음의 중심이 중요한데
마귀는 끌고 다니려 한다
양조장 와서 딱! 끊으니
떠나가더라

축복의 통로를

억지로라도 열어 주셔서
감사하다
기도 마무리 잘해야 하는데
지금 와서 생각해 보니
난 차비 하나 안 받았다
"내가 남에게
피해를 줄 때는 데려가 주세요
남에게 도움을 주지
못할 때에는 데려가 주세요"

기도 방은
사람을 개조시키는 곳이라고
소문이 나서
교회를 가되 윤 선생님
사모님처럼 믿으라고들 했다
성령님이 시키시는 것만 하고
시키시지 않는 것은 안 한다
다 계시를 받아서 하지
자기들만 건강하면 돼
배고파봐야 배고픈 사람
사정을 알아 나중에
회복시키는 역사가 있다
얼마나 크게 쓰시려고
이렇게 갈고 닦고
갈고 닦으시나?

아무도 몰라
마음고생 이렇게 해도
나중에는 보람도 있을 것이다
내가 어려운 일을 하는 것이
십자가이다

"하나님! 내가 잘못하면
야단쳐 주세요 안 할게요
혼 내키면 안 할게요"
하나님 일 아니면
상대 안 하고 도망가지
짜증 내면 덕이 안 된다
사람이 싫어진 건 처음이다

난 욕심 없는 것이 특색이다
부러운 것이 없다
"저것 좀 갖다 달라"고
한 번도 애들에게 해 본
적 없다
시키지 않고 내가 직접 했다

냉정한 게 사람이더라
선교한다고 일 년이면 백만 원,
오십만 원씩 드렸는데
냉정하더라

어떤 것도 이길 수 있다
사람 세계에서는
용서 못할 일 없다

고독하다는 것은
머리가 깨서 그렇다
하나님께서 말씀하셔도
"왜요?" 한 번 안 했다
"왜?" 안 하는 것이
나의 특징이다

영적이어서 목이 갈라진다
남의 앞에 가서
떳떳하게 살게 해 달라고
기도했다
기도할 때에만 말에 힘이
나온다
"하나님! 딴 사람 위해서라면
최선을 다하려 하니 역사해
주세요"
"지금은 기운이 없으니
손만 대도 술술 풀리는 식으로
낫게 해 주세요
옷자락만 잡아도 낫게
해 주세요"

"하나님! 걱정 마쇼!
살아있는 한 최선을
다할게요"
"하나님! 이렇게 아프면
어떻게 기도를 해요?
제게 건강 주세요
저를 통해서 다른 사람이
조금이라도 좋아진다면
최선을 다할게요"
"하나님!
나를 통해 다른 사람이
좋아진다면
남은 생애 최선을
다하겠습니다"
"하루를 잘 살게 해 주셔서,
어쩌다 내가 이렇게
잘 지내게 해 주시는지
감사해요"

마음으로라도 최선을
다하고 싶다
남은 인생 조금이라도
도움이 된다면 최선을
다하겠다
"하나님! 건강 주시면

더 열심히 할게요"
건강 주시면 최선을
다하겠습니다
나는 "뭐 주시오" 기도
안 해보고
"남에게 아주 조금 도움이
된다면 남은 생애
최선을 다하겠습니다"
기도한다
"하나님!
내가 뼈가 부서질 때까지
일할게요."
"기운 주시면 이 일을 열심히
할게요
내 일은 돈도 안 들잖아요?"
욕심 버리고
내 일에만 최선을 다한다
이것도 힘들다
내 일도 감당하기 어렵다

다 내 것 아니다
다 포기할 때,
좋은 게 아니라 행복하다
포기하고 딱! 내어 놓으니
행복해졌다

축복 누리려면 건강하고
좌로나 우로나 치우치지 말고
흔들리지 말아야 한다

"우리 교회에 노약자들이
 많습니다
건강 주시고 목사님 가족 위해
건강 주세요"
"모든 것에 성령님이 행해
주세요"
사람들은 내가 젊은 줄 아나 봐
전화 받는 건 쉬운 줄 아나 봐

마귀가 주는지 어떻게 아나?
하고 환상도 무시했다
하지 말라시는 것은 절대
안 했다
하나님께서 내게 사랑하는
마음과
용서하는 마음을 주셨다
진실하고 질투, 시기, 미움 없고
거짓말 말아야 축복 주신다

아브라함의 축복과
모세의 능력을 주셨는데

많은 사람을
다스리는 능력을 주셨다
나는 순종을 잘했다
교회에 봉사해놓고
칭찬 안 받으려고 도망 다녔다
교회를 우리 생활같이 했더니
복이 우리 집으로 굴러 들어
왔다
어쨌든 하나님 편에서 열심히
살았다
첫째는 건강 축복을 받았다
"자손들이 노년까지
돈이 풍족하게 해주세요"
기도한다

먹구름이 걷혀 어둠이
물러간다
"하나님! 이 가정에
필요한 것 주실 줄 믿습니다"
나처럼 행복한 사람 어디 있어?

곁눈질하는 사람은 이상하다
별 소릴 다 해도
난 교회에서 나가지 않는다
내가 흉내 내는 은사 크다고

한다
난 너무 행복하다

나는 교회를 지키는 사람이다
사탄이 침투한 교회와
성령 충만한 교회는
찬양 소리부터 다르다
교회의 일은
마음에 불이 붙을 때,
내가 하지 않으면 안 된다고
생각해서 기쁘게 봉사했다

몇십 년 만에
코로나 덕분에 여유가 좀
생겼다
일 안 하고
놀 생각 하니까 너무 좋다

밭에서도 재활용한다
플래카드를 모아 밭고랑에
씌운다
사람은 고르지 않고
'세상에는 저런 남편도 있구나'
보며 위로받기 위해
내가 감사하는 것 말고는

할 것이 없다
불쌍해서 하나님께서
내세워 주셨다

벚꽃이 활짝 핀 것같이,
기쁜 맘을 갖고
사람들 음식 대접도 잘하니
세계에 내놓고 일을 시키셨다
다 참고 살아 너무 불쌍하니
하나님이 나를 끌어내어
쓰셨다
체질이 바뀌고 아픈 데 없다

좋다 하니 나도 모르게
"또 올게" 평생 빚진 자다
꿈속에서도
많은 사람 먹이려고 애쓴다

말의 실수가 없이 존경받았다
난 영 분별을 잘했다
나는 남의 말 하거나
남을 판단하는 것을 싫어한다.
사람 생각하면 좀 우울하나
하나님 앞에선 떳떳했다

생각이 많아 신경 써서
머리 쓴다
나는 시기, 질투, 욕심, 비교를
하나?
마음이 교만하기를 하나?
머리 안 썼다

여러 번 죽을 뻔했다
마귀가 죽이려 했다
차 많이 다니는 삼거리에
멈추게 하고
위험하게 "건너가라!" 했는데
차분해서 넘어가지 않았다
마귀는 망신 주게 한다
별 거 다 체험했다

집에 가서 신랑 위해
밥할 생각 하니까 손이
날아가더라
땅에서 뛰어넘었다는 것은
보이지 않는 영적 세계만
바라보고 살겠다는 얘기다
또 누가 뭐라 해도
내가 참고 인정은 해주되,
안 좋은 말은

한 귀로 듣고 한 귀로 흘리고
마음에 두지 않는다는 뜻이다

고운 마음에
상처 주기 싫어 가만히 있었다
세신사에게는
마음으로 무릎을 꿇었다
난 권위가 있다고들 했다
잘난 척해서가 아니라
사랑을 듬뿍 받고
당당해서 높임을 받는다

강할 때는 한없이 강하고
부드러울 땐
한없이 부드러운 특이한
성품이다
내가 대신 죽고 싶은
사람이 너무 많았다
하나님께서 갈고 닦으셔서
상품이라면, 흠집 없는 상품을
만들어서 내놓으셨다

내가 대단했나 봐
내가 나누는 걸 좋아했나 봐
기도 받으러 온 사람들이
오래 키운 분재를 달라고 해
가져갔다. 분재를 순환시켰다
장로님은 은행나무 삽목을
온 동네, 학교 등에 가져가
심으셨다

"제가 몰랐는데요,
다음엔 제가 그렇게 할게요"
"얼마 안 되서 어떻게 하지요?"

뱀 죽이는 환상을 보고
11개나 뚫어도 안 나오던
물구멍에서 물이 졸졸 나왔다

주님의 일 하시는 분을
위해서는 "끝까지 주님 뜻대로
진실성 있게, 바르게
섬기게 해 주세요
주님만이 하실 수 있습니다
사람 힘으론 못합니다"
기도해야 한다
외모를 보면 기도가 안 됐다

"가만 있어. 성령으로 힘을
받아야지"

파도 타는 마음이다
매일 조심스럽다
다 맡기고 살아야 한다

스스로 나온 것,
피부로 느낀 것을
쓴 것이 내 책이다
책은 외로운 사람이
쓰는 것이다
외로움을 푼다
내 책 보고 예수 이름으로
물리쳐
정신병 나은 사람들 있다
남에게 도움 안 주는 책도
있다
내 책에는 거짓은 전혀 없다
책에 내 인생을 담았다

하나님께서 은근히
은사를 주신 것 같다
예수님이 우리 죄
담당하신 것을 체험했다
내가 지혜로운 것 아니라
하나님이 주신 것이다
빚잔치할 때,

2500원 도로 내어주었더니
아우성치던 빚쟁이들이
갑자기 조용해졌다

사람 사는 세상에선
사람을 즐겁게 해주는 것이
제일이다
돈으로 하라면 못 하지만
내가 희생하고 힘들더라도
남을 즐겁게 해주고 싶다

시집 갈 데도 없다
신앙으로 다 이겨나가야
하는데
성격이 나쁘면 못한다
말 안 되는 소리를 해도
따지지 않았다
보통 사람들은 꼭 따지려 한다

나는 남이 못사는 걸
못 본다
미용실도 가는 곳마다
부흥시키고 옮겼다
세금 많이 내는 것이
얼마나 자랑스러운 건지!

사소한 것도 실수하거나
낭비하면 너무 싫어한다
지금은 사람이 싫어졌다
내가 요즘 약해져서
사람이 싫어졌다

개인적으로
선교금 100만 원 주고 난 후
고맙기는 그만두고
삐져서 인사 한 번 없이
연락도 안 하더라
그런 사람도 있더라
선교사들은 남한테 받으면
감사의 말을 해야 축복을
받는다
그렇지 않으면 복을 받지
못한다

나는 부자가 아니면서도
부자같이 화려하게 살았다
영지버섯 산을 통째로 빌려
비닐하우스 4동 지어
인부 많이 사서 재배해
목사님들 잘 모셨다
농협 생기기 전까지

농약사 하며 우리 동네에서
부가세 제일 많이 냈다
나는 사실 부가세가 뭔지도
몰랐다
천 원 팔면 얼마 안 남았다
무섭게 아끼다,
쓸 때는 화끈하게 쓴다

난 나이 86세 되도록
하나님께서 세상 악을
다 가려 주셔서
하나도 모르고 살았다
사느라 바빴다
"그랬었나? 내가 다 몰랐어
그래, 그래. 내가 다 품을게"

대표 기도할 때, 쓴 것 보며
유창한 기도 하다가
한 줄 하고 나니
캄캄하게 하나도 안 보여
그냥 본래대로 더듬더듬
기도했다

없어서 못 먹으면 불쌍하지만
아까워서 무섭게 아낄 뿐이다

돈에 구애받지 않고
돈 달라고 남편에게 말하지
않았다
남편이 싸움 말리다가
쌀 세 짝 값 물어줬다
속상한 것 하나도 없었다

젊어서 속상하면
이불 푹신 쓰고 끽끽 좀 울면
왜 울었는지 다 잊어버렸다
영지버섯 재배할 때,
비닐하우스 온도 조절이
잘못돼서 다 썩었다
밤나무 꼭대기까지
하나님이 들림 받게 하셨다
주님께서 저 데려가시면
애들 혼인도 시켜야 하니
데려가지 마시라고 기도했다

외국 갔다 와도 자랑 같아서
어디 갔다 왔다는 말도
안 한다
세계 63개국 다니며 복음을
전했다
사모님 옷을 여러 벌 사서

너무 행복하다
마음이 너무 부자니까 난
행복해

너무 어려운 일도
사랑과 인내로 이겨나간다
신앙의 길이다
뭐든지 할 수 있다

"이분을 살리려면 살려
주세요"
밤새 애쓰다가
마지막에 완전히 포기할 때,
눈이 딱 떠졌다
모든 것을 뛰어넘었다
사람 세계에서
모든 것을 뛰어넘고
모든 것 다 참을 수 있다
안 좋은 사람들을 통해
내가 훈련 받은 것 같다
돈이 드는 건가?
어려운 일 오더라도
초심을 잃지 않고 끝까지
남에게 좋은 일 하고 싶다

난 처음 믿음을
한 번도 잃은 적 없다
지금까지 유지하고 있다
한 번도 실망한 적 없다
시간이 흐르면
아실 거라고 생각했다
기도 마치고 집에 갈 때,
차 타면 3시간 반 동안
느긋하게 생각하고
기도하며 왔다

서로 기도하는 사람이니
때가 되면
언젠가는 알게 되실 거다
생각했다
장작불 하나면 안 타는데
여러 개 놓으면 활활 타고
역사가 나서 능력이 나타난다
아프던 팔이 치료가 돼서
번쩍번쩍 올라간다
하나님이
날 지켜주시나 보다 감사했다
영적인 것도 어렵지만
사람 사는 것도 어렵다
인생 사는 게 쉬운 일 아니여.

코로나 때,
세상 보는 눈을 떠서인지
아무도 안 만나고 숨어 살며
밖에 안 나갔다
세상 사람 안 만나 때가
안 묻었다
하나님께서 숨겨 놓으셨다
아프리카 여행을 다녀온
다음 날, 입신했다
하나님 세계를 알고 나면
모든 걸 이길 수 있고
참을 수 있다

갖고 싶은 게 없고
사고 싶은 것,
먹고 싶은 것 없으니 행복하다
하나님이 모든 것 만족하게
채워 주시니 행복하다
휘둘리지도 못하는 약함인데
내가 서 있는 집안에서는
강한 듯이 섰다
돈 달라면 꼼짝 못 한다
나는 마음을 준다
마음 주는 사람 없다

난 항상 공평하게 해야 한다
나는 남편 월급 탄 돈을
내 옷값으로 한 번도 안 썼다
'저거 내가 했어'
소리 한 적 없다
내가 했다는 말 한 적 없다
밥은 먹고 살잖아
내 것은 양말 하나 산 적 없다
내가 가는 날까지
남을 위해 살아야 한다

난 착한 게 차별해서가 아니라
욕하면 겁나서 상대를 안 했다
난 착한데 착한지도 몰랐다
나이 먹은지도 모르고
시키시는 대로만 하고 살았다
열심히 일만 했다
그 대신 하나님께서
확실히 주셨는지 확인했다

중간에 욕심 들어가면
잘못된다
꿈에 집집마다 다니며
이불 빨래 5개를 빨았다
꿈에 죽은 귀신, 거지 귀신

등이 많이 서 있는데
며칠 두고 누구 것인지도
모르고 이불을 많이 빨았다

"왜 내가 새 것 사서
입어야 해?"
"하나님은 내 편이여
나 미워하면 하나님이
안 좋아하셔
나는 하나님이 쳐다보기도
아깝다고 하시는 사람이여
미워하면 안 돼"
하나님이 나를 폭 안고
계신 것 같다
나를 건드리면
하나님이 가만히 안 둬
하늘이 진동한다

내 성품은 인내하고
끈질긴 것 그대로다
난 불쌍한 사람들 보면
못 봐 준다

내가 행복한 것은
집에 앉았으면 가 본 데 많고,

구경도 많이 하고
먹고 싶은 것도 다 먹었기
때문이다
사는 것 별것 아니고
사는 동안 행복하다
아픈 데 하나 없다
내가 살려고 아무리 애써도
안 되고
하나님이 해 주셔야지 된다
다 누려 보고 후회 없는 삶
살았다

시간을 다이아몬드같이
살았는데 코로나 때문에
평생 처음 쉬어 봤다
사람이 이렇게
일 안 하고 살아도 되나?
정말 바쁘게 살아왔다
나는 인생 멋지게도 살았지만
피곤하게 살았다
한 사람을 일으키기 위해
밤새 일하고 최선을 다했다
보람 있네

세상 사는 멋을 안다

어떻게 성질이 똑같아?
"자식도 내 것 아니니
하나님께 맡겨라"
하나님의 영적 권위를
절대적으로 인정하라

다른 사람이 좋아지려는지
내 머리 한 쪽이
뜨끔뜨끔 아프면서 마비가
온다
다시 태어난 것 같다
작년에 죽었으면
이런 것도 몰랐을 것이다

지금은 주는 사람도 없어
물론 옛날에도 주는 사람
없었어
돈 있는 사람 돈도
무섭게 아껴주려 했다
북경 호텔에서도 그랬다
난 돈을 쓸 필요가 없었다

이유를 안 묻는 것이
나의 특징이다
"나 우습게 보지 마라

나 대단한 사람이야"
실수 없었다
신경 쓸까 봐 물 한 모금
안 먹었다

욕하고 무시하면 벌벌 떨린다
나도 바보 아닌데 다 알아도
말만 안 한 것뿐이지
다 생각하고 있었어
난 사랑을 많이 받고 자라서
시기, 질투해도 느끼지 못했다
남편만 알아주면 됐다

난 별소리 들어도 타질 않는다
타지 않는 맘은 아주 넓은
맘이여
한 사람으로 세상도 바꿀 수
있다
너무 숨어져서 희생을
못 알아주면
나이 들어 슬프다
내 나름대로 최선을 다했지만
내가 한 것 없다

다른 것 다 그만두고

올바르게 살아라
그것이 제일 큰 가르침이다
하나님의 절절한 진심이
누구도 막을 수 없게
내 뼛속까지 박혀 있다
내가 이런 것은 아무도 모른다
회개하며 겸손하게
"주여! 주여!" 부른다
우리는 무슨 일 있어도
겸손해야 한다
난 쉬어 목 나와 찬양도
못 한다
얌전하게,
조용히 있게 해 주셔서
감사하다
분별을 해야 한다

보물 있는 데 도둑 있다고
신앙생활 열심히 하면
마귀가 달려든다
절제를 잘해야 한다
성령님과 항상 의논하니 실수
없다
마귀와 줄다리기 하다가
결국은 내가 이긴다

그렇다고 쓰러지지도 않게
해 주신다

"하나님! 저는 먹는 것도 싫고
옷도 싫어요
죽는 날까지 남에게
도움을 주고 싶어요"

마귀가 시기, 질투하기 때문에
잘나갈 때 교만하기 쉽다
하나님이 하시는 일이다
내가 하는 것 하나도 없다
자식한테도 마음 비우고
피해를 주지 않으려 애쓴다

"하나님!
어쩐 일로 눈물이 나와요?"
아침 먹다가 뜨거운 눈물이
나왔다
뜨거운 눈물, 서러운 눈물
흘렸다
나는 튀지 않았다
인생 살아가며
참는 데서 복을 받았다

인생 다 내 것 아니다
난 맘 비우고 살 만큼 살아서
내일 오라 하셔도 당장 갈
마음 있다
나는 애들에게
아껴 쓰라는 말 안 했다
알뜰한 손자 성탁이한테
"할머니 화장대 서랍에
100만 원 놓고 가니
새 핸드폰 사라"
"너는 잘하는 것도 없는데
왜 집에서 너한테 돈도 주고
사랑해 주니?"
친구들이 말한다고 했다
성탁이는 지금은 미약한 것
같아도
나중엔 창대하게 될 것이다
애들을 움츠러들지 않게
폭 넓게 키워라

친척들에게 차비 드릴 때는
기분 좋고
못 드릴 때는 눈치가 보였다
내가 이렇게 될 때까지는
다 하나님 덕분이지

내가 지금 팔십육 세인데
이러고 있는 게 정상이여?
내가 할 짓이여?
나도 팔십육 세에 기도하게
됐어?
일하게 됐어?

팔십육 세 살아보니
사는 것 별것 아니다
다른 분이 돌아가시려 하니
갑자기 순간적으로
장로님이 보고 싶으며
우울해졌다

자신감 있어서
똥도 고름도 더럽지 않았다
내가 살아 있는 것 자체가
승리고 성공이다
난 애들 차도 잘 안 탄다
남 신경 쓰게 하고 싶지 않다

"주여! 주여!"
난 한 번도 부글부글하거나
화내 본 적 없다
결론은 항상 불쌍해

하나님을 믿든지 안 믿든지
시련은 다 있다
시련은 다 똑같지만
신앙 있으면 가볍게
이겨 나간다

얼마나 머리가 좋나?
나 봐!
내가 이런 것 할 사람이여?
서운하게 해도 못 느낀다
큰 집에서도 살아 보고
작은 집에서도 살아 봐서
여한 없다
성경 말씀 없이는 계시
안 받았다
난 기도 제목을 잘 잡아낸다
주절주절하는 것 같아도
깊이 들어가면
중요한 것이 들어 있다

조용하면 우울해지기도 한다
남은 인생 조금이라도
도움이 된다면 최선을
다하겠다
집에 와도 행복, 나와도 행복,

길에 다녀도 행복,
교회에 가도 행복하다

큰아들 중국 유학 보낼 때,
자식도 내 것이라 하면
일이 안 풀렸다
나는 낳았지만
하나님 것임을 깨달았다
뜻이 있으셨다
"내가 낳았지만
내 자식 아닙니다"
마음을 비우고 기도드리니
그날로 혼란스럽던 정신이
싹 돌아왔다
중국에서 보고 느끼는 게
공부였다

내 거라 할 때는 어려웠는데
"하나님! 마음대로 하세요"
하니 눈이 반짝 뜨이며
정신이 맑아졌다
세상의 눈이 떠져 정신이 나며
"내가 낳았지만 하나님
자식이니
죽이든지 살리든지 맘대로
하쇼" 말씀드렸다

산 기도 가서
"목사님 오토바이 사주세요"
밤새 기도하고 나오니 좀
허무했다
다음 주,
"목사님 오토바이 살 사람
손 드시오" 할 때, 얼른
손 들었다
맨 뒤에서 누가 손 들었나 보니
아무도 없더라
우리 교회에 가 목사님
계실 때,
내가 오토바이 사드렸다
개소주 해달라고
여기저기서 주문 들어와
36시간 불 때 가며
5만 원씩 받아 모아
60만 원 들여
목사님 오토바이 사드렸다
어떤 분이 장로 되고 싶어
그 목사님을 초빙해 갔다
나중에 내가 그 교회에
칠판도 사드렸다

우리 교회에 목사님
초빙할 때는
7분이 쳐들어 왔는데
저녁 때 짜장면과
탕수육을 시켜드렸다
밤 12시까지 지하에서
"하나님! 싸우지 말게
해 주세요"
크게 울며 기도했다
아침에 쥐도 새도 모르게
7분을 밥 지어 대접했다
통 크게 영지 150그램씩
오동나무 상자에 넣어
7분에게 모두 드렸다

나는 자존감이 높았고
못 사는 게 너무 싫었다
생활력이 강했다
돈은 열심히 벌어서
아낌없이 나눠 줬다
사랑하는 데는 끝이 없고
미움이 있으면 잘 안 된다
남을 위해 쓰는 것이
남는 것이다

나는 화가 안 나고
사람을 무시하지는 않는다
바보같이 되고
몸이 말 안 듣는 것이
제일 어려웠다
가슴이 찢어지는 것 같고
화장실도 가지 못하게 게을러
손이 안 돌아갔다
지금은 눈도 잘 보이고
말이 뚜렷해졌다

순하면 6·25 때도
빨갱이들이 자기 집안에서
숨겨 주었다
내가 두 개 가지고 있으면
뭐한대?
물건 없어지면
"누가 가져갔으면 잘 쓰겠지"
큰딸은 나와 똑같다
'있으면 누리고 살아야지'
내 눈물도 안 말랐다
영이 피곤하면 물이 먹힌다

나는 밭 일, 농약사도 해
잘난 척하면 부닥쳤을 텐데

신앙으로 거듭났기 때문에
내세워 본 적 없다
"용서하라고 하시니 용서해요"
말만 안 하면
뛰어넘을 수 있는 것이라고
없는 셈 칠 때, 역사해 주신다

사람들이 나를 '마스터키'라
했다
나는 사람 앞에서 눈물
안 흘리고
없다 소리 한 번 안 했다
자기가 죽으면 된다
어떤 것도 이겨나갈 수 있다
힘이 난다

내 기도는 잠 안 자고 말해서
설득해 변화시키는 것이다
하나님한테 선택 받아
죄도 안 지어서 얼마나
감사한지!
욕심 없으니 부자보다
우리가 얼마나 가벼운지
모른다

하나님 편에 서면
괴롭히는 사람이 많아진다
그것도 못 이기면 어떻게 하나?
난 하나님이 그때그때
다동다동하며 가르쳐 주셨다
말만 안 하고
이유 따지지 않으면 좋다
배운 사람들은 남이
무시하는 것
못 참아서 사역이 어렵다
가족은 설득을
시켜야 하기 때문에 어렵다
"하나님! 제가 뭘 잘못했어요?"
나를 못 오게 하는
마귀도 있으니 물리쳐야 한다
무서우면 물리치는 기도를
해라

내가 아프면 하나님 손해지
"하나님만은 아시지요?"
저 사람 통해서
나를 키우시나 보다
부딪쳐야 성장한다
내가 좋다고 했나?
내가 달라고 했나?

날 쓰시는 하나님도 이상해
가족 통해 하나님 영광 가리지
않게 해달라고 기도만 한다

정신 질환자 많아
새벽 기도 가기 어렵다
혼자 생각에 잠겨 있으면
기도하는 것이니 너무
감사하다
"뭐 주시오" 한 적 없고
"저한테 뭘 원하시나요?"
항상 여쭤 본다

인간 세계를 뛰어넘었다는
것은
다 이겨낼 수 있다는 것이다
고비를 넘어서야 한다
이유를 안 묻는다
하나도 거리낌 없다

상처를 받아 가슴이 철판이
됐다
시루떡 열 켜가 쌓인 것 같다
내가 어떻게 그런 것도
다 참을 수 있나?

내가 나를 칭찬한다
속 썩고 살지 않았다
사람들이 시기하고
트집 잡으려 해도 흠
못 잡았지만
그걸 깨닫고부터는
내가 절제했다
사람이 악한 것을
나이 들어 깨닫게 됐다
일찍 눈 떴으면
교회에 다 내지 않았을지
모른다

마음이 옹졸하면 돈 잃고
병 난다
젊어서 보증 서달라는
남편 친구에게
농협에서 빌려서 그냥 드렸다

사람을 파헤치려고
우리나라 땅을 다녀 봤다
한 있으면 하나님이
덤으로 주시는 축복이 없다
미련해도 땅이 축복 받은
서산에 덤으로 받는 축복이

온다
축복 받은 사람들이 서울로
왔다
별 노력 없이도 축복 받는다

나는 참 부드러운 여자다
남을 방해하거나, 피해 주거나
말질하기 싫다
속 알차고
겉으로는 바보 같아야 한다
나는 시간을 굉장히 아껴 쓴다
이기면 재미 있으나
살기는 어렵다
"그렇게 보여요?"
"나는 잘 몰라요"
"그래요?" 하면 제일 좋다

우리가 복을 받기 위해서가
아니라
하나님을 기쁘시게 하기 위해
마음을 깨끗하게 해야 한다
나는 자로 잰 듯이 살아와서
한 치도 반듯하지 않은 점
없었다
한 발짝도 잘못 나가 본 적

없고
헛된 짓 한 것 없고
자로 반듯이 잰 것같이
살았다

잠도 재워 주시면 자고
못 자게 하시면
"하나님! 제게 원하시는 게
뭔가요?" 기도한다

나 같은 사람 좀 봐!
마실도 안 가던 사람이
이렇게 됐잖아!
일찍 고생한 사람은 생활력도
좋다
난 뭐라 해도 다 받아줄 그릇
이 됐다
좋은 추억도 없이 일만 했다
하나님 계시니까 외롭진
않아도
혼자 있으면 외로울 때 있다

우리 애들이
잘못 살지 않게 해 달라고
기도한다

15. 나의 삶

뭐 달라고 하는 기도는 안
하고 "어떻게 해야
하나님을 기쁘시게 할까요?"
기도했다
다른 사람의 경우를 통해
나도 이해가 넓어지고 배운
것 많다
"사랑만 하면 뭐해?
돈도 있어 사랑하고 같이
줘야지"
하나님이 다 해 주셔야 한다

참는 건 익숙해져서
이 나이까지 걸어온 걸 보면
참 대단하다
시련이 지나고 보면 훈련이다
가만 놔두니깐 명언이 됐다
사람은 영이라 미워하면
다 느낀다
사랑을 먹어야 산다

서울 오니 새 힘이 온다
알아주거나 말거나
머리가 상큼하게 아프다
마음이 변화되지 않으면

안 된다
"어떻게 해야 하나님을
기쁘시게 할 수 있대요?"
"잘못된 점 있으면
말씀 좀 해 주세요"
기도 굴에서 말씀 드렸다

"당신은 사랑이 많은 사람이야"
"다른 사람에게
줘어 주면 얼마나 좋아?"
나눴더니 축복이 오더라
그게 축복권이다
목사님들 대접할 때
돈 없으면 꿔서라도
몇십만 원 가져갔다
밥 사는 데서 축복 받았다
사랑은 표가 안 나고
사랑 없으면 돈 많아도
안 낸다

나는 예민하면 어려운데
무능해서 좋았다
흩어진 모습은 보여 주지
않았다
요새는 좋은 것도 안다

허송세월 보냈나 싶기도 하다
옛날이나 지금이나
갖다주는 일만 했다
훔쳐다 날랐다
누구네로 뛸까?
떡 하는 날이면 들고 뛰다가
넘어지기도 했다
콩고물 하나 안 먹었다
요새는 과일도 잘 먹고
감사하다
나는 먹을 복 있다고 했다
내가 형제들을 어렵게
생각했다
조금도 남에게
피해를 주고 싶지 않았다

신앙생활 하다 보면 시련
있는데 그것을 잘 이겨야
내가 어떤 것도 참을 수 있는
성숙의 경지가 온다
사랑만 많으면 뭘해?
진실성만 있으면 집안이
열린다

경험 많고 무식하니까

하나님이 더 가르치셨다
연단 있어서 더 성장했다
내 몸을 빨리 내놓아야
하는데
안 내놓으니 더 고생했다
하나님 일은 힘들었지만
지나고 보니 보람도 있었다

세계 여러 나라 63개국을
다니며 복음을 전했다
몸도 죽였다, 살렸다 하셨다
나는 안 보고 믿었다
"꼭꼭 씹어도 체한다는데
난 통으로 삼켜도 소화도
잘 되네"
간증에서 은사가 나간다
"하나님!
저를 어떻게 쓰시려고
그러세요?" 기도한다
내 손을 통해 거쳐 간
사람들이
마음이 편하고 행복하긴 하지

혼자된 사람들 불쌍한 것
요즘 알았다

하나님께 다 맡겨야 한다
자식도 내가 낳았지만
내 것 아니다
맘 편히 사는 비법은
다 맡기는 것이다
하나님 앞에
다 내놔서 그렇다

후암동 4층에서
"하나님! 전 이걸로도
만족해요
이후론 봉사하고 살게요"
자기 한계까지 사는 건데
인생이 그런 거다
있으니 더 못 살겠네.
어쩌나?
사람이 자기 고집대로 살다가
나이 들어 보니
한계가 있다는 걸 알게 됐다
"하나님! 제가 잘못했나요?
왜 은혜가 안 되지요?"

대가 바라지 않고 봉사하면
하나님 일이니 지금은
안 보이지만

남는 사업이다
이런 일 할 때 시기, 질투
있는데
이 정도 어려움도 없겠나?
다 성격 차이지
다 훈련이니 다 받아 줘야 한다

사는 동안 다 나한테 쏟아버려
남편 없이 사는 사람은
얼마나 불쌍한지!
50년 동안 보람도 많았다
눈이 많이 오면
학교 운동장 눈 언 데를
벌벌 기어서 기도하러
서울 왔다
50년 넘게 눈, 비, 빙판
속에서도 한 번도
날씨 때문에
기도하러 서울 안 온 적 없다

밭에서 일할 때는
컨테이너 박스 뒤에 숨어서
일했다
살림이 너무 재미있었다
난 부모님께서

좋아하시는 것을 해드렸다
그 시절엔 드물었던
옥색 복합실 넣은
장미 505 스웨터를 떠드렸다
다음에 밤색으로 또 떠드렸다
후회 없는 일을 했다

매년 한식에는 50명 넘게
친척분들 대접했다
뭘 차려야 하나 연습하며
제일 좋은 것, 제일 비싼 것,
싱싱한 것으로
게 10킬로, 산낙지 등 사서
몇십 년 동안
마음과 정성을 다해 대접했다
흰 모조지 깔고
작은 주스 병에 꽃 한 송이
꽂고 수저도 냅킨에 꼭 쌌다
조개는 해감을 두 번씩 했다
대접하는 것이 너무 기뻐서
그날은 식사도 못했다

시골 출신이라 잘하진
못했어도
잘못한 건 없었다

부모님께 은혜를 갚아야지
생각했다
이펜은 잎마름병에 쓰는
농약인데
사용법까지 말해 줘야 했다
농약사 할 때는 사업가인데
자선 사업가까지 겸했다
어려운 사람이나 교회에는
그냥 주었다

교회에 피아노 산다고
광고부터 해 놓았다
하나님은 내가
돈 있는 꼴을 못 보신다
허리 아프면 다리도 아팠다
나랏돈 축 안 내고 행복했다
먹지도 않고 자지도 않아
당뇨병이 왔다
기왕 잊을 건 잊어야지
마음의 슬픔도 털어버려야지

시어머니에게 잘 대접해야
집안일이 잘 풀린다
가다듬는 건 내가 잘 한다
집안 우애를 잘 다독거린다

난 열매 많다
자식에게 덕 보는 시대는
지났어
남편 벌어다 주는 걸
가치 있게 썼다

"하나님이 원하시는
교회 되게 해 주세요"
영이 별것 아니더라
이길 수 있는 힘이 왔다

"내 기쁨 뺏어 가는 귀신!
예수 이름으로 나가라!"
영도 육같이 약해 뵈면
마귀가 마실마실하게 보고
달려든다.
영적 공격은 고비를 넘겨야
한다
상대 못 하고 감당하지 못 하니
접근하는 사람이
한 길로 왔다가
일곱 길로 도망한다
아는 척 안 하고
시골 아줌마 그대로니
건드릴 수도 없다

"아직도 하나님이 날 쓰시는
구나"
자신감이 생겼다
예배 중 딴 맘 먹은 두 사람을
계속 주시하며 기도하니
나중에는 목사님을
쳐다보기도 하며
찬양을 따라 했다
변화되는 걸 보며 감사했다

꿈속에서는 사람인데
영적으로 보면
짐승이었다
큰 검정 소, 돼지, 여우, 물개가
떼로 달려드는 꿈을 꾼다
내가 겪어 보지 않고
알지도 못한 경험이었다

밤마다 꿈에 매일 남의 집
빨래를 끝없이 한다.
어디서 어디까지 할지도 모르고
너무 많다
겉껍데기 빨고 나면
그 속은 소변 등으로
너무 더러워

어떻게 할지 모른다.
힘을 써서 아침 되면 지쳤다

"하나님께 도로 또 바칠게요"
하나님께 회개했다
"뭘 주고 싶은데 난 왜 이렇지?"
진한 눈물 흘렸다
마음을 두고 가는 것 같았다
"하나님이 날 깨닫게
하시려고 그러시네요"
시련을 통해 갈고 닦고
남편, 자식 통해 훈련 받는다
보지 못할 걸 봐도,
겪지 못할 걸 겪어도
내 고통은 얼마든지
사랑으로 다 참을 수 있다
사람을 사랑하는 것에는
한계가 있다
생각 바꾸니 기쁨 오더라
"내 몸을 사용하셔서
하나님께 영광 돌리게
해주세요"

꿀 첫 병은 첫 열매라
목사님께 얼른 갖다 드렸다

세 장 받은 꿀벌에서
꿀 열한 병을 땄다
벌집도 우리면 꿀물 나와,
손님들 다 대접했다

"하나님! 제게 뭘 원하세요?
내 몸은 어떤 것도 이길 수
있어요"
당신은 어떤 생각 하고 살았나?
나는 헛눈 한 번 팔아 본 적
없고
달리다가도 문득 생각나면
가던 발짝을 멈추고
살펴보고 다시 갔다

난 남 흉보는 건 제일 싫다
제일 속 썩이고
시기, 질투하는 사람들만
모아서
식사 대접하려 한다
나는 하나님이 유치원 애들
가르치듯
조용히 가르치셨다
확실히 받았다

어려운 사람에게 밥 사면
감사하다가 가슴에서 눈물이
흐른다
부모님이 땅을 남겨 주셔서
다른 사람들과 농산물을
나눠 먹을 수 있어서 감사하다
고구마 농사 열심히 지어
집에 세 들어 사는 12집에
좋은 것 다 나눠 주고
우리는 작고 못생긴 것만
먹었다

교회에서 별것도
내가 해 놨다 말한 적 없다
주일마다 사탕, 달고나,
초콜릿 다섯 개 등을
교인들에게 나눠 드렸다
내가 정신력이 강하다

옛날 삽교천에 콩 하나를
심었는데
한 됫박이 나왔다
혼자 있어도 외롭지 않다
조용한 시간에 하나님 만나고
있다

남은 해줘도 자기 새끼라 해도
하나님이 허락 안 하시면
기도 안 해준다
"하나님!
어쩐 일로 눈물이 나와요?"
아침 먹다가 뜨거운 눈물이
나왔다

집에 먹을 것 많으니 감사하다
사람 사는 것 요새 알았다
사는 것 영원한 줄 알았다
'웬일인가'
은혜 받았는데 갚을 길 없어
물불 안 가리고 뛰다가
'빛의 사자들이여'
'낮엔 해처럼'
찬양하며 겸손을 배웠다

'나의 등 뒤에서'
부르며 하나님이
다 하신다는 걸 알았다
'내 평생 살아온 길'
겸손이 다져졌다
찬양을 세 번 부르면 새 힘이
난다

아브라함처럼 자손이
하늘의 별,
바다의 모래같이 많다는 것은
내 자식, 네 자식
따로 없다는 말씀이다
백 세에 이삭을 바치는
영화를 보여 주셔서 자신감이
생겼다
순종하여 결혼한 큰아들을
이삭이라고 말씀해 주셨다

나도 육신인지라
기도 끝나고 집에 가면
온몸이 아프다
나 같은 사람이
이렇게 될 줄 어떻게 알았나?
서산 깡패 여러 명 전도했다

떡값이 비싸봤자 떡이여
떡 한 말 해놓고
맘대로 가져가라 했다
주는 자가 복 있다
베풀고 살아라

애들은 돈 받는 재미로

기도 받으러 왔다
"건강 주시면
최선을 다하겠습니다"
난 기분 좋게 받아들여도
바보는 아니었다
상처 받으면 소화를 잘 시켰다
바쁘게 뛰니까
몸 좋아지고 자손이 복 받는다
난 누구 말 듣지도 않고
체험한 것만 말했다

혼자 생각하면 너무 행복하다
난 너무 재미있다
잠이 안 온다
나는 할미꽃 뿌리도 삶아 먹고
좋은 물을 잘 먹어서 건강하다
난 생활력이 강했다
남의 것을 뺏고 살았으면
이런 축복 못 받았을 것이다
난 참 재미있어
신경 쓸 일 많지만
우리 일로는 아니다

하나님께서 나를 심히 부려
잡수시고

불쌍히 여기신다
난 오늘 하나님한테 가도
좋다고
생각하고 용기 있게 산다
사람은 용기가 참 중요하다
난 지금 죽어도 하나도
후회 없다

꿈속에서 "왜 남을 망치느냐?
못 살게 하느냐?"
할아버지의 목을
빙빙 돌려 잘라 죽여 버렸다
다시는 나타나지 않았다

서산의 집 짓는 분들은
설계대로 집이
매끈하게 안 나온다고 했다
그래서 서울 사람들에게
맡기라고 했다

교회 봉사는 누가 알까
두려웠다 숨은 봉사 했다
봉사하며 투덜거리면 안 된다
강대상에 올라가면
큰일 나는 줄 알았다

구시렁거리며 봉사하면
안 하느니만 못하다
능청 떨면 안 된다
교회 봉사도 예쁠 때 해야 한다

정이 안 간다는 건
'난 저렇게 살지 말아야지'
하는 거지
내 나름대로 최선은 다한다
"하나님! 감사합니다"
하나님과 나만 아는
기도를 드려야 한다

대천덕 신부님 임종 기도 했다
고통 없이 가셨다
한나 할머니가 기도 방에서,
하나님께서
면천교회 빚 갚으라 하셨다는
말씀을 들으시고 100만 원
주셔서
면천교회 갖다 드렸다
60만 원 빚 갚고
40만 원으로 십자가 세우셨다
내가 전도해 친정이 다
교회 다녔다

아프다고 걷어차도
발바닥을 주물러 주고 온다
자기 식구 챙기는 것보다
남을 챙기다 보면 폭이
넓어진다

부모가 열심히 일해서
여행도 하며
자식들 폭을 넓혀야 한다
얼마라도 벌어
애들에게 폭을 넓혀 줘라

하나님 일은 언젠가 끝이 있다
난 가정이 흔들릴까 봐
잠을 안 자고 일했다
지금은 편히 쉴 때다
있는 집 애들은 기분이 부자다
난 애들이 1000원 달라면
1300원 줬다
우리가 제일 부잔 줄 알고
구김 없이 자랐다

"죄 값은 제가 받을게요
저는 다 이길 수 있어요
불쌍히 여기세요.

어린 것이 뭘 알아요?"
기도도 하나님이 시키셨다

나의 보람은 애들 잘 키워서
결혼해서 자녀들 잘 키우고
의사 등 나라에
보탬이 되게 한 것이다
신앙생활하며
비전센터를 하나님께 바쳤다

내가 열심히 해야
남편 건강을 책임져 주신다
남편 아프면 집에만 있어야
한다
하나님도 골치 아프실 거야
정신 바짝 차리는 것이
제일 중요하다
"제가 정말 정신 바짝
차리겠습니다"

최선을 다하며 살다가
삼 일만 앓다
하늘나라 가고 싶다
마귀가 싸움 붙여도 안 싸웠다
안 넘어갔다

15. 나의 삶

참기만 하면 된다
어떤 것도 용서할 수 있다

부활 체험도 했다
시련이 많을수록
여러 사람을 품을 수 있는
힘이 생겼다
"저의 손이 닿는 사람마다
역사하게 해 주세요"

바닷가 좋은 경치에 앉으니
우리 교회 할머니들
다 반짝 들어
여기에 모셔다
구경 시켜 드리고 싶다

하나님이 먼저 아시니
하나님 뜻대로 살며
남 핍박하지 말고
무게 중심이 하나님 편에
있어야 한다
내 뜻대로만 하면 안 된다

"하나님 뜻이 어딘지
적당하게 값을 정해 팔게
해 주세요
하나님! 공평하게 하시고
형제간에 마음 상하지 말게
해주세요"
"자연 속에서 깨우쳐 밖으로
나오게 해 주세요"
"내 뜻대로 한 기도 결과로
욕심 피우지 않게 해 주세요"
내 뜻도 세우고
지혜롭게 성경 그대로
연결시켜 "강하고 담대하라!"
어떤 일이 있어도
흔들리지 말아야
지식보다 지혜가 생긴다
지식으로만 나가면 이단 되기
쉽다
"뭘 알아야 이단 되죠"

젊을 때 실컷 다녀라
나이 들면 어렵다
동네 분들 다 놀러 다니는데
나만 고달프게 살아야
하는 건가?
나는 외국 가면
허점을 보이지 않는다

교회에서 다투어 본 적 없다

후암교회를 부흥시켰다
나는 많이 배우지 않아서
교만하지 않다
"성도님들 가정과
목사님 가정에 건강 주세요"

마음도 편안하게 하고
마음을 감동시켜야 한다
나는 사람에게 돈이나
마음에서
이용당하지 않았다
영과 육에서 동시에 분별해야 한다
믿음도, 분별도 없는 사람 있고
영은 잘 분별하나
육에서 못 하는 사람도 있다

집안에 있는 술 마귀와
같이 산다
"이래도 참을래?" 마귀가
시험한다
난 불평 안 하고 참았다
"그래도 남을 위해 살게요"

정직하면 걸릴 것 없다
약간 구박 받고
참는 건 할 수 있으나
대우 받거나,
칭찬 받는 건 정말 어렵다

눈 뜨고 보니
사람에게 실망하게 된다
하나님과는 아무 변동 없으나
사람에게는 다르다
지나간 걸 생각해 보면
우리는 저렇게 하지
말아야지 생각한다
요새는 눈치로 살아야 한다

여자는 잘났거나 못났거나
화장할 때가 제일 즐겁다
우리 나이에 살림해 가며
그루프 말고 하는 것도
대단하다

꿈속에서
많은 해적들이 나를 죽이려고
노리고 따라 다녔다
무조건 가지면 다 자기 것이고

닥치는 대로 뺏어가며 죽였다
내가 가슴 졸이며
큰 대문 집에서 쫓겨나올 때,
양손으로 푸른색 단지를
소중하게 들고 걸어 나왔다
저쪽에서 관광차가
하나 오는데
우리 장로님이 서 계시다가
내가 든 보물단지를
받아 주셨다
나는 그 악한 자들에게
"우리 남편은 교장선생님"
이라고 세 번을 말하니
그들이 다 사라졌다
나도 같이 그 차를 타고
떠났다
해적 떼에게서 벗어났다

우리가 얼마나 기도를 해야
하는지!
내가 안 겪어 본 게 어디 있나?
나는 허점 잡힐 것 없었다
뭐 맛있는 것 먹어도
우리 목사님 생각이 난다
난 항상 겸손했다

남의 일이 내 일이라 생각해
한 번도 큰 소리쳐 본 적 없다

젊어서 신앙생활 할 때,
정신 안 좋은 체험을
하게 하셨다
"사모님! 목장 사 드릴게요
걱정하지 마세요"
마귀가 나를 부자 만들어
준다 해서
오순이네 집도 지어 줘야 하고
다른 이들 도와줄 생각에
바빴다
분별해야 하는데
마귀가 하는 말을
하나님 말씀인 줄 알았다
분별의 영이 굉장히 중요하다
이래라저래라 한다고
다 하나님이 아닌데
그때는 몰랐다
어려운 시련이 많았다

마귀는 친정아버지 산소에
가라 하면서
아무렇게나 입고 가라 하고

성경 싸 가지고 간다니까
못 갖고 가게 했다
의심이 생겨
십자가 그려 보라고 하니
못 그려
"사탄아! 예수 이름으로
물러가라!" 물리쳤다
마귀는 내가
"하나님은 일 초도
안 틀린다고 하는데 왜
정확하게 안 해요?" 따지니
꼼짝도 못했다
"하나놈의 집(교회)에 왔구나
집에 갈 때 두고 보자"
목사님에게 기도 받으러
가려니까 나를 협박했다

"욕은 몇 달 몇 년 해야 해요?"
"욕 안 나올 때까지
예수 이름으로 물리쳐라"
시키신 대로 하니
30분 만에 욕이 안 나왔다

"네 남편 지금 파리 잡고 있다"
마귀는 거짓말을 잘 한다

미치면 다 들린다
내가 하는 말이 아닌 말을
하면 "사탄아! 예수 이름으로
나가라!" 해라
농약사 할 때
맞는지 안 맞는지 모르지만
흰 원피스 입고
네 알 주판 써가며 농약사를
했다
나이 들어도 계속 머리 쓰니까
기억력도 좋다
인생 멋지게 산다
많으면 어려울 텐데
꼭 쓸 만큼만 있다

내 오른팔은
모든 사람이 짓밟고 지나갔다
짓밟힌 손이다
"부서져야 해
녹아져야 해" 하더니
이제서 온몸이 여기저기
아프다
그래도 이렇게 살게 하시니
많이 감사하다
돈보다 마음이 부자다

하루 사는 것에 감사해야 한다

속전속결인데
"우리 엄마 추진력은
대단하다"는 말을 들었다
내 인생은 성공한 인생이다
나는 꿈속처럼 헤매고 살았다
행복하게 봉사했다
봉사를 즐겁게 해야지
불평불만 하면 안 된다
나는 항상 긴장 속에 살아
깜짝깜짝 놀랄 때가 많다
눈 감고 있으면 너무 편안하다
요대로 하나님이
데려가시면 좋겠다 싶을 때가
있다

귀신과 싸우느라
입을 앙상 물어 굳어졌다
굳어진 데를 자꾸 긁었더니
심통 살이 없어지고
내 믿음으로 살살 긁어 주니
턱살도 없어졌다

애들한테 말을 참 조심했다

애들에게 자유를 줬다
주눅 들지 않고 당당하게
살아서
부끄러움을 느끼지 못했다
구멍가게, 농약 장사 등
살아온 것 보면 재미난다

무당이 "저 작은 새댁한테
내가 지다니!" 한탄했다
무당이 푸닥거리 하러
운산 가는데
내가 운동장에서
운동하고 가라 하니
갑자기 발이 안 움직여져서
당신 땜에 내가 일 못 가고
푸닥거리 못 하고
교회 나왔다고 했다
큰 절 부수고 우리 교회에
다녔다

나는 마음은 약하지만
경우에 틀리면 상대를 안 한다
화를 절대 안 내는 것이
내 성격이다
내가 좀 참고

상대방을 편하게 해주고 싶다
내가 해결할 건
애들 안 시키고 내가 한다
나는 체험한 것도 일절
말 안 했다
교회 다니다가 미쳤다고
할까 봐 숨어 지냈다
작은 집에서 조용히
혼자 좀 있고 싶다

내가 기적을 많이 일으키니
욕심 생길까 봐
거저 받았으니 거저 해주라고
하신 것 같다
극복하면 사랑하고야 말 거다
극복하면 된다
때가 안 묻었네
지금 세상에 이렇게 살면 안 돼
돈 관리를 못 하나?
좋은 일만, 보람찬 일만 했다
교회에 필요한 것이 보였는데
80이 되니까 안 보이더라
참고 다 용서해 주고
사랑해 주면 된다
그저 내가 다 잘못했어

돈도 안 드는 사랑도 못 하나?

건강의 복, 물질의 복 필요하고
처복, 남편 복 다 필요하다
86인데 못 살아 본들
얼마나 못 살겠나?
남편에게 죽도록 충성하라
나도 대단하다
아무도 가르쳐 준 사람 없었다
감사하고 행복하다

"축복은 날아들어오니 기도만
하시오"
빚을 갚아 주었다
감사는 축복권이다
내가 말을
옮기지 못하는 것도 은사다
누구네 할 것 없이
다 잊어버린다
부모님 모시려고 타지에 가지
않았다

"어리둥절하겠지만 정말
행복해
자기들은 행복하지 않아?

난 난생처음 보는 게 많아
너무 행복하다"
이제껏 한 적 없는
색다른 말을 많이 한다
내가 겸손하더라

체험 없으면 이단,
체험 있으면 담대해서
죽음이 두렵지 않다
나도 벙어리 된 주제에
기도해 줄 수 없었다
나의 체험은 죽이려고도 하고,
벙어리도 돼보고,
미쳐도 보고,
공중에 들려도 봤다
울면 안 될 일도 되게 해
주신다
꽃꽂이, 청소, 밭일도 해야지
정말 바빴다
우리가 희생해야 자손이
잘 된다
난 솔직한 게 좋다

친절한 명근씨!
안 해줘도 되는 진솔한 얘기를

조곤조곤 해 주었다
난 들이받지 않고 묵묵히
이겨 냈다

코로나 사태는 하나님의
조화다
난 사람을 연구한다
나보다 다른 사람을 더
걱정한다
풀어지지 않는 서운한 마음이
있다
품격이 나오려면
자기를 낮추어야 한다
"지나 내나
교만이란 말을 어디서 해?"
겸손, 나를 낮추는 것이
몸에 배야 한다
잘나갈 때 교만하면 큰일난다
유혹하면 넘어갈 수 있다

"두 무릎 꿇어!
잘못한 것 하나도 없는데
있으면 깨달아 회개하게
해 주세요"
갑자기 방에서 저 쪽으로

나가떨어지더니 울었다
"알았지? 하나님께서 하신 일이야"
하나님께서 본때를 보여 주셨다
빨래 널며 울었다

"남을 위해 살게 해 주시려면
저를 선택해 주세요
조금이라도 남을 위해 도움이 된다면
저를 선택해 주세요
불쌍하잖유"
마음속에 하나님을 모시면
외롭지 않다
어쨌든 죽어 사는 게 여자지
감사해서 요동친다
기분 좋게 살아야 한다
나는 해결사 역할을 많이 했다
축복이 폭포수같이 내려오는 통로다
마스터키 역할이다

아무에게도 말 못한 것이다
어마어마한 역사이다

하나 되니 일이 술술 풀린다
난 생수이자 해결사다
첫사랑이 회복되게 해 달라고
계속 기도한다
그런 하나님의 역사를 한 번 해봐
"하나님! 날 통해
다른 사람이 좋아진다면
일을 잘하게 해 주세요"
새로운 역사가 난다
하나님이 아시기 때문에
슬쩍할 수 없다

질문하면 일 초 만에 답이 나온다
엄마 아빠에게 말 붙이고 다정하면
앞길이 환히 열린다
넓은 길보다 가시덩굴도 있는
좁은 길에 가서 여행 후
다음 날 다 보여 주셨다

난 거짓인지 진실인지
밝혀내는 사람이다
하나님이 내 편이지 싶으면

15. 나의 삶

죽고 싶지 않다
호강에 뻗치면 죽고 싶다
당당해야 한다
대우받는 것보다
내가 일하는 것이 좋다
폭 넓어지는 법은
사주기도 하고
얻어먹기도 해야 한다
먹어 주는 것도 축복이다
돈을 손녀에게 풀어서 기쁘다
베풀고 사는 것이 제일
중요하다
늙어서도 하나하나
깨우쳐 주신다
신경 쓰는 게 병이야!
도저히 역사가 날 것 같지
않아
"손만 대도 낫게 해 주세요
살짝만 만져도 낫게 해 주세요"
기도했다

하나님 빼고는
한 발짝도 걸어간 적 없다
사람이 할 수 없는 일,
상상할 수도 없는 일 하며

앞을 걸어갔다
"인생길이 이렇게 어렵구나!"
보이지 않는 영적 세계를,
파란만장한 삶을 살아왔다
남이 안 보는 세계를 봤다
"아니다" 하면 멈춰서
생각하고 다시 걷는다

나는 남을 돕는다면 흥분된다
맹목적으로 좋게 해주려 한다
좋은 일도 파란만장하다
난 신기한 체험이 너무 많다
글 쓰시는 분이
오시기 3일 전부터
글 쓰고 강의하고 싶었다
나 잘 사는 것보다
못 사는 사람들 보면 안타깝고
어떻게 해야
그 사람들이 잘 살게 될까?
걱정하고 염려한다

"하나님! 그동안 날 실컷
부려 잡수지 않으셨어요?"
캄캄한 데서 얼이 비치다가
수호천사가 발 옆에서

쏙! 나오더니 어둠이 사라지고
환한 빛의 세상이 되었다
내가 인생을 참 멋지게 살았다
하나님 편에서는
이런 게 다 올라가
이런 게 영적으로
인도하는 건가?
나도 신기한 일이여,
환갑 때도 '응! 잔치하는구나'
했다

꿈 속에서 뱀 대가리를 잡아
죽였다
"주신 것 저희가 잘 쓰게,
보람 있게 쓰게, 풀게 해
주세요
구원받게 해 주세요"

어떤 집에는 꼭 애들에게
용돈을 주어가며 기도해
주었다
배고플 것 같은 애가 오면
기도하다 말고 일어나
먹을 것을 챙겨 주었다
남을 더 챙겼다

용암산 기도원 사모님도
변화시키고
월요일부터 수요일까지
구국 제단 쌓은 후
역사 나는 것이 소문나서
차 있는 교회에서
나를 데려갔다
하루하루 다른 곳에서
집회했다
남편이 가지 말아야 할 곳에
가지 말게 해 달라고
부인이 기도하니
발의 인대가 끊어져
못 가게 되었다
입고 다니던 방수 잠바는
기도원에서 일하는 사람
벗어 주고
부하게 보이는 옷을 입고
갔더니
나를 우습게 봤던지
성경을 탁! 펴니
사람을 외모로 보지 말고
중심을 보라는 말씀이 나왔다
회개시켰더니 역사가 나서
나는 손만 흔들었는데

각자가 울며불며 역사했다
세계에 둘도 없는 사람이라고
했다
덴버 집회에서는
루즈 색도 바꾸라고 하고
덴버 교포 신문과 인터뷰도
했다

난 아는 게 없으니
싸움 한 번 안 하고 살았다
제일 무능한 게
부모님 사랑하고
말대꾸 한 번 안 했다
난 밥 사는 데서 축복 받았다
"조심조심해야 해!"
난 돈이 필요치 않았다
"하나님을 기쁘시게
하고 싶은데
나를 건강하게 해 주시면
좀 더 하나님 위해 일할게요"
내가 늙어서 초라한 것 같아
기도 안 하려 했다

등이 붙어서 허리가 아팠다
내가 참 훌륭한 사람이야

무섭게 산 사람이다
생전 돈 없다 소리 안 했다
있으면 쓰고 없으면 안 썼다
우리는 가난하진 않았다
선생님들을 70명씩 대접했다
"기운도 없지만
하나님 하시는 것 하게
해 주세요"

"하나님! 나는 애들도 있고
하니 하늘나라 가기 싫어요
나를 욕하니 이 몸을
누운 채로
그대로 들어 올려 주세요"
밤나무 꼭대기까지
끌어 올렸다가
내가 울고불고하니
살며시 내려놓으셨다
목욕탕에서 샤워 후
못 움직이니
안방으로 안아서 누여 놓고
미숫가루 타다 주었다
3일 간 벙어리 되어
주일엔 벙어리인 채로
꼿꼿이 했다

성경 읽으려니 소리가 안
나왔다
목사님 생일 돈 걷어야 해서
글로 써서 만 원씩 걷자고
했다
기도해 달라는 사람 피해서
교회 지하에서 많이 울었다
남편에게
당신이 욕했다는 말도 안 했다

들러므 삼켰더니
덩어리 하나가 있어서
흐느낀다

평생 쉬지 못 하다가
코로나 때문에
여기서 처음 쉰다
병원 한 번 안 갔다
4인실에 둘이 있어
넓어서 호텔 같다
간호사들이 자주
어디 불편한 데 없냐고 묻고
식사도 잘 주었다
감사 기도와 찬양이
절로 나왔다

시기, 질투가 숨어 있다가
이참에 우파와 기독교인을
괴롭히고 있다
난 항상 숨어서 살았다
드러나지 않고
어디 갔다 왔다는 말도
안 했다
남들 장사하다가 남은 것
다 팔아 줬다
남에게 주는 것은 기쁘기만
하고 아까운 줄 몰랐다

무릎 아픈 것을
하나님이 가르쳐 주셨다
난 주머니에 돈이 남아날 때
없었다
돈으로 환산할 수 없는
역사가 났다
가슴이 설레었다
돈을 바라본 적이 없었다
행복이라는 마음이
몸에 젖은 것 같다
난 자식에게
남은 음식 먹는 걸 보일까 봐
숨어서 소리 안 나게 먹는다

자식 앞에서도 겸손하다

난 천상 여자였다
돈을 사이즈 알 수 없게
어긋나게 해서 신문지로 싸
농약 사러 서산 다녔다
그때는 핸드백도 없었다
장사꾼 머리에 이고 온
사과 등을
다 떨이 해 주었다
9,000원이면 만 원 줬다
아버님 술국을 꼭 끓여드렸다
염소, 돼지, 소도 다 키웠다
새벽에 일어나서
잎새기 뜯어다가 키웠다

"받을 것이 있어서 달라고
하느냐? 교회 나가셔!"
뒤에서 조작한 사람이 있었다
내가 온다니까
마귀가 전화만 받고도 나가서
물도 못 마시던 동서가
밥을 먹었다

단체로 청남대 갔을 때,

수십 개의 아이스크림
영수증을
미리 받아 놓았다
나중에 당황할 일 없었다
기쁜 마음으로 두 번 줄 수
있어서 감사하고
행복했던 분도 있었다

사랑으로 다 참아야 한다
다 봐주는 것밖에 없다
내가 참는 방법이다
성격이 과해서 그래
다 품어야 한다
성격대로 받아주어야 한다
참아야 하는 이유는 우리 속이
악하기 때문이다
"누가 그래?" 안 하고
"사탄아! 예수 이름으로
물러가라!"
속으로 기도했다

이유를 안 물어야 하는 이유는
누가, 언제 이유를 물으면
사탄이 끈질기게 물고 가기
때문이다

"하나님! 제가 왜 아파요?
제가 해결하지 않은 것이
있어요? 알려 주세요
제가 잘못했다면 용서해
주세요"

하나님께서 해주시지만
사람도 노력해야 한다
나는 칭찬 받지 않으려고
도망 다녔다
얌전하고, 순진하며 겸손하게
숨어 위치도 안 알리니
다이아몬드다
하나님께 달라는 기도
한 번도 한 적 없다
주셔서 감사하다는 기도만
했다
하늘나라 가시고 나면
해다 주고 싶어도 못 해드리니
내게 대든 할머니들에게
수박 사다 드리겠다
날 괴롭혀야 그걸 놓고
기도하고
날 키우는 일이 된다

시집에서는 못 들은 척하면 돼
일만 하면 돼
나는 다 감싸 안을 수 있다
원망하는 것이 아니라
왜 그렇게 살아야 했을까?
안타까웠다
나는 죽어도 그냥 죽지
난 정말 행복해
남편이 있어서,
교회를 같이 가서서,
게다가 멋쟁이여서 감사하다
남편이 에어컨 세게 틀어도
두꺼운 이불 덮고 추워도
참는다
뭐라고 잔소리 절대 안 한다
불을 환하게 켜도,
추워도 뭐라 말 안 한다

나는 인생 공부를 많이 해서
글씨 공부만 한 교수들과
다르다
많이 배운 분들은
거친 생활을 안 해서
잘 넘어간다
친한 사람들이 제일 위험하다

손해 끼치고 원수 된다
난 잠 안 자고 일만 하는
사람이다
놀러가지 않았다
나같이 살지 마라

걸을 수 있으니까 감사하다
지하철 타고 오다가 감사했다
나는 어려워도
기대를 절대 하지 않았다
난 화나 본 적 없다
파르르하면 안 된다
내가 죄를 안 짓고
하나님 앞에서 떳떳하면
담담하게 살 수 있다
톡톡 쏘면 두 번도 안 간다
내가 훌륭한 일 많이 했다

나 사는 집도 아침, 저녁
두 번씩 닦는데
일 주일에 두 번
교회 청소해 가며 투덜거렸다
투덜거리며 봉사하면
축복을 못 받는다
꼿꼿이 이후에는 심방을

시키셨다
하나님 일은 혼자 다 한다고
축복 받는 게 아니다
'돈이 이렇게 좋은 거구나'
내 말 듣고 하라면 하고
하지 말라면 안 하면 좋더라

'더 잘하고 싶은 건
젊어서 하던 밥 사는
봉사인데'
이걸 하고 싶은데 못 한다
'나 건드리면 슬퍼'
암벽 타는 자식 안 주셔서
감사하다
정치 하는 남편이나
자식 안 주셔서 감사하다
목이 움츠러들만큼
많은 들밥을
머리에 올려 논에 날랐다

'내가 어떻게 살면
좋은 일 하고 살까?'
50명쯤 노인들 모시고
똥 빨래 빨고 살려고 했다
"노인들은 외롭지 않게

안아 주세요"

목사님을 위한 기도

"첫째, 건강 주시고
목회할 때
어려움 없게 해 주세요
권능의 말씀으로
우리의 심령을 변화시켜
주세요"

16. 교회

목회자는 욕심 없애고
사랑만 있으면 된다
목회자가 막히면
비뚤어진 설교가 나온다
덕 안 되는 얘기는
설교 중에 안 하는 것이 좋다
목회자는 진실성 없으면
연결 안 된다
축복이 없다
사람 생각하면 안 된다
세상 이것 아니구나!
진실성 있어야 올바른
설교 나온다

교회에서 괴롭히는 사람이
날 키우는 사람이다
마음으로 교회를
사랑하는 것이
제일 중요하다

들락날락하는 교인들,
믿음이 자리 잡지 못한
사람들,
솟구치는 사람도 있다
옛날 같지 않고 봉사 정신
없어졌다
교회 봉사하는 대로
축복 받더라

역사여!
신도들이 새벽 3시, 4시에
가득 모인 걸 보면
목사님들이 기를 받아
성령의 바람이 불어
불이 나온다
시골로 말하면,
장작 하나 놓으면 안 타나
5개 마른 장작불이 붙는데
그때, 생장작 5개 보태면
활활 타서 충만해 가슴에

부닥쳐 받아들이게 된다

교회에서 찬양으로
불붙여 놓고 모일 때
신앙이 성장하게 된다
지식으로 파헤치면
신앙은 단순하다
결과는 다 하나님이 하신다

어려워도, 넘어져도
한길로 가다 보면 천국이다
막 사모하다 보면
천국 이단 되기 쉽다
알 사람만 알도다
성령 충만을
다 말할 수 없기 때문이다

방언은 선물이라
자기만 아는 것이므로 조용히
혼자 분별해 가며 기도해야
한다
통역의 은사도 구해라

목사님은 인격적으로
절제하신다

속지 않는 자기 길 찾을 거다
각기 자기 길 찾아 걸러진다
죽더라도 예수님 이름
붙들고 죽어라!
예수 믿는 사람은
양보해야 한다

한 가족이 봉사하면
구역예배 헌금, 십일조,
감사 헌금,
선교 헌금, 주일 헌금 드린다
교회 돈은 가치 있게,
보람 있게 써야 한다
올바른 헌금은 재산을
지켜 준다
교회 차를 사드리는 것이
좋은 예가 된다
헌금은 귀한 것이기 때문에
귀하게 받아야 한다
헌금은 자릿값을 내는 것인데
3000원은 내야 은혜가 된다
교회에 돈 많이 내는 것보다
개인 빚을 먼저 갚아야 한다
축복권이 없다
교회 돈 잘못 쓰면 큰일 난다

교회를 여기저기 떠돌아
다니면
집중이 안 된다
목사 보고 다니면 안 된다
목사님 싫다고 떠나면
더 무서운 목사가 기다린다
먼저 친교하는 마음과
재미가 있어야 남전도회가
만나진다

헌신 예배는 하나님께
영광 돌리고
어떻게 해서 기쁘시게
해야 하나
마음을 가다듬는 시간
돼야 한다

사랑의 교회는 사랑이 있어
지치다가도 또 힘 나고
또 지치고 힘 나고 한다
사랑의 교회는
세계적으로 이름이 났다
고생한 목사님은 감성이
생긴다

은혜 받을 때,
본당과 아닌 곳이 다르다
강대상에 아무도 없으면
은혜 없다
찬양은 천사가 예배를 돕는
것이다
교회는 공동체이므로
욕심부리면 안 된다
주일마다 교회에서
사탕 나눠 주는 것 통해
소통이 된다

목회는 학식이 필요치 않다
목회자들에게는
인사 잘하는 것이 제일
중요한데
그 제일 중요한 것을 놓치면
축복권을 놓치는 것이 된다
그 다음이 감사인데
감사하면 축복 온다

하나님 일이니 해야지
목사님은 이겨나갈 힘을
주시니
끝까지 이겨나가야

승리하시게 된다
교회 봉사도 물려줘야
부흥된다
교회에서도
봉사 안 한다면 그만두어라
세상 눈 뜨면 봉사 못 한다

교회는 목사님 것 아니고
하나님 역사는 성도들 것이다
교회는 사람 중심 아니라
하나님과 나 사이의 관계가
제일 중요하다
중심을 바쳐라!

웃음이 중요한 것 아니라
목사님이나 장로님이
"권사님들! 맛있게 드세요"
한 마디가 중요하다

교회만은 튀면 안 된다
목회자가 갈 곳 있다고
시무하던 교회에서
일찍 나오면 안 되고
끝마무리를 완벽하게 해야
하나님이 쓰신다

하나님 일은 정말 무섭다
광야교회 갔다

독서실 겸 교육관,
1층은 할머니들 쉼터로 꾸몄다
가라지도 있지만
성령의 불길로 태워주시면
잡음 없다
교회 위해 많이 기도해야 한다
교회 안에서도 분별을 잘해야
한다
정신 차려서 교회 다녀야 한다

교회 봉사는 희생이 들어가야
한다
꽃병 속의 꽃, 빛의 역할이다
교회 일은 희생하고 숨어져야
하며
죽어지고 오래 참고
교만이 없어야 한다
일회용으로 사용하신다
교회에서 말썽 없이 일하려면
드러나지 말고 나서지 말아야
한다
신앙의 열정이 떨어지면

안 된다
촛대를 옮기시면 안 된다
정신 바짝 차려야 한다

교회는 영이 세니
강하게 기도해야 한다
성도가 해야 한다
기도도 젊어서 해야 한다
교회를 위해 기도하지 않으면
첫째, 교회가 부흥되지 않는다
둘째, 목사의 목회가 성공하지
못한다
셋째, 교인이 복을 받지 못한다

목회자가 욕심 있으면
능력이 안 나간다
교회에서 자리를 지키는 것이
보이지 않게 교회를
지키는 것이다
나 아니면 교회에서
봉사할 사람 없다 생각하면
안 된다
더 좋은 봉사자가 대기하고
있다
우린 자꾸 넓혀야 한다

그게 전도인데
행동으로 보여 줘야 한다

눈을 위로 떠라!
밑으로 뜨면 잡음이 생긴다
특히 교회에선 말하지 말고
알아도 모른 척,
몰라도 모른 척 해야 한다
교회는 하나님 성전이기
때문에 가서
필요치 않은 말을 할
필요가 없다
젊은 세대들이 열심 없고
진실성 없는 것을 보면
안타깝다.
사랑이 식었다
30계단 올라가다,
어렵게 하는 일 생기면
좀 쉬었다가 다시 올라간다

교회에서 인색하면
교인들이 복을 못 받는다
좁아터진 마음을 자꾸 넓혀라
다 용서하고 넓은 마음
가져야 한다

그것이 사명이다

내가 좀 수그러드는 편이 낫다
얼른 꼬리 내린다
꼭 속지 않는 생활 해야 한다
교회는 사람 보고 다니면
안 된다

나는 교회 일을 정말
많이 했다
봉사하시던 분들이 많이
돌아가셨다
어지간하면
본 교회 다니는 것이 좋다
교회는 흔들리지 말아야 한다
목사님은 강대상에서 기도하면
응답이 빠르다

속상해 하지 말고
나도, 교회도, 목회자도
잘못된 것 바로잡아 달라고
기도할 뿐이다
사람을 보지 말고
하나님 위주로 봐야 한다

내 자식 잘 키워 놓아야지
교회는 내가 안 하면
다른 사람들이 대기하고 있다
교회는 나 아니라도
봉사할 사람 많다
교회는 성경에 어긋나게
살지 않으면 되는 것이다
맞지 않으면 나와 올바른 길
찾아라
제대로 된 교회는 처음 왔다고
안고 뒤틀지 않는다

목사님은 하나님이 다루신다
목회자는 사명 있으니
하나님이 주관하신다
교회는 하나님이 손 보신다
목사님 잘 만나면 인생이
바뀌어진다
성도들이 인색하면
복을 못 받는다
진실성 있는 목사님은
편찮아도 성도들이 떠받친다
인간 자체가 나쁜 것 아니니까

안 좋은 사람은

교회 아니면 갈 곳 없는데
교회라도 와야 웃고 살 수
있다

감사는 축복권이다
목사님 자체가 나쁜 것 아니라
누구를 만나느냐에 따라
달라진다
강대상, 본당,
교육관에서의 기도가 다르다

부흥은 억지로 안 된다
강대상 앞에서 울고불고
해야 한다
목회자는 인사만 잘해도
성공한다
교회는 좋건 아니건
인간관계, 분위기가 중요하다
잘해 주는 사람 믿지 마시라
그 사람이 위험하다
내가 사람 많이 다루다 보니
겁이 많다
공평한 것이 중요하다

기왕 사명 갖고 살면 밝아야
한다
밥 세 끼 먹으면 감사해야 한다
사모님이 뒷바라지 잘해야
사역이 잘 된다
아니면 목사님이 기를 못 핀다
가깝고 잘해도 믿지 마라
사모님이 지혜로워야
분별해서 속지 않고
교회에서 이용당하지 않는다
분별 잘하면 당당하다
목회자 사모 된 것을 감사하고
더 죽어져 활기차게 살아라
사모님은 얼굴이 은혜로워야
한다
좋은 것, 나쁜 것 다 참아야
한다
다 넘어야 사모님 자격이 있다
속상해도 웃어야지
사모님의 역할이 참 중요하다

목회자는 공격당하게 돼 있다
목회자는 이렇게나 저렇게나
구박받게 돼 있다
교회는 공동체이므로
의논해야 한다

교회에서는 의논 없으면
손해 난다
기왕 하나님 일 하려면
멋지게 하시라
정히 몸 아프면 목회 안 해도
하나님이 뭐라 안 하실 거다

목회자는 한 눈에 잡아야 한다
마음도, 성격도 참아야 한다
표현만 안 하면 다냐?
밥 먹고 살면 감사할 줄
알아야지
지금이 중요하다
마무리가 중요할 때다
하나하나 체험한다
기왕이면 하나님께 맡겨라
내 고집대로 하면 절대
안해 주신다

목사님 기도 중에 하나님께서
사역이 바다 같은 사역이라고
하셨다
선교는 미움을 주거나
경쟁하면
성공하지 못 한다

선교는 사명인데
미움 있으면 어떻게 하나?
선교해도 감사 없으면 복 없다
선교는 아무나 하나?
선교사는 희생이다
선교는 마음 여리면 어렵다
대차고 강해야 한다
사람에게
칭찬 받으려 하지 말아야 한다

하나님 일은
너무 무리하게 하지 말아라
봉사 잘하던 장로가
나가 버린 건
남의 돈 다 끌어다가 교회 짓고
말썽 났기 때문이다
지혜 없이 무리하게 하면
안 된다
단체는 괜찮지만 개인은
어렵다
교회 일을 너무 벌이지 말고
너무 힘쓰지 마라

교회는 못된 사람을 품어야
한다

목사님 내쫓는 귀신이
큰 뱀으로 보였다
그 귀신이 죽어 나갔다고
목사님이 말씀하셨다
마귀가 교인들이 어떤지
살펴보러 온다

강대상 올라가서 지키면
능력 있고 빛이 들어간다
눈으로 한 번 보며
잡아야 한다
교육관에서 기도하는 것과
본당에서 하는 것은 다르다
강대상 비우면 안 된다
밑에 방석 깔고 준비 기도하면
좋다
강대상에서 한 번에 다
둘러보면
누가 어떤지 알 수 있다

영의 눈 안 뜨면
잘못된 마귀 역사한다
잘못되면 장로가 절제시켜야
하는데
영권 없으면 못 한다

믿는 사람들은 오빠니 언니니
두서없는 말 말고
교회 질서를 지켜
존경스러운 호칭을 써라
교회 사랑하는 진심 있어야
부흥되고
두 마음 품으면 안 된다
교회나 교인 모두
진실성이 제일 중요하다

내가 매일 기쁘게
봉사해야 은혜 된다
설교를 배운 분들은
체면 때문에
체험한 것도 얌전하게 말한다.
목회도 인간관계가 중요하다
참아도 성질 별나서
벌떡거리면 안 된다
"논 팔아! 밭 팔아!" 하면
어떻게 하나?

한 명 기도하는 사람만 있으면
교회 잘못된 것 고쳐질 수
있다
고루 축복 받도록

젊은 사람에게도
봉사의 기회를 줘야 한다
남는 건 하나님께
한 것밖에 없다
교회 하나 잘 지어 놓으면
그것도 순교다

순간 자기도 모르는 질투 있다
그게 교회에서 자란다
산만하며 오염시킨다
자식이 건강하면
활발하게 목회해야 한다

요새는 적그리스도도
교회에 더 많으니
영 분별을 잘해야 한다
목사님들도 사탄의 세계를
알아야 목회할 수 있다
목회는 '죽으면 죽지' 하며
사명감 갖고 해야 한다
좋은 점, 나쁜 점 다 있으니
다 받아들여야 한다

교회에 잘한 사람은
잘했다고 말 안 한다

교회에서 다투어 본 적 없다
교회 일 하더라도 분별해야
한다
교회 진리는 하나님에게
인정받으면
사람에게서도 인정받는다.
교회가 잘 돼야 우리가
복 받는다
감사의 말이 축복권이다
교회는 함부로 하는 곳 아니다

하나님 일은 화분 하나도
신경 써서 놔야 한다
얌전하고 겸손한 목회가
중요치 않은 시대가 왔다
축복권이 교회에서 흘러왔다
교회에서 은혜받지 못하면
영이 죽는다
목사님과 눈을 부딪치지 않고
땅만 보니 오염되어
어두운 것이다
눈을 위로 떠야 한다

수요예배 때
대표 기도는 별미와 같다

하나님 뜻대로 산다면서도
못 산 것을 회개하는 것이다
내 몸을 하나님께 바친다

설교 잘하는 것보다 겸손하고
인사 잘하는 것이 중요하다
용기를 줘야 하는데
힘 빼는 허무한 말을 하면
노인들은 있던 기력도
떨어진다.

교회 떠돌아다니게 하는
마귀가 세다
평생 돌아다니며 복도 받지
못 한다
교회에서 이렇다고 저렇다고
삐치면 안 된다
목회가 얼마나 어려운데,
사랑 없으면 소용없다
진실한 목회를 하면
하나님께서 복 주신다

17. 몸

몸을 소중히 여겨야 한다
순환 안 되어 심히 가려우면
팥 주머니 데워서
밑에 까는 수밖에 없다
화가 속으로 들어가서
열병이 나온다
이런 좋은 세상에
몸 관리 잘해서 멋지게 살아라

남 미워하면
자기 얼굴이 비뚤어지고
눈이 배배해진다
눈물을 참으니 콧물이 되었다
중의학 공부를 한
큰아들이 "엄마는
침 구멍을 잘 아네" 말했다

손끝, 발끝을 자꾸 쪼으면
간이나 내장의 혹이 없어진다
쪼으면 손이 펴진다

예뻐지라고 주사 맞으면
순환을 방해한다

간도 신경에서 붓는다
부으면 몸이 무겁다
속상하다고 빨리 죽진 않는다
한 번 속 썩을 때마다 쌓여
들어갈 데가 없어지면
데려가신다
마음 넓히면 걷어 내버리는
것이다

하품 크게 하면 폐가 열린다
복식 호흡 "푸우!" 하면 좋다
말도 하품도 크게 해야 좋다
피곤하면 잠 안 자도
눈만 감고 있어도 피곤이
풀린다
커피가 큰 약이다

몸이 굳어지면 아픈 건 모르고
무겁다고만 느낀다
몸은 자기 기도로 고친다
생활 속에서 엉클어진 것을
발끝으로 풀어낸다
발을 자꾸 주물러라
물이 머리에 고였다면
발로 빼야 한다

쓸데없는 것을 많이
머리에 넣어서 힘들게 산다
목에 주름이 당기면
다리에 뭉친 것 풀어줘서
발가락으로 빼야 한다
손끝에 자주 자극을 줘야 좋다

옛날의 속병은
위로 올라오면 죽는다 했다
뭉친 것인데 속 썩으면 생긴다
한 번 속 썩으면 몸에 쌓이는데
가슴을 손가락 세워 세게
밑으로 긁어내리면 시원해진다

성질 세면 자기가 병 든다
신경 또 쓰면

시루떡 한 켜 더 쌓인다
귀를 못 견디게 해야 좋다
내 몸 하나
관리 잘하는 것이 중요하다
자기 몸 자기가 잘 챙겨야 한다
굳어질 때 쪼는 거지
갈비뼈 부러지거나 하면
붙여야 한다
갈비뼈는 그냥도 붙는다

사람 몸은 새끼발가락 하나가
제일 중요하다
기도 받고 몸이 물 흐르듯
풀어졌다
힘줄 박힌 것 있으면
주물러줘야 한다

땀에도 종류가 있다
식은땀은 겉에서 나며
냉기가 차갑다
진땀은 깊은 데서 나고
끈적거리고 무겁다
반면에 좋은 땀은
가볍고 순환되는 땀으로
기분 좋고 촉감도 좋은 땀이다

발목이 참 중요하다
발등에 나온 뼈는
자꾸 주물러 없애야 한다
발가락 사이를
상하로 좌우로 자꾸 벌려야
한다
팥 주머니를 전자레인지에
덥혀 아픈 부위에 놓는다
허벅지도 주무르고
발바닥도 고루 쪼아 준다
모두 순환을 돕는 방법이다

눈이 초롱초롱해야 한다
사람이 안 아플 때가 어디
있어?
손에 힘주지 말고
부드럽게 목을 문질러라

건강할수록 기도를 더
해주어야 한다
피곤이 겹치면 눈이 충혈된다
얼굴이나 목을 손으로 긁으면
신경 쓴 것이 내려와 좋다

감겼던 눈이 떠지고 보니

눈에서 끈적한 것이
계속 나온다
몸에서 나오는 것은 다 좋다
방귀, 대변, 트림,
특히 하품이 좋다
운동도 너무 하면 마음이
허해진다
마음이 기쁘면 세포가 즐겁게
춤춘다

귀먹었다 타박 마라
복숭아뼈 주변 위쪽을
밑으로 긁어내려라
복식 호흡은
사람 없는 야외에서 해야 한다
세 번 하고 폐암 나은 사람도
있다

팔이나 손등 어느 것보다
발 아픈 것이 제일 어렵다
부기가 빠지면
본래의 날씬한 몸매가 나온다
손발에 땀 나면
마른 땅이 터져서
물구멍이 뚫어지듯

순환이 된다

누가 아프면 어지간히
사랑하지 않으면
이겨 나갈 수 없다
자기 몸을 위해
자기도 기도해야 한다
늙어서 잘 걸으려면
다리를 잘 주물러야 한다

구부러진 것을
손바닥으로 탁! 탁! 치면
펴진다
신경이 펴진다
기분 나빠도 순환 잘 되면
혈색이 좋아지고 건강해진다

유방암은 뜨거운 물에 손
담그고
목욕탕에 자주 가야 좋다
쉬어가며 뜨거운 물에 갔다,
찬물에 갔다 하면 좋다
손톱은 깎아야 정신이
맑아진다
갑자기 쥐 나면

뜨거운 팥 주머니를 대거나
아니면 접시로 긁으면 좋다

내 몸은 내가 지켜야 한다
기도 받고 바로 나았다가
기분 나쁘면 얼굴 망가진다
속에 화가 많으면
속이 말라 순환이 안 된다
순환이 안 되면 몸이 축간다

머리가 굳어지면 안 되고
풀어져야 한다
기도로 큰 바위 흔들어 놓으니
다시 순환되어 중풍이 낫는다
순환될 때는 간지러워진다

입 주위에
마비 오고 굳어진 것이
풀어졌다
땀이 촉촉해지니
원상 복귀됐다
자꾸 주물러줘야 좋다

얼굴 관리 잘해야 하는데
우울하고 섭섭한 것을

먼저 다 없애야 한다
예쁜 자식, 덜 예쁜 자식 없이
어느 정도 다 멀리해야 한다

내 몸이 건강하려면
나하고 상관 없는 건
다 떼어버려야 몸매도
유지한다
낡은 칫솔 이용해서
콧 가, 이마는 올리고
눈 주위, 턱도 마사지 하면
좋다
머리카락 같은
엉킨 것이 부드러워진다

코 높아진 아이들도 많았다
허리가 잘 돌아간다는 것은
굳어진 것 없이
다 풀어졌다는 뜻이다

뇌물 먹은 액수만큼
몸이 가느다란 철사로
뭉쳐졌다
난 몸을 보고
수사관의 역할도 한다

쌍화탕 뜨거운 것을
덜덜 떠는 사람에게 마시게
주었다
주택을 융자 받아 땅에 묻는
돈으로 원룸 여러 개
지어 살도록 했다
꼼꼼한 신경 쓰면 종아리도
굳어지니
되도록 신경 쓰지 말아야 한다

혈관이 손가락 속에
세 갈래 길이 있다
미움받으면 사탄의 세력이라
몸이 붓는다
얼굴이 검은 것은
피가 통하지 않아서 그렇다

참고 발생을 하지 않는 사람이
치매 온다
자세를 바로 하고 당당하게
잘난 척 마냥 건방진 자세가
목디스크 방지 자세다

손목이 차면 힘 못 쓴다
긁으면 따뜻해지며

움직일 수 있다
칼날같이 쪼아야 한다
뒷목을 잘 주물러 주어야
척추가 바르게 된다
하품하는 것도 건강에 너무
중요하다

자기 건강도 잘 챙겨야 한다
밥 5순갈만 절제하면
살 빠질 수 있다
살은 찌면 안 된다
건강에 안 좋다
많이 먹고 걸으니 변이
잘 나온다

세포, 핏줄 하나하나가
살아 있어야 한다
호스 두 개가 있다면
하나는 굵고 하나는 얇은데
세 번째 호스가 있어
그 속에서 바람을 뺐다
알아듣기 쉽게 호스라고 했다

스트레칭이나 물리치료도
조심해서 해야 한다

성격이 참지 못하면 몸이
붓는다
저린 것은
혈액 순환이 안 돼서 그러니
자꾸 주무르는 것밖에 없다
특히 발바닥을 많이 주물러야
한다
많이 주무르면 빨리 좋아진다

순환을 끝까지 돌린다
머리도 득득 긁어드려야 한다
머릿속의 잠자는
혈관을 깨우는 식이다
목이 두꺼운 것이
순환되면 풀어지면서
가늘어진다

당당하게 병을 물리쳐라
아프다고 누워 있으면 더
아프다
콧구멍, 귓구멍에
가느다란 신경이
잠자고 있다가 굳어진다
자꾸 마사지해서
쪼아서 풀어야 한다

입가, 턱 주변, 콧구멍 주변을
작업하다시피 쪼아
자극 주면 순환되어 젊어진다

말을 많이 해도 거품이
나온다
입 마를 때, 사탕을 먹으면
입 안에 물이 나온다
기를 줘서 단단하게
만들어 주는 것을 느낀다
그 증세를 고정시킨다
한 주일만 걸러도 발바닥이
화닥거리고 흔들린다

정신 바짝 차린다는 것은
맘을 강하게 하는 것이다
순환을 시켜
놀란 신경을 풀어 줘야 한다
피 돌다가 반은 잠자고
반은 돌다가
물이 들어가야 할 등이
딱 붙어
열이 차 순환이 딱!
끊어진 것이다

찬물 나오면 물과 기름을
걷어 나오는 것이다
찬물이 손끝으로 나오면
혈색이 나온다
굳어진 것이 나온다

얼먹어서 옆구리가 쑤시고
아프다
기도 받으면 시원하게 아프면서
신경이 살아난다
장딴지에서 피 안 통해 막히면
무릎이 아프다
발가락 하나로
오장육부를 뒤집어 놓는다

심장이 뛴다는 것은
몸이 꼬아진다는 것이다
먹는데 열심내야 한다
아프면 더 와야 한다
하루에 한 시간은 걸어야 한다

미국에서도 혀 치료는 없다고
했다
늘어진 혀가 말려 들어가
어둔한 대로 말할 수 있었다

말하려면
이와 혀, 아귀가 다 있어야
한다

신경이 무섭다
잇몸이 들뜬다
신경 쓰면
피가 거꾸로 서서 퍼렇다
햇빛 쪼인 검은 얼굴과는
다르다
열 받으면 붉은 빛이 된다
진짜 신앙 있으면,
자기 몸을 풀어가며 일하면
저렇게 되지는 않는다

기적도 기적이지만
자기가 몸 관리 잘해야지
쪽 골치 아프면
눈도 찌그러지고 떨린다
침 맞으면 순환된다
기도해 가며 나는 참 많은 걸
배운다
눈 건조하면 찌르는 것 같다
인공 눈물을 넣어야 한다

아랫배도 주무르면
부드러워진다
몸매 나온다
온몸을 접시로 긁었더니 땀이
났다
껌도 씹고 혀를 자근자근
씹어 주면
마비됐던 혀가 풀어져
말이 또렷해진다
피곤한 것도 묶어진 것이다

수술하면 딱딱한 부분이
순환을 막히게 하니
자꾸 주물러서 부드럽게
해줘야 한다
목욕탕에 들어가고
사우나 뜨거운 데서
땀을 계속 내야 한다
저리긴 더 저리는데
계속 주물러 주는 것이 낫는
것이다
수술하면 오래 걸린다

하나님도 중요하지만
자기 가정 건강이 제일

중요하다
하품은 입을 크게 벌릴수록
폐가 열려서 사람에게 좋다
잘생긴 얼굴을 망가뜨리려고
마귀가 으등거리게 한다

치료가 다 다르다
관절에 톡 나온 것은
손으로 비벼야 한다
얼굴을 마사지 하듯 비벼야
좋다

'내 손이 하나님이 주신
치료하는 손이다' 하며
넓게 손을 움직이며
자기가 자기 얼굴 만들어라
접시로 발등만
몇 번 밑으로 긁어도
붓지 않는다

심호흡을 자주 해야
답답한 것이 빠진다
손만 대도 죽게 아프다
속에 들어간 화가
등에서 땀으로 나와

척척해졌다

아래 위 입술을
자근자근 씹어 주면 기도가
된다
순환이 잘 되어
입술 모양이 일자에서
도톰한 입술이 된다

죽는 것 순간이다
기분 나쁘면 죽는다
등산도 우울해서 다니는 사람
많다
정신을 집중해서 자기 주관을
세워
지혜롭게 운동도 해야 한다

중풍 왔더라도
마음의 기쁨 있으면 나아진다
답답할 뿐 아니라 속에서
불이 나면
등이 다 아팠다
가슴 아픈 사람 기도하면
갑자기 가슴이 답답하고
아파진다

기도해 주면 세포 구멍마다
자기 피부가 온다

발이 굳어지면 감기도 온다
작은 사각 접시로
발등을 긁어내려 주면 좋다
심통 살은 볼 모양만 봐도 안다
볼의 모양만 봐도
꺼칠하고 어딘지 골 졌다

순환 안 되어 입에서, 목에서
막힌 것이 튀어나와
냄새가 심하게 나고 목마르다
난 고생했지만
당사자는 아픈지도 모른다
인내 없으면 안 되고 목이
갈라진다
혈관이 굳어져 돌지 않아
속으로 터져 속에서 냄새나고
갈라져 두꺼비 등같이 됐다

순환이 멈추니 늘어지고
탄력 없어진다
남 미워하지 말고, 신경
쓰지 말고,

속 끓이지 말아야 병 안 난다
맘이 편해야 하고
욕심 피우지 말아야 한다

기분 좋으면 몸이 잔가지까지
흔들리는 것같이 순환
잘 된다
우울할 적 있어도
가정이 행복해 웃으면
건강하다

물이 머리에서 고였다가
밑으로 내려간다
하수도로 말하면
막힌 것이 뚫어지는 것이다
순환되니까 손에 땀이
많이 난다
멍드는 건 혈관이 뭉쳐서
그런건데
자꾸 주물러 주는 것밖에
없다
혈관이 풀어져야 한다

한국 시골 아주머니들은
일을 많이 해서인지

발이 다 비뚤어졌다
외국 노인들은 아무도 그렇지
않다

발가락에 손만 대도 몹시
아프면
옷자락만 만져도
낫는다는 말이 생각난다
피가 거꾸로 선다는 건
입과 코가 마르고
발로 빠져야 한다는 것이다

칫솔로 얼굴, 손, 목, 어깨,
팔뚝 등을 긁어 주면 좋다
너무 굳어지면 순환이 안 돼
흔들려
걷기 어렵게 된다
기타 줄이 다 늘어진 것을
한 가닥씩 뽑아 잡아 내려야
한다
하나씩 내려오다가
한꺼번에 많이씩 내려오니
많이 아프다

말을 너무 안 해도 목 근육이
굳어져
가랑가랑 목소리가 안 나오게
된다
가만히 있을 때, 손발
지압해라
그간 열 받은 게 손으로 열기
나온다
등이 붙은 걸
주물러서 떼어줘야 순환된다
힘 없어도 활기 있게
걷고 지내야
병마가 "오! 너 힘 없구나" 하고
파리 떼처럼 못 달려든다

발에 힘이 없는 것은
위쪽 몸이 순환 안 돼
연결 안 됐기 때문이다
감각 없는 걸
조금씩 꼬집어
조금씩 살려주면
순환되어 개운해진다
우리 몸도 계속 주물러야 한다
간지럽다 해도
부모의 사랑이 연결돼야
낫는다

신경 쓰는 게 얼마나 무서운가?
예전에 신경 쓴 것이
손에 땀으로 나온다
수술하면 옷 재단해
놓은 것 같아 순환이 어렵다
영적 세계에서는
머리하고 발이 연결돼 있다

부딪치면 강해진다
넘어지지 말고
몸 관리 잘해야 한다
기도 많이 받아도
마무리를 잘해야 한다
나이 먹으면 순환이 막히니
가끔 뚫어 줘야 한다
속이 상해도
순환 잘 되면 건강하다

머리 굳어질 때,
발꿈치를 많이 쪼으니 나왔다
"안 쓰러질래?"
끝까지 이겨나가야 승리한다
작은 신경 쓰다 크게 되고
병 된다
기도 받으면 아프다가
아픈 것이 빠지며 낫는다
갑상선 혈관이 부풀면
자꾸 못 견디게 주물러
터뜨려라

체력이 없으면
귀도 비비고 발도 주물러라
늙으면 부지런히 몸 놓고
자기 몸 자기가 만들어야 한다
남녀 간에 거침없이
기분이 좋아야
무서움이나 통증이 없어진다

일 너무 많이 하려고
욕심부리지 않고 일해야
일찍 가지 않는다
돈이 중요한 것 아니라
정신 차려 몸 간수 잘해야
한다

모델 걷는 것처럼 지그재그로
걸으면
허리가 구부러지지 않는다
부인이 남편 손 한 번만 만져도
몸이 확! 풀어진다

한 번 기도 받고도 몸이 확!
풀어져
손에 땀이 난 분이 있었다

눈을 아래로 깔면
눈이 예뻐지고 밝아진다
아기들 손목 접힌 것은
순환이 가다 막힌 것이다
끄집어 와서 순환이 끝까지
되게
뭉쳐진 데를 으스러뜨린다
내가 해도 신기해

자존심 때문에 발짝이 비뚤어
간다
분통 터지면 푸른 얼굴,
속상하면 붉은 얼굴 된다
신발 신고 다니게 하신 것도
얼마나 감사한지 모른다
신경이 다 발바닥에
몰려 있는데
굳어지면 오래 살지 못한다

쥐 나는 건
머리에서부터 굳어진 것이
내려와서 그러니
손으로 위에서 밑으로
자주 주물러줘야 한다
머리가 깨야 얼굴 펴지고
표현력 생긴다

인생 사는 것 별것 아니다
밥 잘 먹고 변 잘 보면
몸이 좋은 거다
살이 붙으면 대상포진의
순환이 안 되는 부위를
자꾸 주물러야 한다

18. 병

다리가 약해져
몸 위쪽이 커져서
더 무거워진다
하지정맥류에는
개똥쑥과 부추 어린 잎이 좋다
하지정맥류는
똘 강이 막히듯 재발한다

안정감 없어서 가슴이
두근두근하고
의욕이 없어진다
마비된 신경 줄 하나 있으면
기운이 없어지는데
여러 개 생기면 더 힘든다
죽음은 하나님께 달렸지만
병 드는 것은 신앙으로 막을
수 있다
몸속에 들어오는 것을 막아야
한다

일본 가서 크지 못하고
뒤틀린 사람들을 보았다

교통사고는 일 년 있다가
새끼 꼬듯이 돌돌 꽈져서
증세가 나타나기도 한다
나이 많은 사람보다
뼈가 부드러우니까
교통사고 나면
젊은 사람은 더 아프다

2년쯤 기도 받으니
밤새 설사하고 나왔다
엄마도 사랑으로
열심히 주물러 주었다

접질려서 고관절이
느슨하게 빠질 수 있다
굳어진 피는 시퍼렇게 나온다

'쪽 골치가 정신을 빼는구나!'
편두통 올 때는 "아이쿠!"
하지 말고
"예수 이름으로
머리 아픈 것 나가라!"만 해라

부은 것이 풍선에
바람 들어간 것같이 되어
손으로 주물러주어 바람을
빼야 한다
성격이 이상하면 병 난다
너무 신경 쓰면 병 난다
불평 불만할 필요가 없다
분통 터지는 건 자기가
살아서 그래

속상했던 것
다 털고 살아야 치매 안 온다
좋은 생각만 하고 살아야
치매 안 온다
오려고 해서 오는 게 아니라
어느 날 갑자기 올 수 있다
기분 나쁘면 속상하고
상처 받아 나중에 치매 온다
참아서 치매 온다

다이어트 하다가
치매 오는 경우도 있다
생각에서 행동으로 옮기기
때문에 치매다
욕심에서 치매 온다
갖고 싶으면 도둑질한다
젊어서 교양이 철철 넘으면
늙어서 치매 걸리기 쉽다
열통, 분통 나는 것이 치매다
치매 걸리지 않게 조심해라
정신조차 희미해진다
남편에게 잘 하고
행복해야 치매 안 온다
교회 잘 다녀도 가정이
행복해야 치매 안 온다

잘 타고나서 좋겠다
돈에 짓눌려서 길을 모르고
몸이 굳어져 숨차다
판단력이 없어지고 흐리다
신경이 얼마나 무서운 건지!

인생 사는 것이 무엇인가?
마음의 병은 내가 고쳐야 한다
무리해서 오는 병은

10킬로 들 사람이
15킬로 들면 생긴다
예수 믿게 하는 병,
진짜 병마가 주는 병도 있다

우는 사자같이 믿는 자에게
달려드는 마귀가 있다
배가 너무 뜨거워서 콩 볶게
됐다
화를 없애야 한다
아픈 것 뺀 것이
우리 속의 열을 뺀 것이다
참아야 승리한다

귀엽게 커서
섭섭한 것 많아 우울증 온다
예민하면 묶어져서 합병증
온다
예민하면 우울증 온다
기가 막히면 말이 안 나온다
우울증 오기 쉽다
눈물 오면 우울증 온다
우울증 걸렸다는 사람은
우울증 아니야

눈물을 웃음으로, 감사로
바꿔야
병이 팍! 팍! 나간다
자기가 속에서 변화되어야
속에 있는 병이 나간다
옆에서 아무리 목사님이
"예수 이름으로 나가라!"
외치며 기도해 줘도 소용없다

몸이 좋아지려면 속에 있는 욕,
모든 것을 토해내야 낫는다
몸이 붙어 순환 안 되면
대상 포진 된다
뜨거운 물에 몸을 담그고
자주 주물러 줘야 한다

성질이 안 좋으면 몸이 안 좋다
암이면 잘 먹고 즐겁게 살고
자꾸 주무르면 산다
유방암 아픈 사람은
미리 증세가 온다
가슴에서 스멀스멀하면
유방으로 뻗쳐 암이 된다
사랑은 암도 낫게 한다
순환이 되어야 유방암이 빨리

낫는다
손을 차게 하면 안 된다
손끝을 자꾸 주물러 주고
팔을 위로 올리지 말고
뜨거운 물에 담궈라
유방암은
돌맹이는 저리 가라 하게
딱딱해서
식구 아니면 못 만진다
암 걸리면, 아픈 부위를
주무르며
예수 이름으로 물리치는
두 가지 역할 해야 한다
100프로 낫는 암은 없다
기분 좋으면 낫는다

온몸이 나무뿌리 엉키듯
다 굳어진 사람이 있었다
아토피는 순환이 안 되면서
생긴다
아토피는 머리에서부터
땀으로 나와야 하는데
땀구멍이 없어서
배출되지 못하면서 생긴다
땀나면 낫는다

울화병 등으로 굳어지면
아토피 된다
짜증 나면 아토피 심해진다
치료 방법 중 하나는
불평불만 안 하면 된다
아토피는 온몸을
주물러주어야 한다
문병 오면 다 주물러야 한다

마비 올 나이가 되어
가만히 놔두면 말을 못 하게
된다
혀를 돌리고 빼서
운동을 시켜야 한다
머리 헌 것처럼 곪아 나오면
빨리 낫는다
위가 쓰리면 누군가
그런 것을 대신해 주기도 한다

성질이 나쁜 여자가 속에서
병난다
참아도 속에서 열나는데
쌓였던 것이
한 켜, 한 켜 빠져야 한다
자기 성질을 못 이기는 것이

병이다

먹는 것도 중요하지만
마음의 병이 제일 건강에
중요하다
귀신 병은 금방 낫지만
다친 것은 시간이 걸린다

주어진 데서 감사하고
즐겁게 살아야
당뇨도 없어지고 병 안 온다
병 들다, 병 들다 끝에 오면
돌아간다
어려운 일 있으면
참고 참고 하다가 병 들고
더 갈 데가 없으면
하나님께서 데려가신다

병 든다고 금방 다 죽지는
않는다
성격에서 속앓이 병 온다
내가 왜 이렇게 됐나?
울화통 터지면 안 낫는다
꺾어져야 한다
정신 바짝 차려라

미워하고 분통 터지는 것이
없어야
정신병이 안 온다
정신병은 마귀 역사니
사랑으로 품어야 하고
"예수 이름으로 물러가라!"
밖엔 없다

보들보들한 몸이 신경 쓰면
비계같이 딱딱해진다
순환되다가 멈추면 붉은 점들
생긴다
잘못하면 피가 솟구치기도
한다
긴장하면 고엽제 증상과
비슷하다
한 번 병들면 마음을
넓게 해야 한다
목 뚫으면 힘들다

병이라는 게 계속 누적되어
깜짝깜짝 놀랄 때
온몸이 굳어진 것이다
안쓰럽다, 맥이 약간 돈다
체해서 생긴 병이다

순하고 고집 센
여자가 사람 괴롭힌다
여자가 똑똑하고 완벽하면
병 온다
바보 같은 사람 병 드는 것
봤어요?
성질 깐깐하면 병이 잘 안
나간다
기분 좋게 살아야 병 안 든다

열 받으면 파킨슨병 온다
파킨슨병은 머리에서 순환
안 되어
치매 비슷하게 된 것이다

내장이 붕 뜨는 경우도 있다
깜짝 놀라면
위보다 심장이 먼저 놀란다
심장 상한다
정 많으면 심장 나빠진다
차례로 쌓이면 기분 나쁘며
폐암, 심장병 생긴다

남자가 상처 주면
켜켜로 쌓이는 것이 먼저

위, 장, 유방, 심장 순서로
병 온다
부인에게 상처 주지 마라
참고 살다가 결국은 병 된다
자기 몸 부서져야 건강 온다
내가 얼마나 변화되야 하는지
얼마나 기도해야 하는지
모른다

틱은 몸 자체가 부으면서
댕겨서 온다
불안하니 속이 뛴다
영의 눈이 감았다가 떠지느라
하품하며
눈꼽 가득 찼던 눈이 떠진다
영이 잘못되면 죽어간다

마음이 아프면 등까지
굳어진다
분통 터져 가며 참으면
뇌수술도 하게 된다
몸이 굉장히 예민하기
때문이다
병은 몸이 붓는다

마음 뺏기지 말고 잡생각
말아야 병이 낫는다
머리에서 영이 많이 뺏긴다
머리에 좋은 것인지,
나쁜 것인지는 모르지만
정신병이, 필요치 않은 것이
차 있다
좋고 나쁘고 말을 자꾸 해야
병 낫는다
부은 게 땀으로 나오면
병 낫는다
마음, 행동, 기도가 맞아야
한다
안 맞으면 큰 빗장으로
꽉 잠근 것 같다

오기로 먹는 밥은
사랑으로, 기쁨으로
먹는 것과 다르다
병의 속도가 빨리 나빠지는 건
마음이 너무 찌들게 살아서
자유가 없기 때문이다

당뇨 주사를 계속 맞으면
순환이 잘 안 된다

너무 조이고 살면 안 된다
더 굳어진다
자기가 남편한테 한 그대로
당한다
실컷 울면 병도 낫는다

머리에서 생각이 잘못되면
굳어져서 병이 안 낫는다
행복해야 병이 낫는다
절대 화내면 안 된다
고비를 넘겨야 하는데
참기만 하면 된다

부정맥은 기분 좋으면
없어진다
심장병은 기분 나쁘며
시작된다
위암도 소화 안 되면서
시작된다
떠는 게 병이다
마음이 깨끗하지 않으면
병 난다

항상 즐거워야 병 없다
모든 병은 신경에서 오니

마음 끊고, 마음 비우고
살아야 한다
아프다고 해도 혈기가
계속 있으면
마귀가 안 떠난다

한국 사람들은 대들고 따지는
성격이 있다
예민하다
너무 신경 쓰고 애쓰다가
병들어 죽게 된다

병은 모두 마귀에게서 오나?
무리해서 오는 병,
하나님 믿게 하려는 병,
늙어서 오는 병,
귀신 병 등이 있다

가정에서 맘이 이상해 병 든다
돈 없어서가 아니라
상처 줘서 병 든다
일 시킨다고 남편 놔두고
집 나온 80세 할머니도 있다
평생 사는데 어떻게
좋은 일만 있나?

여자가 참고 잘 해 줘야지
먹지 않으면 병 온다

19. 노년 생활

손주 주지 말고
주물러 주는 사람 고용하면
서로 좋다
나이 들면 남편이 잔소리가
많아진다
'찍어 먹을 것도 없다,
반찬이 많으면 많다'고
야단한다

자손들 때문에
바닥난 시골 분 많다
노인들은 살살 다리
주물러 주고
발바닥, 손바닥 주물러 주면
좋다
늙으면 정성껏
주물러 드리는 것밖에 없다
연세 드시면 도우미를
사서라도
계속 주무르게 해드리면 좋다

아픈 것은 주무르는 것밖에
없다

애들 책임지고 결혼시키면
늙더라
늙으면 처신을 잘해야 한다
머리가 안 돌아가면
돌아가게끔 만들어야 해
늙었으니 김치 국물도
애들하고 따로 먹는다
자식한테 좋은 이미지를
줘야 한다

늙으면 정신 바짝 차려서
자식들에게 짐이 되지 말아야
한다
나이 들면 분수를 알아
희생해 가며
자식들한테 피해 주지 않게
처신을 잘해야 한다

나이 먹으면 교회 부엌에도
가지 말아야 한다

어떻게 해야 나이 들어서
바르게 사는 모습을
보여 주나 생각해야 한다
나이 먹으면 올바른 정신 갖고
정신 바짝 차려야 한다
늙으면 보는 것도 중요하다

늙으면 진짜 남편이 소중하다
미워하면 절대 안 된다
늙어서는 여자들이
남편에게 조잘거려야 한다
여자가 포기하고
다 받아 줘야 한다

나이 들면 물 마실 때,
고개를 숙이고
빨대로 조금씩 빨아 먹어야
기도로 잘못 넘어가는 것을
막는다
늙어서 안 아프다,
안 아프다 하면 이상하다
늙으면 쓸데없는 걱정이
많아져서
심장이 안 좋아진다
나이 먹으면
조금만 신경 써도 붓는다
그러면 살 된다

팔십 넘으면 오는 사람도 없고
그저 혼자 살아야 한다
늙을수록 똑 부러지게
얘기해야겠다
늙으면 상상 속에
빠지는 경우가 종종 있다
마음을 흔들면 헛것이 보이고
가정도 같이 흔들린다
늙으면 살짝만 건드려도
돌아가신다
잘 받들어야 오래 사신다
크리스털 같다

늙어서는 돈이 좋긴 좋구나!
오늘 하루 즐기는 것도
호강이다
늙으면 돈 푸는 재미로라도
살아야지

나이 먹어도 삐딱해지지 마라
가만히 있어도 우울증 온다
뭔가 생각할 때 집중하면
우울증 증세가 온다
방에 가만히 있으면
우울증 바로 온다

아무리 곱게 크고
만족스러워도
다 품어야 산다
젊어서 무엇을 하고
살았는가가
늙어서 무얼 하고 사나와
직결된다

세상이 그러니까
안 좋은 사람은 탁! 탁!
차버리고
상대하지 말아야 사는
방법이다
인생 사는 것 별것 아니다

나이 들면 극도로 조심해야
한다
손주들한테 뽀뽀도 말아야
한다
불필요한 말이나 남의 말도
하지 말아야 한다
나이 들면 생각 자체도
젊은이들을 밀어 줘야 한다
말하지 말아야 한다
나이 먹을수록
단정하게 하고 다녀야 한다
나이 먹으면 몸 관리,
정신 관리 잘해
실수하지 말아야 한다

사치, 돈에 치우치면
있던 재산 다 팔고
노년에 가난해진다
남의 돈 떼어 먹으면
가난해진다
돈에 미치면 "돈! 돈!" 하게 된다

늙으면 며느리가
밥 잘해 준다고 하고
불필요한 말은 하지 말아야
한다
예쁜 마음으로 살아야
후손이 좋다

늙은 남편은 고집 세고
이상한 말도 한다
속 썩이는 일 많다
'이 땅에 있을 맘 없어'
노인들한테는 다 들리니
말을 조심해야 한다

절대로 거짓말하지 말아야
한다
80세 되면 촐싹거리지 말아야
한다
우리는 쓸모없는 사람들 됐어
나이 드니 나를 위해 살고 싶다

88세까지는 친구들에게
베풀어 가며
인생 멋지게 살 수 있다
나이 먹으면 천박하지 않게
정직하고 진실성 있으며
남의 몸을 아끼는 사람이 되라
나이 들면 처신을 잘해
행동이 반듯해야 한다

인생 살면서는
늙어서 고생이 드러난다

요새 와서 세상 보는 눈을
떴다
젊었을 때도 모르고
늙었을 때도 몰라
늙어 보니 어떻게 살아야
하는지가 환히 보인다
늙어도 정신 똑바로 차리고
정리를 잘해야 치매가
방지된다
정신 빠지지 않게
제자리에 물건을 두어라

눈물 흘린다고 해결 안 된다
마음이 상하면 몸이 상한다
은근히 사람을 죽인다
축복권을 뺏는다

잡을 때까지 잡아 놨다가
정히 가실 때 되면
놓아 주어라
늙을수록 차분하게
절차를 밟아가며 기도해야
한다
노인들에게 평안한 마음
주시고

건강 주시라고 기도한다

늙으면 깔본다
"당신 죽기 전에 다 고쳐 놓고
가요."
에어컨 3대 새로 갈고
지하수를 수도로 바꿨다
돈이 이렇게 좋은 거야
다음에 부르면 기뻐하며
빨리 와 준다
연세 들면 화초나 그림 등도
간단하게 살아야 한다

늙으면 여자가 남편을
가르칠 것도 있다
예를 들자면
좁은 통을 키우는 것이다
늙으면 허무하고
얼마나 불쌍한지 모른다
돌아가실 때 싫증 내면
안 된다
줄 줄도 알고 나눌 줄 알아야
늙어도 대우 받는다

나이 먹으면 말을 줄여야

하지만
도도한 것은 안 좋다
인사도 안 받는다
어떻게 살아야 끝이 좋은가?
내가 애착한 것도
나이 들면 다 버려야 한다
나이 먹으면 받는 것보다
주는 것 좋아해야 한다

아파도 아프다고 하지 말아야
자손들이 편히 산다
노인들 구박하면 절대로
안 된다
늙으니까 안 그러던 사람이
훔치기도 하고 이상해진다
남편이 늙으면
힘들어도 잘해 드려야 한다

나이 들수록 남에게 보일
필요 없이 편하게 살아라
자기 몸을 잘 다스려야 하는데
분수를 모르면 건강이
깨어진다
취미 생활도 늙으면
중단해야 다치지 않는다

나이 먹으면
기운 있다고 막 다니지 말고
쉬어라!
말 많이 하지 마라!
필요치 않은 말 하면 치매로
치부한다

나이 들면
나라에 하나도 도움이 안 된다
나이 먹으면 정신 차려야 한다
잘난 척할 것 없다
후회 없는 인생 살아야 한다

급하게 다니지 말고
젊거나 늙거나
의자 놓고 올라가지 마라
뛰어 다니지 말아라
이제는 누구나 조심해야
할 때다

늙은 부부는 서로 불쌍하게
여기고
짜지 않고 사는 것이 중요하다
나이 들면 헛말이나,
농담하지 말아야 한다

끝까지 받은 은혜를
잘 지키는 부자들 많지 않다
연세 있으면
잘해도 잘하는 줄 모르고
못해도 못 느끼시니
잡수실 것만 드리고
거스르지만 않으면 된다

늙으면 존경 받을 짓을 해야
한다
자식에게든 누구에게든
피해를 주지 말아야 한다
자식에게 의지하지 말고
자식에게 없다 소리 한 번
하지 말고
뭐든 내가 걸머져야 한다

노인은 아무리 똑똑해도
빗나갈 때가 많다
나이 먹으면 가만히 있는 것이
도와주는 것이다
그 사람을 위해 기도해야지
수치를 드러내면 안 된다

남자는 늙어서 돈 없으면

19. 노년 생활

초라해진다
늙고 병 들면 기가 죽는다
나이 먹으면 점점 쉬운 것
아니라
어려운 일이 더 많아지고
문이 활짝 열려 버린다

사람 노릇 하는 것 어렵다
철나면 기대치가 있어서
좋아도 싫어도 인사로 내야 해
걱정 마!
세상 사는 것 별것 아니야
모든 게 어려움을 통해서
이루어진다

늙어도
하나님과의 사랑이 만족스럽다
남편 사랑이 부족해도
상관없다
늙어서는 억지로라도
말씀을 많이 하는 것이 좋다
우리 같은 집이 나이 들어
이러면
다른 집들은 오죽하겠나?
미리 걱정된다

나이 먹으면 정신 차려야 한다
나이 먹으면 절제해야 한다

교회에서 하지 말아야 할 것,
물러설 때를 알아야 한다
나이 들면 자신 없어진다
나이 먹으면 억울하다
다 그럴 때가 온다

나이 들면 인격이 중요하다
인격이 바로 서면
대기해 놓으신 축복을
잘 간직할 수 있다
나이 먹으면 여자가 볶는다

나이 들면 움직임이 둔해지고
힘 없어진다
손도 둔해진다
나이 들면 누구 탓하지 말고
내 몸을 내가 잘 가다듬어야
한다
지금까지 산 것도 감사하다

어른들이 동네에서 놀고
대우도 잘 해주니

자식들한테
예쁘지 않은 모습 보이지 않고
다른 사람 위해서 노인정에
온다

내 나이에 젊은 애들한테
이러고저러고 말하면 의만
상한다
나이 들면 젊은이들 모임에
끼지 말아야 좋다
늙어가며
심통 살 박히지 말아야 한다
늙으면 속상하거나
심통 살 생기지 않게
조심해야 한다

나이 먹으면 안 쳐준다
양심이 안 좋으면
늙어서 우울증이나 병 온다
떳떳하지 못해서 그렇다

우리는 저녁을 향해 가는
나이다
혼자 사는 것 아니어서
죽는 날까지 남편

뒷바라지하며
돌봐야 하니 정신 바짝
차려야 한다
남편 때문에
앞으로 살 것은 더 걱정이다
근심 걱정 속에서 살아야 하니
잘 먹고 마음 편하게
지내도록 해야 한다
인생 사는 경험을 쌓는다

나이 들어서까지 편안히
갈 수 있는 힘을 받는다
늙어도 버릇 못 고치면
안 된다
늙으면 정신 바짝 차리고
자식을 괴롭히지 말아야 한다
옷도 나이 들면 얼른 돌려줘서
잘 입게 해 주어야 한다

노인은 어렵기 때문에
어떻게라도
비위를 잘 맞춰 줘야 한다
고꾸라질 것 같은 때도 생긴다

늙을수록 돈이 필요하다

팔십육 세 되니
인생의 대가가 나온다
인생 팔십육 세 되니
결론적으로 인생은 짧다
지금은 세상이 들을 때다

나이 먹을수록 기분 좋게
말을 잘 걸어야 한다
나이 들면 남편을 돌봐 줘야
하니 나 아파볼 새 없다
늙으면 기분으로 산다

늙으면 예민해져서 그런지
참던 것도 못 참고
말버릇도 못 고친다
속이 뒤집어질 때는
말 한 마디가 잊혀지지 않더라
나이가 먹으면 여자도
성질 나빠진다
젊을 때 같지 않고
남편이 뭐라 하면 떨리고
무섭다
늙고 아프니 참 외롭다
어떻게 고치고 건강 유지할까?

젊어서는 붙잡아야 하지만
늙으면 놔줄 줄도 알아야 한다
무식하면 마귀 역사도 안 한다
열심히 뛰며 살던 사람은
늙으면서
내가 어떻게 이렇게 살았나
우울해진다

마음을 자꾸 가다듬어야 한다
뭐가 하나도 안 뵈서 불안하고
딱 한 가지만 생각한다
정신 바짝 차려서 몸치장도
하고
돈도 쓸 줄 알아야 한다
즐겁게 살아야 한다

젊어서 어떻게 산 것은
노후에 나타난다
나이 먹으면 말을 자꾸
줄여야 한다
늙어도 밝고 예쁘게 하고
있어야 자식도 좋아한다

내가 어떻게 하면 우리 남편을
행복하게 해 줄까? 밤새

생각했다
나이 먹어 보니
남는 것은 하나님 일밖에
없다
늙으셔서 더 안됐는데
말에서 복을 받고
말에서 복을 깎는다
늙으면 기억력이 없어진다

물질 주셔서 감사하다
노인들은 남하고
틀리고 살면 안 된다
자기들은 아직 안 늙어서 몰라
남편이 같이 교회 가는 것이
영광이고 행복이다

잘했거나, 못했거나
늙어 같이 있다는 것,
같이 예배 드린다는 것이
얼마나 행복이 가득한지
모른다

연로하면 욕심이 더 생긴다
마음 여리면 치매 오기 쉽다
받는 일만 한 사람도 있고

젊은이들 배려해서 한 발
물러서서
말씀을 아끼는 분도 있다
늙으니 드러난다
어떻게 살아야 하나?
자손이 어떻게 되나를 보면
안다
갈 때 되면 가게 해야 한다

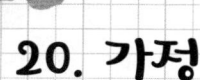 

20. 가정

부부가 둘 중에 한 명 죽으면
팔순 잔치도 못 한다
가정 지키며 안정되게 해야
한다

부모님에게 잘해야 한다
부모님에게는
어찌하든지 마음을
편안하게 해 드려야 한다

노부모의 말씀도 들을 땐 듣고
죽을 때까지 잘해 드려야 한다
사랑도 해야 돌아가신다
부모님에게는 돌아가셔도
후회 없는 일을 해라

부모가 뭐라시면
탁구공 치듯 탁! 차버려야
병 안 든다
무시하는 것 아니라

받아들이지 말아야 한다

부모 자식 간에는 진실성 있고
말에 책임을 져야 한다
부모 자식 간에는
절대적으로 참아야지
가정에선 참아야 안정된다

형제가 붙어 가지 말고
따로 놀러 가라
다 자유를 줘야 한다

여자가 극성 맞으면
재산 날아간다
여자가 극성 맞으면 절대
안 된다
여자가 세면 어렵다
여자가 잘 들어온 집안은
잘 되고
센 여자 들어온 집안은

잘 안 되더라

돈도 안 드는 사랑도 못 하나?
남편을 가르치려 하지 말라
차라리 침묵하라!
애들에게 남편의 약점을
조금도 알려주면 안 된다
집안에선 아버지를 중심으로
내세워야 잘 된다

요즘 애들이 너무 똑똑하다
내가 행복한 이유다
자기나 챙기면 된다
항상 기도하고 나가라
나 하나 가정 잘 지키고
바르게 사는 것이 중요하다
신랑 밥도 즐겁게 해 줘야지

엄마가 변화돼야 한다
자식 통해 마음을 낮추신다
손주들 걸으면서 커피 마시고
다니게
내가 절약하고 아껴서
돈을 주어야 한다
빚만 안 지고 살아도 부자다

자식은 나중이고
내 몸부터 챙겨야 한다
부모, 남편, 자식 못 챙기면
복지관 봉사는 왜 하나?
가정을 잘 지켜야 한다
남편에게 자유를 주어라
호주머니에 돈이 있어야 한다
교만 들어가면 하나님이
낮추신다

눈을 딱 맞추고 쳐다봤다
인생의 행복은 어디에서부터
오는가?
사랑 끊어진 것 원인을 찾아
남녀대로 다시 이어 주고 싶다
사랑, 행복이 무너져 가면
외롭고 병 온다
그래서 일찍 가기도 하고
불행해지기도 한다
자기 생각이 옳다고
하는 데서부터
불행이 온다

절대 어른 있는 집에
빈손으로 가지 마라

잡수실 것 가져가라
애들한테 어른 계신 댁에
갈 때는
꼭 드실 것을 준비해서
찾아뵈라고 말한다
이해타산 따지지 말고
부조하고
과일이라도 사 가지고 가라

정직하고 가정만 행복하면
다른 것은 다 휩쓸려 나간다
개념 없는 사람이 있다
며느리 고를 땐
친정엄마를 많이 본다
할아버지 말이
아들에게, 아들 말이
손주에게로 내려간다

바람 피면 자식이 다 안 된다
나 하나 먼저 바로 살고
봐야 한다
나 하나, 내 자식 하나만
바로 서면 된다
내 가정 문제는
내가 기도해서 해결해야 한다

여자가 특히
정신을 바짝 차려야 한다
가정을 잘 지키고 남편에게
잘해라
여자는 죽어져 살아야 한다

악과 선은 갈라지게 돼 있다
정직하게 살면 다시 탄생하듯
그 가정은 축복 받는다
부모가 어떻게 사는가가
중요하다
부모가 도둑질하면
자식도 도둑질한다

신앙만 있다고 되는 것 아니다
너무 신앙에
미쳐 다니는 것도 안 된다
교회에 헌금만 해도 안 된다
항상 자기 마음을 가다듬어야
한다

자기 가정을 통해
하나님 영광 가리지 말아야
치매도 안 온다
애들이 사이좋게,

외롭지 않게 살게 하려면
부모가 반듯하게 살아야 한다
잘못 살면
그 자손들이 살아갈 것이 걱
정된다

형제를 통해서 공격해 오면
탁구공 치듯 바로 차내라!
그까짓 것 욕하는 것
별것 아니다
다 이겨나가야지

엄마의 기도는 무시 못한다
폭이 넓어야 복 받는다
전도도 가능하다
뭐가 옳은 건지, 그른 건지
분별해서 자식들 앞에서
바르게 살아야 한다
마음으로 기도하고
내 가정을 보살피는 것이
중요하다
가정을 잘 지키는 것이
중요하다
자기 가정 하나 잘 지켜
자손들 잘 먹여야 한다

외할머니도 아주 중요하다
고집부려도 미워는 말고
"당신 맘 편한 대로 해" 말해라
남편에게 잘해 주면
그게 재산을 늘려 주는 거지
부모에게 잘하고
남편에게도 잘해 드리는 게
복이다
남편을 품신 사랑해 줘야
복을 받고야 만다

"엄마! 사랑해"
한 마디 하고 안아 주면
집안의 모든 문제가 다
풀어진다
화만 안 내면 된다
상처받지 말고
속상해하지 말고 그럼 된다

상처 주는 딸,
상처 주는 엄마가 있다
자식한테 속 썩고
남편한테 속 썩는 것이
인생이다
남자한테는 무능한 여자가

좋다

가정을 편안하게 해 주고
식구를 편하게 해 주는 게
지혜다
참부모는 자식을 참 사랑한다
가르치려 하지 말고
자유롭게 해 줘라!
더 똑똑하니 며느리한테
말 많이 하지 마라
며느리가 똑똑하면 조심해야
한다

지식은 한계가 있다
좋게 살아도 마귀 역사한다
종자 개량 한다
할머니가 씨다
할머니가 아들 낳아
그 씨가 아버지 되니
손주가 영향을 받는다
아버지가 고지식하니
자식들이 변화된다

개인 개인 신앙은
자기가 강하게 해야

가정도 바로 선다
가정을 우리가 지켜야 한다
고집 세면 자식이 안 된다
미워하면 마귀가 달려 들고
남편 일, 자식 일 다 잘
안 된다

신랑 늦게 와도 부어터지지
말고
반갑게 맞이해야 한다
직장은 경쟁 많아서 대차야
한다
집에서 징징거리면 밖에서
더 어렵다
자식들이 말없이 살면
감사한 줄 알아야 한다

교회 봉사보다
자기 남편 잘 돌보는 것이
더 중요하다
교회 나간다 하면서도
가정 소홀히 하는 사람 많다
병도 병이지만
가정 문제부터 해결해야 한다
신앙생활에서 희생만 있으면

남편 뒷바라지 잘해 애들도
잘 큰다
남편이 잘하거나, 못하거나
비교, 욕심 없으면 가정이
행복하다.
여자가 살림 잘하고
남편에게 내조 잘해야
애들도 잘 큰다
여자들이 잘해야 한다

부모는 말을 많이 하면
안 된다
콩 하나가 죽어져
썩어져야 자손이 잘 된다
눈물도 좋은 눈물이다
남편 있는 것도 감사하다
살리는 역사다
부귀영화 다 소용없다
겉넘는 건 안 좋고
미련한 건 은혜일 수 있다
식구 중에 한 사람만
잘 살아도 다 잘 살게 된다
한 가족에서도 팔자가 다
다르다

결혼 안 한 것보다 이혼한
것이 낫고
애도 안 낳는 것이
더 나은 사람도 있다
애가 있어야 할 집이 있고
없는 것이 나은 집이 있다

살림 잘 한다는 것은
정리를 잘 한다는 것이다
사랑을 해야 죽어도 죽고
살아도 산다
애들 앞에 깔끔하게 보여야
한다

첫째는 남편을 사랑해야 한다
우리는 남편 이상 없다
시기, 질투가 가까운 데 있더라
행복해야 가정에서 어둠이
물러간다
뭐라 할 것 없이 가족을 위해
계속 기도해야 한다

애들 키우기 어려운데
우선 엄마가 안정돼야 한다
무조건 쫓아다니지 말고

뭐가 옳은지 가려서
잘못된 데 가지 말고
우애 잘하고 셈을 정확하게
해라

남 핍박하면 더 나빠진다
엄마가 아빠 말 듣지 않으면
애들이 부모를 무시한다
엄마가 고집 세면 아이들이
어딘지 묶여 있다
좀 자라면 독립해서
안 좋은 것에서 빠져 나와라
젊어서 식구들 벌어먹이느라
고생한 아빠에게
과일 깎아 드리고 잘해라
아이들을 잘 먹이고
보살펴야지
헌금만 내면 어떻게 하나?

외국 여행은 못 가도
한강 둑에 가서 재미있게,
행복하게 노는 것이
더 행복이다
여자가 생활을 절약하고
지독하게 살아야 한다

보증 선다면 말려야지
여자가 살피고 활달하게
살아야 한다
부모가 잘못된 생을 살았으면
지금 딱 끊어야
분별의 영을 받는 것이다
가정은 여자가 할 나름이다
예쁘지 않은 마음 가지면
안 된다

남편이 실패하면
여자가 다시 일으켜야 한다
각자 강해져야 한다
내가 하나 홀로 서야
가정이 바로 선다
엄마들이 변화되고 겸손해야
한다
남편에게 잘해야 한다
돈이 남자들에게 힘이다

여자들의 뒷바라지가
참 중요하다
부모 자식간 문제는
어떻게 되는 건 알아야 한다
남편에게 구박 받아도

딸네 식구와
여행하는 것보다는 낫다

기도도 많이 하고
이럴수록 정신 바짝 차리고
올바르게 살아야 한다
부모가 정신 차리고 살면
자식이 복된다
유혹에 빠지면 집안 망친다

부모가 자식에게
학비를 대주는 재미도 있는데
할아버지가 학비를 대주면
그 재미를 뺏는 것이다
재산을 나눠 주는 편이 낫다
아빠에 대한 존경심을 뺏는
것이다
부모로서 책임감도 없어진다

울고 싶을 때, 울기도 하고
소리 지르기도 할 텐데
가족 있으면
비위 맞춰주는 것이 어렵다
자기 혼자 있는 시간도
필요하다

여자는 애들 크면 가볍게 된다
살림도 자기가 잘났다고
의논 없으면 잘못된다
첫째, 인생 살아가며
가정이 건강하며 행복해야
한다
가정이 행복해야 밖에서
활발하다
엄마가 열린 길을 막는
경우도 있다
놓아줘야지,
안타까우면 내 몸만 축간다
자기 가족의 악한 영을
빼야 하는데
빨리 고쳐야 자손이 빨리
좋아진다
정신 똑똑히 차려
남편 뒷바라지 잘해야지

자식 통해 어려움 주신다
애 아프면 부부가 하나 된다
부부가 아프면
금방 하나 되지 않는다
자기 가정 하나 잘 지켜
잘못된 길 안 가면 된다

20. 가정

우리는 하나님 때문에
화내고 싶어도 화내지 못 한다
우리 식구끼리 똘똘 뭉쳐야
한다

여자가 지혜롭지 못하면
늙어서 남편이 돈 없어져
고생한다
지혜 얻어야 전진한다
가정에서 여자의 역할이
얼마나 중요한지!
여자가 고집 세면 지혜 없다
가정 잘 지키고 살림 잘해야
마귀 역사 안 한다
즐겁게 살며 기도만
해야 한다

애들에겐 엄마가 필요한 때가
있다
공들이는 게 필요하다
엄마가 애들이 필요로 할 때는
가정을 우선으로 해야 한다
여자 잘 만나야 가정이 잘
된다
애들을 위해

엄마가 기도를 많이 해라
뭔가가 집안에서 변화되어야
한다

부모가 널 훌륭하게 키우고
싶어서 야단치는 것이다
애들이 건강하고
말 잘 들으면 감사해야 한다

머리 좋은 시부모 어렵다
부모가 머리 굴리지 않고
기분 좋게 해 주어야 하는데
기분은 시간을 다투는 것이다
그런 분은 아쌀하고
순수해서 기분 좋게 해 준다
바른말 잘하고 넓어 다 품는다
그래도 상처는 상처다
부모가 깨끗이 살아야
자손이 잘 된다

남자가 나이 먹으면
이용당하기 쉬우니
여자가 살림을 잘해야 한다
부모가 어떻게 사느냐가
정말 중요하다

인성을 가르치는 사람 되어라

집안에서 정떨어지게 하고
사탄 역할을 하는 사람이 있다
영적으로 새롭고 강하게 돼야
한다
부딪쳐서 싸워야 하는데
그것이 영적 싸움이다
사탄과의 싸움은 고비고비
참고
인내심이 있어야 한다

많이 배우지 않은 집안은
다툼이 없다
배운 집이 다툰다
성격 안 좋으면 가족을
달달 볶는다

남자보다 여자가 잘해야
집안이 좋아진다
성숙한 걸 보여 줘야 한다
친척에게는 말 많이 하지 않고
조리 있게 필요한 말만 하면
무시 못 한다

취미 생활도 끊을 건 끊어야
한다
82세 되면 걷기도 어렵다
말 많아도 안 된다

남편에게 끝까지 잘해 줘야
한다
식구는 무슨 일 있어도
사랑으로 밥을 해줘야 한다
여자는 애들에게는
교육을 잘 시켜야 하고
남편에게는 비서 노릇도
해야 한다
여자가 순해야지

부모를 통해서
마귀 역사할 수 있으니
부모를 위해 많이
기도해 줘야 한다
그때 지혜가 온다
그 속의 마귀가 쫓겨난다
가정이 행복하니 일이 잘
풀린다

자식은 내 맘대로 못 한다

내가 뭘 잘못해 자식하고
사이가 벌어졌나 생각해야
한다
부모는 겸손한 기도를 해야
한다
집안에 분란 있어도
절대 말하지 말고 기도만 해라

속 썩이는 애일수록 돈을
주고
"맛있는 것 사 먹어라" 해라
어쨌든 사랑밖에 없다
사탄이 안 흔드는 집안이
없으니
"예수 이름으로 나가라!"
이를 앙상 물고 기도해라
한 사람이 좋아지면
식구들이 다 좋아지고
한 사람이 나빠지면
가족이 다 나빠진다

여자가 덕 없으면 가정이
잘못된다
여자가 고집 있으면
이길 남자 없다

여자는 고집이 없어야 한다
여자가 똑똑하면 고집 세다
여자가 극성 피면 안 되고
순해야 한다
애들 순하게 키우려면
부모가 애들 앞에서
싸우지 말아야 한다

사업이 망해도 여자가
꿋꿋하게 지켜나가면
애들을 잘 키워 나갈 수 있다
남편에게는 따지지 말고
아닌 것도 맞다고 맞춰 줘라
말은 들어 주되
행동은 따라 주면 안 된다
잘못된 것은 혼내 주는 것이
옳다

내 가정을 잘 지켜라
집에서 행동을 잘해서
본을 보여 줘라
자식에게도 도움을 줘야지
피해를 줘선 안 된다

결혼시키면

그때부터 문제가 시작된다
엄마가 가물가물하면
애들이 위험하다
이유를 묻지 말고 참아 줘야
한다
죽으라고 참아야 한다
인성교육이 잘 돼야 한다
여자가 지혜로워서
기도하며 균형을 잡아 줘야
한다
여자가 가정을 부흥시킨다
가정을 일으켜야 한다

가정에 애착심이 있어야
하는데
없으면 치울 것도 안 보인다
옳은 건지 그른 건지
판단 없이 걱정만 끌어다 하면
가정이 편안하지 않다
남자가 흔들리면
여자가 잡으면 되지만
여자가 흔들리면 잡을 수 없다
문제가 다 집안에 있다

새끼가 부모 영양을

다 빨아 먹는 것에 적응하려면
인내심이 있어야 하고
양보심이 있어야 한다
우리같이 행복한 사람 없어
불행이 올 것을 미리 막아서
그렇다

21. 자손

자식한테 엎드러지면 안 되고
독립시켜야 자식도 잘되고
부모도 좋다
자식에게 엎어져 살 때가
아니다
애착 버리고 마음을 끊어야
한다
부모가 너무 위해 바치는
애들은
잘 크지도 않고 잘 안 된다
'네가 나고 내가 너고'가
아니다
엄마가 정신 못 차리면
자식이 안 된다

자식을 우상 만들면
부모, 자식이 다 잘 안 된다
자식 우상 삼는 것 고쳐야
한다
부모가 자식을
우상같이 키워 교육이
잘못됐다
자식에게 몰입하면,
특히 막내에게 빠지면 절대
안 된다
키운 엄마에 따라 자식이
달라진다
자식에게서 마음을 잘라야
한다
너무 곱게 키워서
여리면 귀신이 달려든다
부모가 벌벌하면
자식이 더 속 썩인다
자식을 너무 귀하게 키우면
커서 자기가 고생을
많이 하게 된다

돈 벌어다 주는 아들보다
일해 주고 청소해 주는
아들이 좋다

속 썩이는 자식에게
더 용돈 주고
사랑을 듬뿍 줘야 한다
미운 자식 더 사랑해 줘야
한다
속 썩이는 부모는 안 된다

클 때 풀어놔야 애들이 큰다
애들을 묶지 마라
오그라지게 키우면 안 된다
애들을 놔줘라
그래야 애들이 큰다
"애가 원하는 것을 하게
해 줘라"
애들 주눅 들지 않게 키워야
한다

사랑을 못 받으면 겁먹고,
불안하며,
행동이 안정이 안 된다
그래서 애들에게
자유를 주라는 것이다
지금 애들은 자유를 줘야 해
사랑해 준다는 게 어렵다
상처가 워낙 크면 자신감도
없어진다
부모는 영양을 주는 사람이다
사랑 먹어야 나무가 싱싱하다
똑똑한 애들이 돈다
하고 싶은 걸 못 하게 하니까
돈다
엄마도 같이 돈다

부모가 희생해서
애들 교육을 잘 시켜야 한다
노력한 돈으로 자녀를
교육시켜야 한다
부모는 아끼고 희생하더라도
애들은 기 살려 주고
써도 뭐라 하지 마라

베풀어야 자손이 잘 된다
진심이 제일 중요하다
죽고 사는 건 모르지만
자기 위치 있고
자식에게 존경 받으려면
품위 지키고 조용히 살아야
한다
속과 겉이 똑같이 정직해야
자식이 잘 된다

소소한 것에서도
속임수가 있으면 안 된다
깨끗이 살아야 애들이 좋다
부모가 잘해야 자식이 잘 된다

애들에게 돈을 줘서 폭을
넓혀 줘라
폭을 넓게 해 줘야 한다
기분 살려 주고
애들에게 한을 키워 주면
안 된다
하나라도 깨우쳐야 하고
가면 안 될 길로
갈 것을 막아야 한다
얌전할 때가 아니다

손주들에겐 돈이 사랑이다
손주에게는 양 많은 것 말고
질 좋은 것 먹여라

안정이 안 되거나
자식에 묶여 초라해지지 말고
자기가 먼저 하나님께 매달려
기도하면 언젠가 고쳐진다
친정엄마가 순해야 자식이

잘 된다
친정엄마 정신 차려야 한다
누구 얘기할 것 없다
젊은 사람도 믿지 못 한다
엄마들이 마음 가다듬어야
한다
신앙 좋아도 지혜가 있어야
한다
부모가 잘해야 자식이 잘 된다

우리가 변화돼야 한다
부모가 변해야 자식이 변한다
부모가 영적으로 잘못되니
자식이 잘 못 된다
열매가 없다는 것은
인정받지 못했다는 것이다
부모의 역할이 중요하다
심술 맞으면 자손이 안 된다
엄마가 정신 바짝 차려야
애들이 바로 선다
휩쓸리지 말아야 한다

자식에게 힘들게 말아야 한다
자손이 공부 잘 못해도
악을 피우면 안 된다

속 썩는 것 이제 시작이다
애들 건드리면 큰일 나
잘나가던 사람들이 왜 죽을까?
지금 세상은 부모들이
사랑해 주지 않으면
못 사는 세상이 됐다
"거기서 힘들었었니?"
사랑으로 다독거려야 한다
요즘은 애 키우기 어려운 때다
요새는 고민하고 사는
무서운 세상이어서
애들 건드리면 죽는다

선한 사람은
선으로 자손에게 돌아가고
악한 사람은
악으로 자손에게 돌아간다
세상은 이렇구나 느낀다
자기 살기가 너무 어려워서
인사가 인색해졌다

엄마가 잘나 죽으면
애들이 잘 못 된다
엄마, 아빠가
사이 안 좋아도 손해 난다

욕심 피우지 말고
선하게 살아야 말년에 자식이
좋다
진실해라!
아니면 자식의 건강이
손해난다
선교도 좋지만
내 자식부터 살려야 한다

자식 걱정은
신경 많이 소모하니 하지 마라
나이 들어선 더욱 조심해라

씨가 안 좋으면 자손이
안 좋아진다
자기 대에서
선대의 잘못된 습관을 끊어야
한다
우리 세대에서 씨를 개량해야
한다
남편이 잘못하니
자식도 그렇게 된다

애들을 기를 살려줘야 한다
기분을 북돋아 줘야 한다

하나님도 하나님이지만
내가 할 일은 내가 해야 한다
너는 너, 나는 나다
자식에게 욕심부리지 마라
아이를 편안하게 키워라
떨어져 있어도 바르게 크라고
좋은 얘기를 해 줘라
다 성격대로 살게 된다
애들은 보고 듣는 것이
교육이다
엄마가 욕심을 더 버려
너도 못 살고
나도 손해 나면 안타깝다

부모를 즐겁게 해 주어야 한다
자녀들이 속지 않는 생활
하게 기도해야 한다
애들은 재능을 길러줘야 한다

애들을 구박하고 미워하면
절대 안 된다
아이를 혼 내키지 말아라
부드럽게 타일러라
올바르지 않게 크는 애들 많다

"하나님 잡수시고 맘대로
하세요"
신앙에는 단계가 있다
엄마가 먼저 눈 떠서
애들이 눈 떠야 한다
애들은 엄마의 영을 따른다
엄마의 탯줄은 전기선과 같다

부모들이 어떻게 살았는지가
자손들의 앞날을 정하게 된다
자식은 부모가 잘못한 것보다
열 배는 더 잘못한다
자식도 잘할 때 떠나
자기 집에 가 있어야 좋다
서로가 좋다

부모가 잘하면
자손은 자발적으로 잘하게
된다
엄마들이 정신 바짝 차려야
애들이 건강하고 바로 된다
영이 잘못되면 가난해지고
자손의 행복이 없어진다
영이 잘 돼야 모든 것이
잘 된다

친구 만나서 커피도 사고
밥도 사고 어떻게 살아야 하나
얘기도 하고 잔소리하며
부담 없이 써라
생각을 해봐
부모는 속으로 울며
자손은 편하게 쓰라고 말한다
애들은 하고 싶은 것
다 하게 해 주고
갖고 싶다는 것 다 사줘야
한다

애들 속은 엄마가 모른다
할아버지는 학교 안 가는
손주에게
계속 용돈을 주었다
할머니는 최신 핸드폰을
사주었다

애들은 다 변화된다
너무 구박하지 말고 돈도
좀 주고
하고 싶은 거 다 해줘
속 썩이는 애의 기를
살려줘야 한다

이 나라를 걸머지고 나갈
사람이다
공부가 중요한 것 아니라
애를 편안하게 해 줘야 한다
부모가 활기차야
애들이 눈치 보지 않는다
지금 애들은
다 엄마, 아빠 사랑 먹고
살아야 한다
"네가 해 주면 얼마나 해
주겠니?
애들 절대 건드리지 말아라"

효도는 부모 속을 안 썩이는
것이다
애들에게 돈을 줘야
폭이 넓어져 베푸는 사람 된다
애들은 착하고
결 고운 것이 제일이다
어려운 세상이니 있어도
폭 넓게
베풀고 살게 해야 한다
기분 좋고
가정이 행복해야 돈도 쓴다

"넌 복 있는 애야"
애들에게 용기를 준다
건강하면 회복할 수 있다
진실성 있게, 성실하게 하면
자손이 축복 받는다
그저 "감사합니다"만 해라
내 자식만 위해 살면
자식이 병신 된다

자꾸 풀어야 돼
요동치지 말고 손 꼭 잡고
살아야 손해 안 본다
부모가 정직하게 베풀고 살면
자손들이 이 세상에서
필요한 사람 되더라
우리 애들이 고생하지 않고
편안히 살게 해 주시라고
기도한다

부모들이 정직하게 살면
자손이 잘 된다
애들이 부모가 요래라조래라
해도 듣지 않는다
애를 기를 때 애가 이상한
말 하면 대꾸하지 말고

교회보다 집에서 기도해야
한다
마음이 삐딱하면 자자손손
안 된다

애들은 눈이 초롱초롱해야
한다
사랑 없으면 듣기 싫은 말도
안 한다
엄마가 너무 사랑하면
간섭이 많아진다
자유를 줘야 한다
자식에게 해 주려면
군소리 없이
아쌀하게 다 해 줘라

애들이 어른 만나러
갈 때마다
대접하는 걸 가르쳐야 한다
애를 볶아대며 키우면 안 된다
예쁘다고 쓰다듬기만 해도
소용없다
부모가 잘하면
자손이 복을 받게 된다
부모가 어떻게 살아왔나

하는 것을
자손들에게 물려 준다
엄마가 제일 중요하다

기도 탯줄이 끊어지지 않아야
한다
불쌍히 여겨라
애들에게 준 것 다 적어 놔야
나중에 딴소리 안 한다

아무리 귀한 자식이라도
딱! 하나님께 맡기고
애달파하지 마라
끊을 건 끊고 자를 건 잘라야
하나님께서 잘 키우신다
애들이 순하고
괴롭히지 않으면 집안이
잘 풀린다
공부가 중요한 것 아니고
잘 크면 좋은 것이다
엄마 눈치 너무 보면
애가 기를 못 편다
우리가 희생해야 자손이 잘
된다

"잘못되지 않게 해 주세요"
못된 애들, 속 썩이는 애들
많다
영 분별 안 하면 속는다
간교하다

내 마음을 비해서
애들 맘도 비춰 봐야지
애들을 속 썩이면 안 된다
자식이 아무리 속 썩여도
기가 안 죽는 엄마도 있었다
자식이 속 썩이면
엄마가 죽어지는 것밖에 없다
부모가 튀면 자식이 손해 난다

알뜰하게 아껴서
너네 애들을 잘 먹여라
반찬 아껴서 피자 먹이고
기죽지 않게 해라
요즘 애들은
자기 하고 싶은 대로
하게 해줘야 한다
내가 인내하면 자손이 좋다
절제의 테두리 만들면 인격이
산다

사는 게 한계가 있는데
한시라도 빨리 애들을
기분 좋게 해 주자
1초, 2초, 3초
팁을 아침에 주는 것과
저녁에 주는 것이 다르다
가정을 잘 붙잡아서
자식들과 하나가 돼야
일이 잘 된다
마음이 편한 가운데
방향을 일러줘야 한다
나눠줘야 하고 키워야 한다

22. 우리 부부

남편 기를 살려주니 오래
사신다
"어디다 대고 어린 사람이
아프다고 누워 있나? 당장
일어나라"
당신 팔순 잔치해 주려고
벼르고 있는 내게 남편이
말했다

남편이 뭐라 해도 다 참아 주고
너무 정감이 가고
뭐 더 잘해 주고 싶고
만족을 더 채워 주고 싶다
어떤 것도 해 주겠다

나는 예전에 좀 아파도
전혀 내색 안 해서
남편을 괴롭히지 않았다
밥 못 먹으니 눈치 채셨다

교회 가보면
남편 있는 것이 행복이다
얼굴 쳐다보기도
아까울 정도로 사랑스럽다
지금까지 살아 준 것도
감사하다
누구한테 들은 것 없고
내가 느낀 것이다
결국은 남편이 너무
소중하더라
혼자 보고 즐기는 꽃과 같다
과정이 열매다

내가 참 복이 많은 사람이다
"명근아! 명근이가 어디 갔어?"
얼마나 산다고 잘 해줘야지
어떻게 해야 이 사람
기를 팍팍 살려 줄까?

"당신 필요한 데 써요"

장로 모임에 찬조금 30만 원
내셨다
돈이 좋긴 좋구나!
돈이 힘이다
살아 있는 게 감사하다
죽을 때까지 잘 해야지

장로님은 젊어서부터
나에게 자유를 주었다
"똑똑한 당신이
똑똑한 여자 만났으면
이렇게 대우받지 못해
돈을 버나?
난 무식하니까 잘하는 거지
그러니까 당신이 지금은
행복하지
똑똑한 여자는 싸움도
잘하더라"

"당신은 행복하게 살아
내가 행복하게 해 줄게"
이 사람을 어떻게 하면
더 행복하게 해 줄까?

나는 너무 행복하다

남편에게 잘한다
남편 있으니,
뛰어넘으면 참 보람 있고
감사가 요동친다
난 남편에게 나쁜 얘기 안 하고
좋은 얘기만 했다

나이 들면 유리 같아
요리조리 살살 붙여 놓아
반짝하게 보이게 했는데
늦게 들어오시면 너무
걱정된다
정신 바짝 차려야 한다

당신에게 마음에 거슬리는
말은 절대 하지 않겠다
당신이 아무리
나를 힘들고 어렵게 하더라도
내가 뭐든지 참아 주겠다
가만 안 놔두겠다는
사람도 있을 텐데…
꼿꼿하게 걸으시는 것이
얼마나 감사한지 모른다
남편과 나란히
교회에 앉았을 때, 행복했다

별소리도 다 받아 줘라
남편 있는 것도 감사하다
"당신 돈 내가 안 가져가니
밥 두 번 사시라!" 남편에게
말했다

내가 뭘 잘못해서
나한테 살림을 안 맡기나?
"당신이 나 사랑 안 해도
괜찮아
하나님이 날 사랑하시니까
당신한테 잘하고야 말 거야"

악과 선은 갈라지게 마련이니
어디 가든지 진실하기만
하면 된다
"요런 몸에서 애를
네 명이나 낳았지?"
남편이 말했다
난 남편한테 소홀한 적 없다
마음으로부터 아꼈다
난 남편을 세우는 사람이다
교회 차 살 때,
장로님의 명예가 올라갔다
복은 다 돈 낸 사람들이
받는다

"당신을 사랑하는 마음으로
100만 원을 드립니다
밥 사시고 마음대로 쓰세요
좋아하길래 또 50만 원
드립니다"
"명근이는 명근이대로
은규는 은규대로
갈 데가 따로 있다"
남편이 하는 말이다

요즈음에 장로님이
교회에 또 차를 사드렸다
"음암에서 당신이 우뚝 선 것
알아?"
내가 말했다
"왜 누워 있어? 어디 아퍼?"
남편이 누워 있는 내게 물었다

나는 다녀가며 '어떻게 하면
남편을 즐겁게 해 줄까?'
생각하며 눈물이 났다
"당신은 정말 하나님이
사랑하시는 사람이야

무시 못 해
정말 대우 받을 사람이야"
내가 장로님에게 말해 주었다
남편은 안 좋았을지 몰라도
나는 행복했다

"당신은 자꾸 밥을 사시라"
밥을 사면 남을 즐겁게 해주고
돈은 회전되고
우리 집은 은근히 축복 받는다

"나는 다니는 것 싫은데
왜 이렇게 돌아다니는지
모르겠다"
하니 남편이
"이름값 하느라 그래"
말해 줬다
"앞으로 사시는 동안
속상한 것 있으면
다 나한테 퍼부으시라
내가 다 참아 줄게
다 받아 줄게" 남편에게 내가
말했다

자식 돈 주지 않고,

살면 얼마나 사나 싶어
남편에게 주어
다른 분들 대접하게 한다
남자들이 욕심이 얼마나
많겠나?
너무 행복하고 자신 있으니
약점 될 얘기도 다 하신다

80 돼서 살면서
힘든 것을 느끼게 됐다
요새 와서 혼자 사시는 분들이
얼마나 외롭고 슬픈 건지
알았다
이 나이에 남편이 계시고
키도 크고 잘생겨서
정말 감사하고 행복하다

어떤 때는 남편의 한 마디에
슬프고 외롭기도 한다
새 출발 해서
틈 주지 말고 붙어 살아야
한다
"까불지 말고 빨리 가!"
남편이 핀잔 주지만
멋있는 남편하고 교회 가니

기쁘다

신앙 좋아도 늙으면 소용없다
누가 밥을 사주든 말든,
아무도 몰라줘도 어떻든
행복해
난 참 행복하다
부러울까봐 말 못 하지만
남편 계셔서 난 참 행복해
100살 살면 12년 참아 줄 거다

상처 주면 '날 훈련
시켜주는구나!'
참는 것밖에 없다
뭔가 앙금이 조금 있어서
한 단계 잠깐 멈췄다가
다시 올라간다

장로님 더 나이 들어
편찮으실 때,
어떻게 보살펴야 하는 것을
미리 마음으로 연습한다

욕해도 남편이 예뻤다
욕도 내가 자꾸 딴 길로

돌려서
깊이 들어가지 못했다
남편은 풀어 주고 난 썩어지고
죽어지려고 여기 온다

"윽박지르면 안 돼
죽일 것 같아도 칭찬해 줘요"
장로님이 학교 계실 때
학생들 대할 때 내가 부탁한
말이다
"당신이 뭐라 해도
난 잘하고야 말 거야"

발가락을 매일 밤 만져 주니
끌던 걸음이 바르게 됐다
신 신는 동안,
계단 내려갈 동안,
내가 쫓아다니며 입에
넣어드려서
과일 한 접시를
거의 다 드셨다

"명근아! 우리 명근아!"
남편이 농담하면
영적으로 사는 나는 농담이

22. 우리 부부

어렵다
늙으니 혼을 안 내킨다
내가 복 있어서 남편 있으니
속 썩어도 감사하며 살아야
한다
오십 안쪽에 남편 돌아가신
분 많다

남자들 나이 들면
점점 더 모시기 어렵다
그래도 여자가 다 참고
이겨나가 줘야 한다

"자녀들은 몇 분이나
두셨어요?"
남편 건드리면 사과를
꼭 받아냈다
"당신 참 멋있다"
나는 내가 사랑을 만들어서
받아낸다
여자가 기분이 좋아야
남편이 좋은 것이다
'나이 먹으면서 살 맛 나네'

"정말 미워서 하는 욕이간요?"

"욕도 진짜가 있고 가짜가
있냐?"
요즘은 많던 정도 없어졌다
'너 하고 싶은 대로 해라'
"명근이가 왜 이렇게
사나워졌어?"
탯줄 잘라진 것 같은데
더 잘해 준다
사랑과 불쌍한 것은 다르다
지금은 사랑스럽다기보다
불쌍하다
그렇지만 예전 같은
잘잘한 맘은 없다

"여보! 왜 나한테 이렇게 잘 해?"
내가 한 말이다
잘잘한 정보다 더 깊은 정이다
"당신 뒷바라지 다 하고
3개월만 더 살고 갈게"
우리가 정신 바짝 차려서
살아야 한다

잠 안 자고 남편 기다리는
부인이 좋은 부인이다
우리는 얼마나 행복한가?

깨끗하고 축복을 너무 많이
받았다
먹을 것 많이 쌓아 놓고 산다

싸늘한 분위기의 집에서 살면
병나게 생겼더라
어떤 분을 봐도 남편한테
잘해야겠다고 결심했다
인생이 참 허무한데
남편이 이제까지
살아 준 것도 감사해서
어떤 것도 다 받아 주려 한다
짜깁기해서
내복 드리니 화를 내셨다

"명근이가 또 가나?"
내가 나가는 걸 기뻐하신다
남편 장로님은 명근이
건강해서
잘 돌아다니게 해달라고
기도한다 하셨다
나는 90세이건 100세이건
건강하게 뒷바라지
잘하게 해 달라고 기도한다

잘해 줬건 말건 남편 있다는 건
하나님께 영광 된다
남편 없으면 그날로
기도 그만두려 했다
남편이 몸이 안 좋아지면
자손들이 힘들지 않게
내가 다 뒷바라지할 거다

남의 말 하는 것보다
나를 한 대 때려 주는 것이
낫다
탯줄이 끊어졌다
잘잘한 사랑은 없어졌지만
마음은 맑아져
기분 나쁜 것 하나도 없어졌다
너무 사랑스럽다 못해
잘해 주고 싶다
"당신은 뒷모습도 멋있다"

힘들 때도 있었지만
지금은 여자가 말을 자꾸
해야 한다
탯줄이 붙어 있는 듯이
행동해야 한다

22. 우리 부부

내가 아프고 남편 아프면
하나님 손해다
어떻게 하든지 덕을 세우고
밝은 얼굴로 전도해야 한다
아낄 때 아끼더라도
쓸 때는 통 넓게 써야 한다

남편이 전교조 선생과 싸울 때,
"이 사람도 설득, 저 사람을
설득해도
다 맑은 정신 아니냐?
난 정신 질환자 상대하고 있
다"
말씀드렸다
선하게 사는 것이 옳은 것이다

장로님은 내가 무쇠인 줄
아신다
서울 오려면 아프던 것이
없어진다
남편이 하늘나라 가시는
날까지
최선을 다해 돌봐드리고
종일 주무르고
절대 마음 안 상하게 하려고

한다
88세에도 주관이 뚜렷하시다
기분 좋으라고
"여보! 당신이 100살 살면
12년 잘해 줄게"
"명근이가 왜 까부냐?"
늙으니 더 불쌍하다
외로울 거다
돌아가시면 미련 없이
놔드려야 해
책임감 있게 잘해드려야 한다

다 누려 봤지,
다 베풀어 봤지,
명예도 누려 봤지,
우리는 다 해 봤다
장로님은 회장을 7개
맡아 하셨다
하늘나라 갈 준비를 한다
난 안 죽는디야

미련 없이 하늘나라 갈 수
있게
당신하고 하고 싶은 얘기
다 해 보자고 말했다

나는 쑤시고 아픈 데가 없다
남편이 있으면 있는 대로,
없으면 없는 대로 행복하다

"당신이 88세인데
뭘 못 받아 주겠나?"
남편이 뭐라 해도 있어서
감사하다
지금까지 남편과 산 것도
감사하다
내가 무능해서 남편에게 잘해
남편이 행복하게 살았다
남편은 자식에게 신경 쓸
일 없어서
부인만 생각해서 편안하시다
마음 편안하게 사시니
윤기가 난다

남편 얼굴을 쓰다듬으며
"어쩌다 이렇게 늙었나?"
말한다
남편을 대우하고 떠받치고
산다
다 참아줘야 한다
난 남편에게 조금도 소홀하지
않으려고 애쓴다
무조건 밥 사야지

이런저런 것 붙이면
하나님 앞에서 점수 깎인다
날 칭찬해 주는 사람 없더라
사람에게 칭찬 받으면
하나님 축복이 없다
말씀하셨다

남편에게 "진작 좀 잘하지"
요즘은 정말 잘해 준다
똑똑한 여자 만났으면
반항할 텐데
우리 남편이 나 고른 것
제일 잘 고른 것이다
남편 얼굴이 밝으면
나의 거울이다

죽을 때까지 뒷바라지
잘할 것이다
난 남편에게 잘못하는 건
이해가 안 된다
너 먹어라, 나 먹어라 할 것
없이

전복을 버터에 살짝
볶아 놓는다

"죽을 때 죽더라도
방실방실 웃고 죽어"
"지금까지 산 것도
감사하지 않아요?"
나는 남편이 울타리 되어 줘서
그동안 일만 하면 됐다
"나는 어떻게 풍기는가?"
남편에게 말해 달라 하니
"당신은 다 갖추어졌다"
말해 주었다

이왕 사는 것 멋지게 살고
내가 안 쓰고 남편을 좋게
해 준다
10월 28일 12시 호텔 신라에서
남편의 팔순 잔치를 해드렸다
평생 벌어 자식들 교육시키고
부인 돌봐 주셨으니
희생하셨다
자식들에게 나눠 주는 것보다
남편에게 잘해 드리는 것이
옳다

돈 있어도 멋지게 못 쓰는
사람 많다
내가 착한 것뿐이다
시댁에 잘했다

"명근이 사랑은 못 말려."
사랑만은 60점,
돈까지 줘야 100점이다
"난 나이도 있고 아깝네요"
이렇게도 즐기며 살아야겠구나
부부는 손잡고 자는 게
정상이다

"우리 명근이는 애들이 해주는
밥 먹고 가만히 있어"
난 하나라도 더 드시라고
먹여 드린다
먹으라 해도 안 드시니
건강을 위해 직접 먹여 드린다
우리 남편이니 먹여 드린다

23. 사업

회사는 봉사하는 마음으로
다녀야 한다
회사 일 하면서도
돈부터 앞서지 말고
봉사하는 마음으로 해야 한다

회장님 잘될 때 조심해야 하고
기도 많이 해야 한다
돈부자가 너무 어려우니
팔고 줄여라!
그렇지 않으면 애들이 어렵다

전문 경영인이 머리 좋은 것을
좋지 않게 쓴 점이 있으면
사람의 가치가 떨어진다
정직하지 못해 자기도
손해 나고
가정 내에서도 손해 난다
떳떳하지 못하니
"네! 네!" 하고 병났다

솔직하지 못해서 병난다
낼 것 내고 해야 한다

직원이 상전이다
박한 세상이 왔다
요즘은 긴장하고 사는 때다
요즘은 차 타도 불안하다

사장은 아무나 하나?
담대해야 한다
가족들도 마음이 안 맞는데
남남끼리 어떻게 맞겠나?

성공하면 요동치게 되니
중간중간 점검해서 겉넘지
않게 교만 없애야 한다

음식 장사는 봉사 직업이다
돈을 많이 번다 해도 한계가
있고 여러 사람에게 음식

대접하는 봉사 정신 없이는
성공할 수 없다

어떤 사장님에게 영수증 처리
잘하고
만나자고 해도 만나지 마라
뒷돈 주지 말고,
알게 하고 줘라
주되, 있어서 주는 것 아니니
조금씩 주고,
회사에서 나오면 주겠다 하고
공개적으로 해라
굽신굽신하면 절대로 안 된다

삼성은 집중해서 연구해서
너도 살고 나도 살고 먹고
살게 했다
장애인은 재단도 만들 수 있다
공동체가 만들어질 수 있다
먹고 살 길도 생길 수 있다
자꾸 개발해서
발전성 있게 나가야 한다

새 사람 다시 태어난 것 같다
편안해야 남편의 사업이 잘

풀린다
정신적으로 이리 가라면
저리 가고
"아!" 하면 "오!" 하고
핀잔해서 생각 하나 잘못되면
사업이 어렵게 된다
비서나 같은 역할이다

말 잘 들어도
망하기도 하고 흥하기도 한다
분별을 잘해야 한다
사업이 우선이다

사서 좋고 팔아서 좋고
마일리지 올라서 좋고
경제도 돌아가서 좋다
누구나 영적으로 흔들리지
말아야 한다
첫째는 권위가 있어야 한다
동업하려면 법적으로
깨끗하게
정리해 놓아야 한다
촌뜨기가 뭐 안다고
말하는지 모르지만
건물을 샀는데 수리할 때가

되어 그 돈이 몸에 배어
나타나면 문제가 된다

감자는 감자지,
감자가 사과가 될 수 없고
낱개로 파는 것도 아니지 않나?
경험 없으면 조금씩 시작해서
잘 되면 점차 늘려야지
한 번에 크게 하면 안 좋다

돈을 쫓아다니면 안 된다
사업하려면
첫째로 욕심이 없어야 한다
봉사하는 맘으로
회사 일에 최선을 다해야 한다
하나님의 경제 원리는
정당한 가격 받고
반만 일해 주면 잘못되는
것이다

주인이 양심을 반듯하게 해야
올바른 직원이 들어온다
조용히 연구하고
사람을 아끼는 마음과
사랑하는 마음을 가져야 한다

하나님이 지혜를 주실 거다
말만 하면 대문이 열린다
사업도 거짓이 없어야 잘된다
육신이 사는 세상이므로
하나님의 지혜로
기업을 운영해야 한다
조용한 데서 하나님과 대면해
여쭤봐야 하고 자꾸
개발해야 한다
사업할 때, 하나하나
하나님께 여쭤봐야 한다
하나님이 사람을 만드셨으니까
지혜를 주셔야 한다

사업은 최선을 다해야 한다
기업은 최선을 다해야 한다

기업이 어려워지면
원인을 찾아야 한다
마음을 줘도, 너무 경계해도
사업하기 어렵다
돈이 앞서면 안 된다
사업 컨설팅을 해 주면
대가가 있다

사업은 거짓말하면 안 되고
직원도 아쌀한 사람을 두어야
한다
진실성 있는 사업 해야 한다
신앙 좋아도
필요성을 못 느낄 수 있다
돈 버는 것보다
사업 확장이 더 중요하다
주인은 희생과 봉사로 살아야
한다

솔직하지 않은 기업은
마귀가 욕심을 찔러본 것이다
"내 사업을 방해하려는
마귀야! 예수 이름으로
무저갱으로 빠져라!"
계속 기도를 해야 한다

회사도 자기 하기 나름이다
여자가 아무리 머리가 좋아도
혼자 할 수 없다
뒤에서 코치하는 자들 많다
회사가 더 무섭다
사업하려면 남편이 꼭
있어야 한다

돈도 가치 있게 써야 한다
직원들에게 잘해야 한다
하나님 붙잡고 개발해 나가야
한다
불법은 하지 말아야 한다
요즘 세상은
밝고 투명하게 사업해야 한다
참아야 하는 이유는
우리 속이 악하기 때문이다
사업하면 이런 사람,
저런 사람 있고
심술 있는 사람도 있다
마음 여리면서 고집 세면
더 어렵다

넓게 펼쳐 놓으면 힘만 들고
어렵다
사업을 다변화시켜라
45세 넘어서 사업 확장해라
나도 말하기 싫은데
다른 사람 위해서
할 수 없이 하는 것이다

24. 돈

돈 있는 사람들이 외롭다
있으면 친구 없다
풀어야 하는데 안 하니
혼자 잘났다고 으스대도
안 알아준다
속지 않는 생활 해야 한다
돈에 인색하니 마음을
갉아 먹는다
상처받는다
인색하니 안 좋더라

노력 없이 살면 축복 받지
못 한다
돈이 안 생긴다
지혜가 없으면 가난해진다
지혜 있으면 부해진다

있어도 못 쓰는 것은
가난 마귀 때문이다
빚은 잠도 안 자고

늘어 나가는 것이 빚이다
빚이 있으면 마음이 불안하다
빚은 무서운 것이다

요즘은 부자, 가난뱅이 따로
없다
돈이 힘인 것도 한계가 있다
세금 내고 싶어도
없어서 못 내는데 많이 내셔
돈이 필요하지만
돈에 얽혀선 안 된다

사람 마음 바꿔놓는 건
순간이더라
돈이 행복한 것 아니라
돈 놓고 돈 먹는 것이
곤두서는 것이다
노력해서 번 돈이
새 나가지도 않는다
돈 없애는 것도 별나게

없애더라

돈은 힘들게 벌어서 멋지게
써라
그게 부자 되는 비법이다
병원 안 가니까 돈 없어도 된다
인생은 돈을 좇으면 안 되고
적은 돈으로도 알차게
살 수 있다
돈 많아도 마음이 안정되지
않으면 없어질 수 있다
돈에 눌려 있으면 몸이 상한다

주려면 화끈하게 주어야
김이 안 샌다
돈 있는 집은 풀어야 한다
풀었더니 그분이 잘 되더라
돈이 이렇게 좋은 거야!
한편으로는
돈을 쌓아 놓기만 하면
밑에서 썩는 낙엽 같다

일을 즐겁게 하면 아프지 않다
일하며 돈을 먼저 생각하면
돈이 안 따른다

내가 노력해서 번 돈은
행복한 돈이다
불법해서 받은 돈은 불행한
돈이다
돈을 준다 해도 남에게
피해를 주는
일을 하면 안 된다
돈이 앞서면 잘못된다
돈 앞세우지 말고 봉사해야
한다
돈에 얽매이지 말고 멋지게
살아라
돈은 적당히 있어야 한다
너무 많으면 자식들 싸움 한다
공돈은 없다 돈이 무섭다

마음 고치지 않으면
부자 되지 않는다
돈을 쓰면 쓸수록 건강해진다
밥 대접하면 병 안 들어
병원비 안 나간다

'돈 두면 뭘 해?
자식 주면 뭘 해?' 는

없는 사람이 하는 말이지
있는 사람은 절대 그런 말
안 한다

남의 돈을 아끼고
영수증 처리를 잘해야 한다
친구에게 밥도 안 사고
돈 있어도 안 쓰면
사회적 장애다
돈에 집중되면 마음을 놓지
못 한다
돈이 나쁜 건 아니다
고리 이자는 자손이 안 된다
집안이 풍비박산 됐다

돈으로 해결하는 게 제일 쉽다
돈은 있을 때 쓰는 거지
행복과는 상관없다
돈도 노력한 돈, 지저분한 돈,
깨끗한 돈이 있다
깨끗한 돈으로
자식 공부를 시켜야 열매가
좋다

돈 많은 것하고

우리하고는 아무 상관없다
돌아가기 전에 입출금 쉬운
한 은행에 몰아 놓고
카드 만들어 놓고
관리에 주의해야 한다
큰 수표를 바꾸면 사진 찍고
번호를 적어둬야 한다

남을 위해 돈 쓰고
뒤집어지면 안 되는데 고쳐야
한다
돈은 무섭기도 하고 더럽기도
하다
물꼬를 잘 풀어서
돈을 보람 있게 써야 한다

돈도 당당하게 번 돈이어야
한다
돈에는 환한데 관리를 못 한다
욕심만 있고 확대를 못한다
각자 제 몫을 나눠 주는 것이
좋다
번성은 쓰는 것이다
부자가 돈 쓰는 것 더 무섭다
돈이라는 것은 무서운 거여

돈만 있으면 된다
돈이 따르는 사람 있고
아닌 사람 있다
뜯으려고 깨끗하지 않은 맘을
가지면 사기 당한다
욕심 있으면 사기당하기 쉽고
집안에서도 믿음직하지 않다
"남편 속에서 돈 욕심 부리는
마귀! 예수 이름으로 나가라!"
"돈 빼가는 사탄 마귀는
예수 이름으로 나가라!"

가치 있게, 멋지게 살아서
이름을 날려야 한다
바르지 않으면 돈이 새 나간다
너무 돈을 따라다녀도 안 된다
돈을 가졌어도 사람을 택해야
한다
돈을 풀어야 한다
돈은 풀어야 한다
풀어야 하는 돈이다
있는 사람은 돈을 아끼지 말고
풀어야 앞길이 풀린다

돈이 힘이라는 걸 요즘 알았다

뭐든 잘 알게 되고 잘 풀릴 때,
이럴 때 쓰는 게 돈이야
돈이 좋은 거야
아낄 땐 아끼고 베풀 땐 베풀며
인색하지 말아야 한다

돈 많아도 주위 사람 때문에
힘들다
기분 나쁜 돈, 지저분한 돈
있어
맛없는 음식 먹는 것과 같다
기분 나쁜 돈은 알찬 돈이
안 된다
인신매매범 세계를 잘 안다
잡는 사람, 인계하는 사람,
넘기는 사람이 있다
지저분한 돈 다 날아갔다
실컷 울어라!

잘못되면 망하게 하시고
병들게 한다
선하게 쓴 돈은 문제가 없고
옥신각신한 돈은 문제가
생긴다
돈도 기분 좋은 돈이 있고

기분 나쁜 돈이 있다
기분 좋게 줘야지
징징거리며 주는 돈은 안 좋다

물질 너무 많은 사람들
제일 불행하다
보물이라 도둑이 꾀인다
돈이 잘 쓰이는 집안이 있고
잘못 쓰이는 집이 있다
돈이 무섭다
돈의 힘이 없어져야 산다
영이 잘못되면 고생이다

품삯을 꼭 계산해 줘야 한다
돈은 겨자씨처럼
남을 위해 쓰면 퍼져나간다
어떤 사람 돈은 힘들어도
보람 있게 쓰고
나중에 이름을 날릴 거다
나중에 크게 쓰실 거다

내가 쓰면 내 것이다
돈이 어둠이고 돈이 최악이다
도와줄 데가 있고
도와주지 말아야 할 데가 있다

형제간에 돈 거래하지 마라
보증 서지 마라
나의 첫 설교다
속지 않는 생활 해야 한다
별사람이 빌려달라 해도
빌려주지 말아라

돈은 모여 놓는 것보다
돌리고 돌려야 한다
그렇지 않으면 메말라 버려
기름 적게 치고 부침개 부치면
윤기 안 나고
맛도 안 나는 것과 같다
안 돌리는 사람은
풍기는 것이 메마르다
풍성한 데가 없다
기도 방에선 웃기라도 하니
나았다

돈 준다고 해도 쫓아가지 말고
끌려다니지 마라
정신 바짝 차려서
가족, 자손들 잘못된 길
가지 말게
중심 잡게 해줘야 한다

나는 융자나 대출을 몰랐다
"그 집에 까는 돈 있잖아?"

돈을 써서 밥 삼으로서
시기, 질투를 누른다
어떤 것도 이길 수 있는 힘이
나온다
도둑질한 돈은 그늘인데
햇볕이 들어가면 꽃이 핀다

인신매매한 돈이
도둑질한 돈보다 더 더럽다
돈마다 가치 있는 돈과
아닌 것이 갈린다
돈 있다고 교만하지 말아야
형제 간에 부딪히지도 않게
해주신다
그런 돈은 바람에 날려가듯
한다
돈이 모든 시험의 원인이다
모든 문제에는 돈이 있다

"사랑만 하면 뭘 해?
기도해 주고 돈도 얹어 줘야지"
나는 돈을 쌓아 놓을 여지가

없었다
나는 돈만 생기면
돈을 쓴 게 아니라 나눠줬다

나하고는 틀려
자기부터 사랑해야 돈이 가지
돈 있으면 교만 있고
더 요동친다
돈 포기하면 자유 온다
인격이 올라간다
돈이 사람을 살리는 약이다
돈은 남을 위해서 있어야 한다

등록금은 부모가 내야 한다
후원금 부친 것은 잘못 살고
무시, 이용당한 것이다
돈 많은 사람은 시기, 질투가
많아서
기를 못 피고 산다
돈 많아서 미워하고
팍팍 쓰지 않으니 더 밉다
있어도 적당히 있어야 하고
튀면 절대 안 된다

돈을 좇아가면 실패한다

살림 보탬도 안 된다
노력해 번 돈이
교육이나 살림에 보탬 된다
"돈 싫은 사람 어디 있냐?"
돈 뺏는 건 감당할 사람 없다
돈 주고 나면 얼굴이 환하다
인생이 참 행복한 건데
자식이 뺏고 남편, 형제,
누군가 뺏어간다

베풀지 않으려면 자랑도
말아야지
돈은 엄청 위험스럽다
돈 주며 멋지게 살아라
"사탄아! 예수 이름으로
물러가라!"
하면 무시하고
자아가 살아서 꼭 붙들고
있었다
돈이 많아서 붙들고 있으면
변화되지 않는다
돈이 자아다

집집마다 처방이 다 다르다
뜯어가면 정이 없는 거다

안 좋은 생각에서
뜯어간 사람은 하나님이
치셨다
이용당하는 사람도
무능하니 잘못이다
이용해서도, 이용당해서도
안 된다

돈을 가치 있게 써라
멋지게 써야 한다
사람 꼴도 보기 싫고
인색하면 안 된다
노름해 번 돈으로는 더러워서
자녀의 학비로 안 낸 사람도
있었다
돈 있으면 좀 쓰고
남에게 도와주는 게 낫다

남편은 돈이 힘이다
있어도 누리지 못하는 사람
있고
없어도 멋지게 사는 사람 있다
사람 일은 몰라
없으면 없는 대로
있으면 있는 대로 살지

꾸지 말고
돈에 너무 집중해도 안 된다

건강해야 돈도 모인다
돈이 아무리 많아도
쓸 데는 쓰고
쓰지 말 데는 쓰지 말아야
한다
아프면 돈 많은 것이 불행이다
돈 없으면 죽기 어렵지 않고
훌훌 털고 가면 된다

남에게서 뜯어내려는
마음 가지면 안 된다
뭔가 얻으려는 마음 가지면
안 된다
남의 돈 떼어먹으면 절대
못 산다
빌린 돈은 갚아야 하고
잘못했다고 용서를 구해야
한다
"자손들이 훔치지 말게
해 주세요"

"돈에 짓눌려 있는데

돈을 가치 있게 쓰게
해 주세요"
돈은 여러 사람 먹여 살리는
것이다
사람이 되면 돈은 따라오게
된다
나이 들어 돈이 있어도
돈은 필요하다
돈이 힘이어서
다른 사람의 말이 귀에
안 들린다

속의 것이 곤두서면 안 되고
숨어져 있다가 필요할 때,
꺼내서 사용해야 한다
뜯어가는 것은 욕심이라
복을 받지 못한다
주는 사람도 중얼거리니
복을 못 받는다

사탄의 세력이 세고
아는 사람이 더 무섭다
돈에 너무 집중하면
사람이 짐승으로 보이기도
한다

추석이나 명절 때,
가족끼리 모여 함께 식사하고
선물도 하려고, 그럴 때 쓰자고
돈 버는 거지.
돈은 필요할 때 쓰려고 있는
것이다

너무 인색해도 문제지만
분수 없이 헌금해도 문제다
이길 수 없는데
우리는 기술을 배워
이겨나간다
마음을 곱게, 생각을 좋게 해야
돈이 따른다
어렵게 돈이 붙는다
당신이 번 돈은 당신이 모아
주지도 않고 받지도 말면 된다

밥을 사주되 돈을 주면서
사랑도 같이 주어야 한다
부모가 열심히 번 돈으로는
자식이 잘 된다
돈이 필요하다 생각되면 또
생기더라

기쁨 없이 시기 있으니
감사 안 나오고 돈도 더
안 생긴다
귀신 씌어서
거짓말, 허풍을 많이 한다
잘못된 건 빨리 고쳐라
돈이 있어야 하나님도
섬길 수 있다
돈을 모으는 사람과
없애는 사람이 있다
모아서 저축해야 한다

돈을 따르는 사람들은
다 망하더라
돈 있으면 좋다
돈을 나눠주는 것이 전도다
돈은 돌고 돌아 화평을
만드는 거야
돈이 힘이라
남자는 돈이 있어야 한다

현금은 금고에 두지 말고
은행에 둬야 한다
돈이 필요치 않더라
이 돈을 어떻게 사용하면

좋을까요?
돈은 필요한 데 써야 한다
돈 있으면 자손이 호강 누린다
사업하는 어떤 집은 봉사할
때마다
최고로 매상이 올랐다

돈 많은 사람들이 제일 많이
어렵다
돈이 다 행복한 것 아니더라
돈 얘기는 치사스럽지만
돈 있으면 훈련이 필요하다

사랑과 기적이 꽃피는 여명근 권사의 기도 방 이야기 3
나의 인생의 살아온 길

1판 1쇄 인쇄 _ 2025년 11월 10일
1판 1쇄 발행 _ 2025년 11월 15일

지은이 _ 여명근
펴낸이 _ 이형규
펴낸곳 _ 쿰란출판사

주소 _ 서울특별시 종로구 이화장길 6
편집부 _ 745-1007, 745-1301~2, 747-1212, 743-1300
영업부 _ 747-1004, FAX 745-8490
본사평생전화번호 _ 0502-756-1004
홈페이지 _ http://www.qumran.co.kr
E-mail _ qrbooks@daum.net / qrbooks@gmail.com
한글인터넷주소 _ 쿰란, 쿰란출판사
페이스북 _ www.facebook.com/qumranpeople
인스타그램 _ www.instagram.com/qrbooks
등록 _ 제1-670호(1988.2.27)
책임교열 _ 최찬미·오완

ⓒ **여명근 2025** ISBN 979-11-24013-30-4 93230

책값은 뒤표지에 있습니다.
이 출판물은 저작권법에 의해 보호를 받는 저작물이므로 무단 복제할 수 없습니다.
파본(破本)은 구입처에서 교환해 드립니다.